윌리엄 윌리몬의 설교자와 설교

Originally published by Abingdon Press
as *Preachers Dare*
ⓒ2020 by William Willimom
Translated and printed by permission of Abingdon Press

This Korean Edition ⓒ2025 by Korea Touch Books
205dong 402ho, 6-35, Tongil-ro 1214beon-gil, Deogyang-gu, Goyang-si, Gyeonggi-do, Republic of Korea

이 책의 저작권은 미국 Abingdon Press 와 독점 계약한 터치북스에 있습니다.
신저작권법에 의하여 한국 내에서 보호받는 저작물이므로
무단 전제와 무단 복재를 금합니다.

윌리엄 윌리몬의
설교자와 설교

설교는 어떻게 하나님의 말씀이 되는가?

설교자 플레밍 러틀리지와

그녀의 제자인 제이슨 미첼리와

티어 하디, 테일러 머틴스에게 헌정한다.

너희 말을 듣는 자는 곧 내 말을 듣는 것이요
너희를 저버리는 자는 곧 나를 저버리는 것이요
나를 저버리는 자는 나 보내신 이를 저버리는 것이라.
누가복음 10:16

차례

서론 _____ 9P

◆ **1장 그리스도, 하나님의 말씀하심** _____ 15P
    불가능한 가능성
    설교자 그리스도
    소식을 전파하다
    새로운 세계의 선언
    예수, 자유로운 설교자

◆ **2장 성경, 하나님의 언명** _____ 55P
    그리고 하나님이 말씀하셨다
    '데우스 딕시트'의 역사 속 일화 : 구약 성경
    재개된 대화
    예언자들의 시적인 선포
    발언권을 갖다
    어색한 대화
    지혜
    난청
    '데우스 딕시트'의 역사 속 일화 : 신약성경
    소명적 설교
    비유 설교
    설교하기 위해 보냄 받다
    말씀하는 성경
    말하는 책
    성경 해석
    좋든 싫든, 하나님은 말씀하신다

- **3장 설교, 하나님의 말씀** _____ 163P
  경험에 근거한 설교
  불가능한 가능성
  소통 실패
  인격적인 설교자
  하나님의 대리인
  칼케돈 선언
  소명
  하나님의 말씀인 인간의 말
  성육신
  칼케돈적 설교
  침묵할 유혹
  신비주의적인 회피
  억압적 침묵
  감상적인 설교
  비감상적인 교회
  선교적 설교

주 _____ 273P

서론

기독교 설교자는 대담하게 하나님에 대해 이야기한다. 성경을 통한 계시의 중재가 전제되어 있기는 하지만, [하나님이] 예언자와 사도들을 통해 말씀하셨고 여전히 그들을 통해 말씀하시듯이, 우리가 말할 때 하나님이 인정하고…말씀하실 것이라는 전제가 없다면…이 모험은 언제나 불가능할 것이다.

_ 칼 바르트, 『괴팅겐 교의학』[1]

1921년 스위스의 황량한 교구에서 벗어나 괴팅겐 대학의 격조 높은 세계로 자리를 옮긴 뒤, 칼 바르트는 "설교자는 대담하다"는 우레와 같은 외침으로 개혁주의 신학 강의를 시작했다.

바르트는 학생들에게, 신학은 설교를 예수님의 의도대로 계속 위험하게 만들고, 핵심을 잃지 않도록 설교를 검증하고, 설교자가 평범한 길에서 벗어나 하나님이 우리의 설교를 통해 말씀하실 수 있게 한다고 가르쳤다.[2] 하나님은 설교자에게 배짱을 주신다. 하나님이 나타나기 전까지는 설교가 아니다.[3]

"최고의 설교자들이 펌프질을 하고 있을 텐데도 배에서 물이 새고 있다. 훌륭한 설교자가 부족한 것은 결코 아니다…."

그러면 무엇이 부족할까?

"하나님의 말씀으로 여겨지고 그렇게 받아들여지는 설교다."[4]

설교자가 담대하게 이야기하는 하나님은 성령의 능력으로, 예수 그리스도 안에서, 위험을 무릅쓰고 우리와 대화하시고, 우리의 설교를 하나님의 설교로 만드신다.[5]

> 설교자는 대담하다…마치 철학의 역사가 가장 만족스럽고…명확한 결과로 끝나기나 한 것처럼 대담하다. 그들은 대담하게 온 세상, 약분불가능한 자연…지나간 역사의 스핑크스와 미래의 역사의 신비, 개인의 수수께끼…운명, 죄책감, 죽음을 가져다가, 대담하게 이 모든 것을 괄호 안에 넣은 뒤, 영원과 확신, 승리, 용서, 의, 주, 생명과 같은 단어를 동원하여 모든 것을 외부로부터 다룬다…어떠한 설교의…어리석음이나 기량 부족, 왜곡도 사실을 바꿀 수 없다… [그들은] 그냥 다른 사람들로부터 듣고 배운 것을 반복하고, 용기 있게 그렇게 한다…그들은 대담하게 하나님에 대해 이야기한다.[6]

이 책은 설교학이 오로지 인간의 노력―수사학―이거나 혹은 설교학이 효과적인 설교 형식과 스타일의 분류학―시학―이라는 입장에 반대한다. 설교로 사람들을 귀찮게 만드는 단 한 가지 유익한 이유, 이 소명에 인생을 투자하는 유일한 근거는 신학적인 것이다.[7] 한 설교학 교수의 비판에서 설교의 딜레마는 이렇게 묘사된다.

오늘날 우리는 설교에서 훨씬 많은 자기 노출을 본다. 이전에 목회자는 강단에서 자신에 대해 이야기할 경우 하나님의 말씀에 방해만 되기 때문에 결코 하지 않아야 한다고 생각했다. 오늘날의 접근 방식은 훨씬 성육신적이다. 즉 하나님은 우리의 경험을 통해 우리에게 말씀하신다. 하향적인 설교 방식은 설교 주제를 함께 탐구하도록 회중을 초대하는 훨씬 대화적인 접근 방식에 굴복했다. 권위는 설교자의 진정성과 취약성에 근거한다. 설교자는 "이것은 주님의 말씀입니다!"라고 선포하는 대신, 기꺼이 "나는 이렇게 보는데 여러분은 어떻게 보십니까?"라고 말한다.[8]

만일 설교가 우리의 들뜬 주관성, 망가진 민주주의, 만족할 줄 모르는 우리 자신에 대한 우상화 등 이미 모든 사람이 이야기하는 것이라면, 왜 용기가 필요하겠는가? "우리는 우리를 전파하는 것이 아니다"(고후 4:5). "너희 말을 듣는 자는 곧 내 말을 듣는 것"이라는 예수님의 무모한 말씀에 움츠러들지 않기 위해서는 용기가 필요하다(눅 10:16).

바르트는 오늘의 목회자가 설교를 본질적으로 신학적 노력으로, 즉 설교를 하나님 말씀으로 재발견하도록 도와줄 수 있다. 설교가 도덕적 조언, 더 나은 삶을 위한 원리, 우파나 좌파의 정치 논평, 인류를 위한 유익한(하지만 사소한) 요령으로 전락할 때, 바르트는 설교자를 향해 하나님의 음성 자체를 증거하라고 호소한다.[9]

매주 교회는 매우 다양한 환경과 수단을 통해 고대의 책에 귀 기울이면서 "주님의 말씀"이라고 응답한다. 하나님의 백성들이 "하나님, 감사합니다"라고 말할 때, 이 경이로움은 또 다른 경이로움으로 이어진다. 이것만으로는 충분하지 않다는 듯, 나와 같은 어떤 사람이 일어서 하나님을 대변한다고 생각하고, 이를 통해 회중은 하나님이 임명하신 화자가 되어 세상으로 돌아갈 준비를 한다. 이것은 이 책에서 경축하는 기이하고 기적적인 일련의 사건이다.

나는 예일 대학교를 떠나면서 어떻게 나처럼 흠 많은 사람이 들쭉날쭉 혼란스럽게 편집된 성경으로 설교할 수 있을지 의문스러웠다. 바로 그때 나는 『괴팅겐 교의학』을, 바르트가 "강단 계단을 오르는 설교자의 구체적인 상황"에서 탄생했다고 말했던 강의를 통해 바르트를 만났다.[10] 내가 이 소명을 경험한 순간은 강단 계단을 터벅터벅 올라갈 때가 아니라, 하나님과 성경으로 포구에 채워져 도화선에 불을 붙인 뒤 하나님의 백성을 향해 날아갈 때였다. 내가 다음 주일에 어디에 투하될지는 하나님만 아신다.

예일 대학교에서 2021년 비처 강연을 맡아달라는 그렉 스털링 학장의 자애로운 초청 덕분에, 나의 설교 열정에 불을 붙여준 신학교 졸업 50주년을 기념하여 이 책을 준비하게 되었다.

바르트는 예수 그리스도 안에서 우리에게 끈질기고 생생하게 말씀하셨고, 뒤이어 우리 같은 겁쟁이들에게 세상을 향해 예수님에 대해 말하라고 명령하신 하나님과 대화하는 데 평생을 바칠 수 있는 용기를 주었다. 설교의 자극을 주는 이 책을 통해, 나는 위험을 무릅쓰고 우리와 말씀하신 하나님을 대변하는 아슬아슬한 줄타기를 다시 한 번 기쁜 마음으로 감행하라고 동료 설교자들에게 도전한다.

설교자는 대담하다.

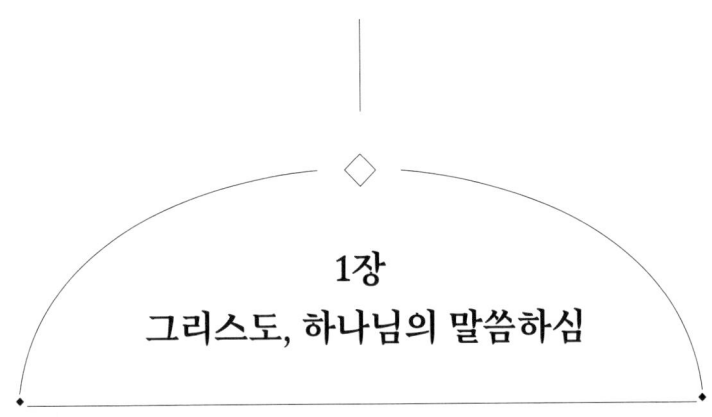

1장
그리스도, 하나님의 말씀하심

우리는 하나님에 대해 알고 싶은 것을 전부 알지 못하지만, 이스라엘과 교회의 하나님은 말씀이 많은 분이라는 사실은 우리도 알고 있다. 하나님은 끈질기고 지혜롭게 계시하시고, 천상의 모호함을 거부하시고, 우리에게 모든 것을 말하지 않고 통치하는 데 만족하지 않으신다.

그런 이유로 바르트는 5세기에 나온 삼위일체에 관한 가장 긴 해설로 『교회 교의학』을 시작한다. 우리가 하나님에 대해 말하기 전에 하나님이 말씀하셔야 한다. 삼위일체는 하나님이 사랑 가운데 말이 많은 분이심을 보여준다는 것이 기쁜 소식이다.[1] 한 분이신 하나님은 성부와 성자, 성령의 삼위일체이시다. 삼위일체는 우리가 그 안에서 살고 움직이고 존재하는 그분의 복합성과 통일성을 가리킬 뿐만 아니라(행 17장), 하나님이 자신을 소통하는 분이심을 가리킨다. 성자 예수님은 성부와 끊임없는 소통 가운데 계시고, 성부는 성자와 영원한 상호작용과 계시 가운데 계시고, 성령은 끊임없이 능력을 부여하면서 한 분이신 성부와 성자 사이를 움직이신다. 바르트에 따르면, 불가사의하고 난해하고 침묵하는 하나님은 "전혀 하나님이실 수 없고,"[2] 적어도 그리스도가 되셔서 우리를 맞이하는 하나님은 아니다.

말을 통한 의사소통인 설교는 유난히 역동적이고 외향적인 하나님께 특히 적절한 담론 방식이다. 또한 독특하게 까다로운 담론 방식이다.

바르트에 의하면, 현대인의 오해는 하나님과의 인격적 만남이 어떻게든 인간 본성의 구조 안에 주어져 있다고 가정하는 것이다. 설교자는 단지 청중의 자아 안에서 연결점을 발견하고 그 선천적인 접촉점과 연결하는 다리를 놓으면 된다.[3]

인간의 갈망에 사로잡힌 신은 우상이다. 바르트가 이렇게 말하는 이유는, 인간 본성에 대한 그의 비관론 때문이 아니라 삼위일체의 자기 계시 능력에 대한 강한 낙관론 때문이다. 하나님과 인간 사이에 접촉점을 찾는 것은 우리의 문제가 아니라 하나님의 문제다. 말씀은 "세상에 굴하지 않고 세상 속에서 자신의 일을 완수한다."[4]

말씀하고 나타나고 개입하시는 삼위일체 하나님은 인간의 지배에 관한 현대 세계의 환상이 담당하기에는 너무 큰 하나님이다. 그래서 18세기 초부터 하나님은 침묵당하고 신적인 계시는 문제를 야기했다. 우리는 마침내 인간 내면의 굴레 속으로 하나님을 안전하게 밀어 넣은 뒤 우리가 원하는 대로 세상을 자유롭게 운영한다. 바르트는 이런 일이 일어났을 때 두 가지 사건이 일어났다고 주장한다. 먼저, 예수 그리스도는 더 이상 명확하게 주님으로 이해되지 않았다. 둘째, 우리는 마땅히 그리스도의 것이어야 할 중심을 빼앗았다. [나는 사실상 바르트의 1934년 바르멘 선언의 첫 번째 테제를 의역하고 있다.[5]] 우리는 하나님의 시각으로 우리 자신을 이해하기보다는 우리 자신의 시각으로 하나님을 만들어낸다. 하나님의 구속력 있는 유일한 계시인 그리스도는 경험의 공리로—"우리의 가능성과 실재에 대한 이상적 사례 혹은 관념"으로—재구성된다.[6] 인간의 의식을 통해서만 접근할 수 있는 하나님은 결코 주님이 되실 수 없다.[7]

자연법칙과 예측 가능한 과정, 설명 가능한 인간성, 신비화된 우주는 우리의 프로메테우스적 열망에 일조하기 때문에, 우리는 주관성 밖에서 삼위일체에 대한 언급을 기대하지도, 원하지도 않는다.[8] 활력을 잃은 하나님, 내면적이고 직관적으로 만들어진 하나님, 침묵하는 하나님은 결코 하나님이 아니다.[9]

한때 대담했던 이마누엘 칸트의 '감히 알려고 하라'(sapere aude),[10] 즉 스스로 사고하고, 증거를 요구하고, 합리적으로—즉 자율적으로, 무신론적으로—사고하려는 용기는 결국 무리에 끼기 위한 수단이 되었다. 현대 국가는 우리가 자신에게만 대답할 수 있는 주권적 개인이라고 생각할 때 훨씬 쉽게 관리될 수 있다는 사실을 발견했다. 우리는 과거의 노예제 형태에 대해 유쾌하게 언급하면서 자신이 속박되어 있다는 사실을 인정하기 싫어한다. 조지 플로이드와 아르모드 애버리 사건은 일탈이 아니라 하나의 백성으로서 우리가 누구인지 보여주는 묵시적 계시다. 200만 명의 미국인이 수감되어 있고, 수백만 명이 약물에 의존한 느린 자살을 선호하고 있고, 나라 전체가 바이러스에 사로잡혀 있다. 우리는 거대한 욕망의 슈퍼마켓, 주식회사 미국이라는 시장 국가에 단단히 속박되어 있으면서도, 자유와 해방에 대해 떠들고 다니면서 거들먹댄다. 자본주의는 우리 삶이 어떤 의미인지 선택할 수 있는 무제한의 자유를 약속한다. 단 시장의 노예가 되지 않기로 선택할 자유는 제외하고 말이다.

한 듀크대 학생은 나의 설교를 경청하지 않는 이유에 대해, "누구든 강단에 서서 내 인생을 어떻게 살아야 하는지 말하는 사람에게 귀 기울이지 않기" 때문이라고 설명했다. 그 학생에게는 내 설교를 거부할 자유가 있다. 하지만 그에게는 SAT에서 1400점 미만을 받고, 자기 인생 중 최고의 4년을 듀크대에서 보내면서 수천 달러를 쓰고, 인종과 경제 수준이 비슷한 사람과 결혼하고, 50만 달러의 주택 담보 대출을 떠안고 스카스데일에 살면서 이상한 부류의 사람이 이웃으로 이사 오지 않는지 걱정하며 여생을 보내지 않을 자유가 없다.

미국에서 가장 오래 지속되는 진부한 표현은 벤자민 프랭클린의 영리한 자기 발명 신화다. 미국은 우리가 자기 자신을 형성하고 계속 재구성하여, 자신의 삶을 통제하고 있다는 착각을 스스로 불러일으키는 곳이다.[11] 스탠리 하우어워스의 말마따나, 모더니티는 우리가 무엇이든 원하는 이야기를 선택할 수 있다고 말한다(진보주의자들은 이것을 '자유'라고 칭한다). 단 우리 자신의 이야기로 선택하라고 강요하는 이야기를 제외한 다른 이야기를 선택할 수 있는 자유는 제외하고 말이다.[12] 청중들은 설교 시간 동안 앉아 있는 이유가 자신이 원하기 때문이라고 생각한다. 의사소통 과정을 통제하고 있다고 착각하면서 청중들은 필터링하고, 플러그를 뽑고, 자신이 원하면 언제든 삭제 버튼을 누를 수 있다고 생각한다. 만약 누가 우리의 구세주가 될지 결정할 수 있다면, 그 구세주는 우리를 구원하지 못할 것이다.

마릴린 로빈슨의 『라일라』에 나오는 등장인물 중 하나는 "만약 주님이 없다면, 상황은 그냥 우리에게 보이는 그대로다"라고 말한다.[13] 우리가 보는 것을 바꾸는 외적인 말씀을 원하지 않는 사람들에게 말하기 위해서는 용기가 필요하다. 진리는 인식하는 사람의 특징에 관계없이 모든 사람이 민주적으로 이용할 수 있어야 한다. 경이로울 만큼 전지전능하고 비판적이고 본성적인 합리성을 발휘할 때라야 우리는 "왜?" 혹은 "그래서?"라는 질문의 답을 얻는다. 우리 앞에 있는 것—진실을 밝히기에 적절한 방법론을 만들어낼 때 잘 보이는 것—이 우리 자신과 세상을 이해하는 데 필요한 모든 것이다. 우리가 보는 것이 우리가 가진 것이다. 그게 전부다. 다른 것은 듣지 말라. "하나님이 말씀하신다"는 "내 경험"으로 인해 침묵 당한다.

우리의 현재 상황에서 신실한 설교의 기반인 바르트의 주장, '하나님의 말씀'은 얼토당토않은 것이 되고 만다. 하나님이 말씀하셨고(성경), 하나님이 결정적인 말씀을 하실 것이고(*eschatom*), 놀랍게도 하나님은 지금 여기서(hic et nunc) 말씀하신다.(deus dixit) 어떻게 말씀하시는가? 주로 설교자를 통해서다.

불가능한 가능성

바버라 브라운 테일러는 듀크 채플에서 사순절 설교를 시작하면서 이렇게 질문했다. "누군가 여러분에게 대담한 진실, 너무 고통스러운 진실, 죽이고 싶을 만큼 참된 진실을 말한 사람이 있었나요? 자, 그런 이유로 그리스도께서 십자가에 달리셨습니다."

설교자는 대담하게 진리를 전하는 그리스도와 함께 이야기해야 한다. 화려한 수사적 장치를 동원하여 청중의 관심을 끌고, 일상 생활에 필요한 실제적인 도움을 주고, 우리의 걱정을 위로하는 것은 효과적인 대중 연설이지 설교는 아니다. 설교에는 하나님에 대해, 하나님과 함께, 하나님을 위해 말하는 훨씬 위험한 사명이 있다.

육욕에 사로잡힌 유한한 인간의 한계는 전능하신 하나님에 대한 인간의 말을 의심스럽게 만든다. 하나님에 대한 말은 단지 나에 관한 부풀려진 말에 불과할까? 그렇다면 자기기만의 문제도 있다. '사랑'이라는 이름으로 이중성을 부추기고 거짓된 설교에 대해 보상을 주는 회중에게 봉사하는 나 같이 기만적인 사람이 하나님에 관한 진실을 말할 수 있을까?

루드비히 포이어바흐는 "하나님은 인간의 거울"이고, 모든 신학은 인간론이라고 비난했다.[14] '하나님'에 관한 담론이 '인간'을 매혹적인 음성으로 부풀리고 감상적으로 다루고 과장하는 요즘, 신학이라고 통용되는 많은 것들은 포이어바흐의 비난을 확인시켜 준다.

젊은 바르트는 신학교를 졸업한 후 자신만만하게 첫 교구에 등장했다. 바르트가 설교를 강조하지 않았다면 모든 것은 잘 풀렸을 수도 있다. "내가 강단에서 사람들 앞에 서서 설교를 할 때, 대학교에서 배운 것을 사용하기가 점점 더 힘들다는 것을 깨닫기 시작했다." 바르트가 받은 신학은 "나에게 약간 얄팍해 보이기 시작했다. 나는 자의식에 관한 이야기와 '예수 경험'과 무엇이든…내가 배운 내용을 충실히 반복했다. [하지만] 그 내용은 서서히 목에 걸리기 시작했고, 그래서 나는 더 이상 진지하게 그런 내용을 말할 수 없었다."[15]

뒤이어 전쟁이 발발했고, 그날 신문을 펼친 바르트는 자기가 좋아하는 교수들의 이름을 보았다. 그들은 모두 애국심에 사로잡혀 독일군 동원 배후에 줄을 서 있었다. 자신이 존경하던 스승들이 독일 '문화'와 하나님 나라의 차이를 분간하지 못한다면, 젊은 설교자가 자신의 말과 하나님의 계시를 일치시킬 수 있는 가능성이 있었을까? 우리는 설교할 수 없다고 바르트는 말했다.[16]

우리가 하나님에 대해 정확하거나 진실하게 말하는 것이 불가능한 이유는 우리 자신에게만이 아니라 우리의 주제이신 하나님에게도 있다. 미국인은 대부분 '하나님'을 믿는다고 말한다. 그들이 믿는

'하나님'은 예수 그리스도 안에서 우리를 만나는 하나님이 아니라는 것을 보여주기는 아주 쉽다. 신학적 역량이 부족한 우리에게는 인식론도 없고 우리는 삼위일체에 접근할 수 있는 일련의 실천을 함양할 수도 없다. 초월을 지향하는 불명확한 동경심이 우리에게 있지만, 우리는 그것을 중요하게 여기지 않아야 한다. 원하든 원하지 않든, 불명확한 동경심은 유대인으로 와서 짧은 인생을 살고 폭력적인 죽음을 맞았다가 뜻밖에 부활하여 우리에게 다시 오신 하나님께로 우리를 데려다 줄 수 없기 때문이다.

우리 스스로 하나님에게 도달하려는 모든 시도―소위 인간의 어떤 미덕을 부풀리거나, 미성숙한 어떤 성향을 찬양하거나, 인간의 어떤 잘못을 바로잡기 위해 노력하거나, 어떤 고상한 이상을 향해 노력하는 등―는 불가피하게 그 순간에 만들어진 대용품 하나님 때문에 막다른 골목에 처한다. 우리는 빈손을 들고 묻는다. 주님, 당신은 누구십니까? 주님은 무엇을 하고 계십니까? 우리 사이에는 어떤 관계가 있나요? 하나님은 말씀하신다. 예수 그리스도다.[17]

듀크대 학부생이던 제인을 알았을 때부터 그녀의 인생은 꼬여 있었다.

말씀드렸다시피, 저는 부모님의 뜻을 거스르고 고등학교 교사가 되었습니다. 저의 반항은 그것으로 끝났다고 생각했지요. 하지만 하나님은 다른 계획을 갖고 계셨습니다.

한 친구가 저에게 중앙 교도소에서 수업을 가르쳐 보라고 권했습니다. 삶이 바뀌었습니다. 이렇게 해서 한 가지 일은 또 다른 일로 이어졌고, 간단히 말해서, 저는 학교 제도 내의 일을 그만두고, 원룸 아파트로 규모를 줄였고, 제가 가진 것을 대부분 팔았고, 지금은 교도소에서 일주일에 네 개의 수업을 가르치고 있습니다. 매 순간이 행복합니다.

제가 어떻게 여기까지 왔을까요? 8년 전쯤 듀크 채플에서 목사님이 설교하신 부자와 예수님에 관한 설교를 듣지 않았다면, 저는 하나님이 저에게 원하시는 것이 이런 일인지 깨닫지 못했을 것입니다. 그때 목사님은 예수님이 부자에게 가진 것을 전부 팔고 주님을 따라 오라고 말씀하셨을 때 그 부자는 그냥 가버렸다고 말씀하셨습니다. 그런 다음 목사님은 "예수님을 따를 용기가 있습니까?"라고 물으셨어요.

바로 그때 깨달았습니다. 목사님의 말도 안 되는 설교가 없었다면, 저를 향한 하나님의 말도 안 되는 계획을 깨닫지 못했을 것입니다.

감사합니다.

제인 드림

유감스럽게도, 심리학과 사회학, 젠더학, 경제학에는 이 여성의 간증을 설명할 수 있는 수단이 부족하다. 제인의 이야기는 설교자가 매주 감행하는 아슬아슬한 공중 곡예, 곧 '데우스 딕시트'를 통해서만 입증된다.

하나님은 "[내가] 너희를 내 백성으로 삼고 나는 너희의 하나님이 되리니 나는…너희의 하나님 여호와인 줄 너희가 알지라"고 약속하셨기 때문에(출 6:7), 신실한 설교는 불가능한 가능성이 되었다.

설교자 그리스도

대학 2학년 때 유럽을 싸돌아다니던 어느 날 밤, 오하이오에서 온 한 남자가 암스테르담에서 씩 웃으며 물었다. "이봐요, 하나님을 보고 싶나요?"

그는 주먹을 펴고 작은 하얀 알약 하나를 내 앞에 내밀었다. 나는 그의 제안을 받아들이지 않았다. 당시 열아홉 살이던 나는 나중에 그리스도를 전하라는 소명을 받으면서 내 안에 주입된 모험심에 아직 사로잡히지 않았다.

모세는 "원하건대 주의 영광을 내게 보이소서"라고 간청했지만(출 33:18), 그는 하나님의 뒷모습만 언뜻 보았다(출 33:23). 이사야는 "원하건대 주는 하늘을 가르고 강림하소서"라고 간청했다(사 64:1). 하나님을 보여 달라는 고뇌에 찬 기도가 우리가 원하는 대로 응답되는 경우는 드물다. 하나님의 계시는 종종 모호하고 자명하지 않다.

이사야는 더 많은 하나님의 말씀을 구하지 않는다. 이사야의 유창한 신탁은 그가 쇄도하는 하나님의 말씀을 받았음을 입증한다. 예언자는 하나님의 임재를 간구한다. 다른 사람에게 임재하려면 우리에게 몸이 있어야 한다. 하지만 몸만 있다고 해서 완전히 임재하는 것은 아직 아니다. 다른 사람이 정말 '임재한다'고 말할 수 있기 전에 자기 계시가 있어야 한다.

클레오푸스 라루에 따르면, 아프리카계 미국인 회중은 하나님에 관해 듣는 데 관심이 거의 없고 하나님의 음성을 듣기 원한다.[18] 말씀하시는 임재는 성경에 나타나 있고 우리가 그리스도 안에서 만나는 하나님의 일하시는 방식, 즉 '하나님의 말씀하심'(데우스 딕시트)이다.

물론 유한한 것은 무한한 것을 감당할 수 없지만(*finitum non capax infiniti*), 감사하게도 하나님은 인간의 본성을 취하실 수 있다(*Deus capax humanitatis*). 우리 하나님이 되기로 결심하신 하나님은 끊임없이 계시하시고, 하나님의 말씀이 우리에게 오는 세 가지 형태의 계시를 아낌없이 제공하신다.[19]

하나님의 말씀(Word)은 먼저 하나님이 또한 하나님만이 말씀하시는 언명(address)[그리스도, *Logos ensarkos*]이고, 둘째 특정 집단(예언자와 사도들)의 말씀[성경]으로 된 언명이고, 셋째 제한된 수의 선포 대리인들[설교자]의 언명이다.[20]

하나님의 언명의 첫 번째 형태는, 말씀이 한 유대인이 되어 말씀하셨다는 것이다. 하나님에 관한 진리에 대해 질문했을 때 하나님은 우리에게 "예수 그리스도"라고 말씀하셨다.[21]

> 말씀이 육신이 되어 우리 가운데 거하시매 우리가 그의 영광을 보니 아버지의 독생자의 영광이요 은혜와 진리가 충만하더라 요한이 그에 대하여 증언하여 외쳐 이르되 내가 전에 말하기를 내 뒤에 오시는 이가 나보다 앞선 것은 나보다 먼저 계심이라 한 것이 이 사람을 가리킴이라 하니라 우리가 다 그의 충만한 데서 받으니 은혜 위에 은혜러라 율법은 모세로 말미암아 주어진 것이요 은혜와 진리는 예수 그리스도로 말미암아 온 것이라 본래 하나님을 본 사람이 없으되 아버지 품 속에 있는 독생하신 하나님이 나타내셨느니라.(요 1:14-18)[22]

요한은 "하나님을 본 사람이 없다"(요 1:18)고 말하는데, 이 진술은 우리가 나사렛에서 설교하는 예수님을 볼 때까지 사실이었다(눅 4:16-30). 예수님은 이사야서 두루마리를 낭독하신다. 예수님이 설교하기 전까지 모든 일은 잘 진행되었다. 예수님의 설교는 온건했을 수도 있는 회중을 예비 살인자로 만들었다. 이는 하나님에 관한 진리에 대한 우리의 반응을 보여주는 그림일 뿐만 아니라, 바르트가 말하는 신적 계시의 세 가지 방식을 보여주는 짧은 장면이다. 즉 (1) 그리스도는 말씀하시고, (2) 성경은 읽고 들을 때 말씀하고, 그리고 무엇보다 가장 놀랍고 벅차게 (3) 설교자는 말하고 청중은 응답한다.[23]

삼위일체 신앙에 의하면, 나사렛에서 설교하신 분은 다름 아닌 하나님에 관한 진리의 전부이고 설교하는 성자 하나님으로 재현된 성부 하나님과 성령 하나님이시다.[24] "또 오셔서 먼 데 있는 너희에게 평안을 전하시고 가까운 데 있는 자들에게 평안을 전하셨으니[사 57:19의 반향] 이는 그로 말미암아 우리 둘이 한 성령 안에서 아버지께 나아감을 얻게 하려 하심이라"(엡 2:17-18). 예수님은 우리가 보고 싶어 하는 바로 그 하나님이시다. 그분은 단순히 하나님에 대해 전하는 예언자나 하나님의 사자가 아니다. 갈색 피부의 유대인인 예수님의 몸 안에 "아버지의 충만하심이" 거하고, "그의 십자가의 피로 화평을 이루사 만물 곧 땅에 있는 것들이나 하늘에 있는 것들이 그로 말미암아 자기와 화목하게" 하셨다(골 1:19-20).

성부는 계시자(Revealer), 성자는 계시(the Revelation), 성령은 계시됨(the Revealedness, 받은 계시)이다. 한 분이신 하나님은 삼위일체의 계시하는 주체이고, 계시된 내용이고, 계시의 결과다. 바르트는 계시의 세 가지 형태—그리스도와 성경, 선포—를 신성한 위격의 이름인 성부와 성자, 성령의 이름으로, "또한 그 반대로" 대체할 수 있다고 말한다.[25] 계시를 통해 하나님은 우리와 대면하신다.[26]

보라 하나님의 장막이 사람들과 함께 있으매 하나님이 그들과 함께 계시리니 그들은 하나님의 백성이 되고 하나님은 친히 그들과 함께 계셔서.(계 21:3)

우리는 하나님이 나타나시도록 간구한다. 하나님은 성육신하신 말씀, 이름과 얼굴을 가진 하나님, 말씀하는 하나님으로 나타나신다.[27] 바울의 말처럼, "그리스도의 얼굴에 있는 하나님의 영광을 아는 빛"이 우리에게 비쳤다(고후 4:6). 요한일서 1장은 창세기 1장을 반향하고 요한복음 1장을 반복하면서 기독교 설교의 가능성과 필요성을 선언한다.

태초부터 있는 생명의 말씀에 관하여는 우리가 들은 바요 눈으로 본 바요 자세히 보고 우리의 손으로 만진 바라 이 생명이 나타내신 바 된지라 이 영원한 생명을 우리가 보았고 증언하여 너희에게 전하노니 이는 아버지와 함께 계시다가 우리에게 나타내신 바 된 이시니라 우리가 보고 들은 바를 너희에게도 전함은 너희로 우리와 사귐이 있게 하려 함이니 우리의 사귐은 아버지와 그의 아들 예수 그리스도와 더불어 누림이라 우리가 이것을 씀은 우리의 기쁨이 충만하게 하려 함이라 우리가 그에게서 듣고 너희에게 전하는 소식은 이것이니 곧 하나님은 빛이시라 그에게는 어둠이 조금도 없으시다는 것이니라.(요일 1:1-5)

"우리가 들은 바," 계시로 인해 설교자는 하나님이 인간의 공간과 시간 안에 독특하게 현존하신다고—즉 예수님은 계시된 것이요 계시자요 계시라고—"증언"하지 않을 수 없다.[28] 우리에게 계시되었기 때문에, 우리는 이제 "우리가 듣고 손으로 만진 것을 너희에게 전한다." 설교라는 불리는 선포의 목표는 무엇인가? "사귐," 곧 "아버지 및 그의 아들"과 인간의 동지애다.

"내가 곧 길이요 진리요 생명이니 나로 말미암지 않고는 아버지께로 올 자가 없느니라 너희가 나를 알았더라면 내 아버지도 알았으리로다 이제부터는 너희가 그를 알았고 또 보았느니라"(요 14:6-7). 예수님은 우리에게 진리를 전하거나 진리를 가리키기 위해 오시지 않았다. "내가 곧 진리다." 진리는 관념이 아니다. 진리는 인격, 대화를 재개하기 위해 다시 오셨다가 십자가에 못 박힌 나사렛 출신의 유대인이시다. 하나님은 우리가 진리를 발견할 때까지 기다리지 않으신다. 하나님은 말씀하는 진리로 오셔서 따라오라고 우리를 부르신다. 설교는 예수님, 스스로 말하는 진리다.

내가 속한 교단은 ("성경의 권위" 위에 서 있다고 주장하면서, 성경은 결혼과 성적 지향에 대한 견해에 확고한 최종 승인을 부여한다고 단언하는) "전통주의자"와 (개인의 양심이 성경과 전통보다 우선한다고 주장하는) "진보주의자" 사이의 논쟁으로 분열되어 있다. 예수님은 "하늘과 땅의 모든 권세가 성경에 주어졌다"고 말씀하신 적도 없고, "그냥 너의 양심을 따르라"고 말씀하신 적도 없다. 갈등하는 당사자들은 사전에 결정된 마음을 갖고 성경(과 성경의 주님이신 예수님)에 다가가, 미리 정한 자신들의 입장을 흔드는 말씀은 듣지 않으려고 한다. 우리 모두 경계하자.

"주님, 주님이 누구신지, 무엇을 하고 계신지 보여주소서." 하나님은 예수 그리스도라고 말씀하셨다. 만약 말씀이 육신이 되어 우리와 함께 움직이지 않았다면, 설교자는 세상이 다른 곳에서 들을 수 없는 말을 아무것도 할 수 없다. 예수 그리스도는 다른 모든 사람이 알지 못하는 것을 설교자가 아는 유일한 존재시다. 세상의 불의와 고뇌, 궁핍, 두려움, 교회 분쟁 앞에서 교회가 전하는 말씀, 세상이 자신에게 할 수 없는 말씀은 무엇일까? 예수님이다.

앨버트 몰러나 에릭 메타삭스, 「퍼스트 씽스」의 러스티 리노 같은 저명한 복음주의자들은 기독교를 공화당과 동일시하는 트럼프주의를 옹호하려고 할 때, 결코, 절대 예수님을 언급하지 않는다.[29]

훌륭한 전략이다.

소식을 전파하다

바르트는 그리스도인과 비그리스도인의 유일한 차이점은 "지적인 것," 하나님에 관한 지식이 주어졌느냐 여부라고 주장했다. 그리스도인은 도덕적으로나 지적으로 더 낫지 않다. 그리스도인의 겸손한 주장은 하나님이 어떤 분인지에 대한 소식을 받았고, 따라서 이제 우리와 하나님 사이에 어떤 관계가 있는지 안다는 것이다. 빈손을 든 자격 없는 수신자에게 주어지고 그가 받는 계시가 그리스도인을 그리스도인으로 만든다.

복음은 각성(*photismos*)도 아니고, 비밀(*musterion*)도 아니며,[30] 지식(*gnosis*)도 아니고 율법(*nomos*)도 아니다. 복음은 '유앙겔리온'(*euangellion*), 기쁜 소식이다.[31] 복음은 소식으로 남는 소식, 공유되기를 요구하는 사건, 스스로 생성되지 않았지만 스스로 전달되기를 요구하는 정보다.[32] 뉴 아나운서는 뉴스를 어떻게 전할지 고민하는 데 많은 노력을 기울이지 않고, 방송사는 뉴스를 처음 접하는 사람이 위기감을 갖고 듣게 만들어야 한다. 뉴스는 전달을 원한다. 소식으로서 복음의 본질은 왜 설교가 교회(소식을 전하려는 목적을 위해 소식에 의해 소집된 공동체)의 주요 활동이고, 하나님이 우리를 대적하지 않으신다(롬 8:31)는 말씀을 전하는 하나님의 주요 수단인지 설명해 준다.

우리는 하나님이 왜 우리에게 이 소식을 주셨는지 그 이유는 모르지만, 목적은 알고 있다. 곧 우리가 받은 것을 전해 주기 위해서다. 그래서 선교사요 설교자인 바울은 믿음이란 소식을 듣는 것일 뿐만 아니라 또한 전하는 것이라고 말한다.

누구든지 주의 이름을 부르는 자는 구원을 받으리라 그런즉 그들이 믿지 아니하는 이를 어찌 부르리요 듣지도 못한 이를 어찌 믿으리요 전파하는 자가 없이 어찌 들으리요…그러므로 믿음은 들음에

서 나며 들음은 그리스도의 말씀으로 말미암았느니라.(롬 10:13-14, 17)

기쁜 소식의 본질은 무엇인가? 바울은 기쁜 소식을 자신이 들은 대로 반복한다.

형제들아 내가 너희에게 전한 복음을 너희에게 알게 하노니 이는 너희가 받은 것이요 또 그 가운데 선 것이라 너희가 만일 내가 전한 그 말을 굳게 지키고 헛되이 믿지 아니하였으면 그로 말미암아 구원을 받으리라 내가 받은 것을 먼저 너희에게 전하였노니 이는 성경대로 그리스도께서 우리 죄를 위하여 죽으시고 장사 지낸 바 되셨다가 성경대로 사흘 만에 다시 살아나사 게바에게 보이시고 후에 열두 제자에게와 그 후에 오백여 형제에게 일시에 보이셨나니 그 중에 지금까지 대다수는 살아 있고 어떤 사람은 잠들었으며 그 후에 야고보에게 보이셨으며 그 후에 모든 사도에게와 맨 나중에 만삭되지 못하여 난 자 같은 내게도 보이셨느니라…그러므로 나나 그들이나 이같이 전파하매 너희도 이같이 믿었느니라.(고전 15:1-8, 11)

바로 이것이다. 복음이란 "성경대로…우리 죄를 위하여 죽으시고 장사 지낸 바 되셨다가…사흘 만에 다시 살아나사 게바에게 보이시고 후에 열두 제자에게와…오백여 형제에게…그 후에 야고보에게…그 후에 모든 사도에게와 맨 나중에…내게도 보이신" 예수("하나님이 구원하신다")라는 이름의 한 유대인에 관한 기쁜 소식이다.

복음은 우리가 경험한 느낌은 고사하고 일련의 관념이나 우리 마음속에 자리 잡은 소중한 것, 우리가 내린 결단도 아니고, 복음은 하나님과 바른 관계를 맺기 위한 절차도 아니다. 복음은 하나님이 행하셨고 (부활로 인해) 지금 행하고 계신 일에 관한 소식이다. 복음은 우리가 최고의 궁극적 목적지에 도달하는 방법도 아니고, 불의의 희생자들이 더 살기 좋은 세상을 만들기 위해 부지런히 정의를 실현하라는 권면도 아니다. 복음—하나님은 누구시고, 하나님이 무엇을 하고 계시고, 우리는 어떻게 그 일부가 되는지—은 바울이 혼자서 고안해 내지 않은 설교다. "너희도 차례로 받았고, 너희도 그 안에 서 있고, 너희도 그것을 통해 구원을 받고 있는" 선언이고, "내가 너희에게 전한" 이야기다. 그리스도께서는 그리스도인들을 구원한 하나님의 참된 이야기로 우리를 집어넣으신다.[33]

대부분의 설교자는 모호함과 추상화, 일반화가 흥미로운 설교를 망친다는 사실을 배운다. 바르트는 몸을 지니고 말씀하는 하나님의 구체적이고 특정한 인격화를 회피할 경우 무신론으로 이어진다고 지적한다.[34]

'하나님은 무엇인가?'라는 질문은 있을 수 없다. 질문은 '하나님은 누구신가?'여야 한다. 또한 그 대답은 그것(It)에 대한 묘사가 아니라 한 인격에 대한 묘사여야 한다. 이것은 우리가 하나님의 말씀을 통해 하나님을 알 수 있다는 사실에서 비롯된 하나님의 정체성에 대한 최초의 결정적인 묘사다. 기독교 설교에서 명명한 하나님의 계시는 하나님의 말씀, 어둠을 가르는 번개(이 얼마나 빈약한 비교인가!), 부자연스러운 사건, 로고스, 하나님의 참 자아를 알려주는 자유로운 하나님의 영이다…계시의 기적 혹은 역설은 하나님이 우리에게 이 말씀을 인격적으로 말씀하고 우리가 이 말씀을 언명으로, 개인적으로 직접 들을 수 있다는 것이다.…하나님은 인격이시고, 기독교의 계시는 삼위일체의 계시다. 이것은 하나님의 인격을 떠나거나 넘거나 혹은 그 뒤에서 하나님을 볼 수 있는 모든 가능성을 결정적으로 배제한다. 하나님은 영원부터 영원까지 인격으로, 성부, 성자, 성령으로 존재하신다는 것은 기독교 선포의 공리다. 만약 우리가 하나님을 추상화하거나 개념화하여 우리에게 말을 걸고 말씀하는 인격과 동떨어진 분으로 생각하거나, 하나님을 더 이상 인격이 아닌 일반적인 진리나 관념으로 용해한다면, 우리는 더 이상 하나님에 대해 생각하지 않는 것이다.[35]

바울의 "하나님의 복음" 혹은 "하나님의 기쁜 소식"(롬 1:2-4 NRSV, CEB)은 그리스도가 누구인지에 대해 그분의 말이나 행동보다 더 많이 알려준다. 바울은 부활절 이후 그리스도의 현현을 "부활하신 그리스도를 본 것"이 아니라 "나타남"이라고 묘사한다. 그리스도의 임재는 우리가 발견하는 것이 아니라 선물이고, 하나님은 우리 안에서 나오지 않고 우리에게 오셔서, 우리가 자신에게 할 수 없는 말을 말씀하신다.

한 저명한 설교자가 '하나님의 음성을 깨닫는 법'에 관한 시리즈 설교를 시작했다. 첫 번째 설교에서 그는 "우리가 하나님의 음성을 듣고 있는지 절대 확실하게 아는 일곱 가지 검증 방법"을 통해 계시의 신비를 벗기겠다고 약속했다. "우리가 하나님의 음성을 듣지 못한다면, 하나님이 우리에게 결코 말씀하지 않는다면, 우리는 하나님과 관계를 맺을 수 없다." 그렇지만 "하나님에 대한 우리의 생각이 하나님에게서 온 것인지, 아니면 마귀나 어젯밤 먹은 상한 야채로 인한 것인지 어떻게 알 수 있는가?"[36] 그 설교자가 들었던 직접적이고 분명한 계시의 첫 번째 예가 무엇이냐고? "황제에게 바치라"였다. 그 설교자는 "세금을 내지 않을 생각이라면, 하나님의 말씀을 경청하지 않겠다는 거부다"라고 말하면서 한바탕 웃는다.

새로운 세계의 선언

바르트의 신학 혁명은 1918년 바울의 로마서를 면밀하고 창의적으로 읽음으로써, 또한 10년간의 실망스런 설교 이후에 시작되었다. 바르트가 로마서에서 얻은 깨달음은 로마서에 대한 폭탄선언으로 이어졌다. "우리는 성경에서 새로운 세계, 즉 하나님을 발견했다. 하나님의 주권, 하나님의 영광, 하나님의 이해할 수 없는 사랑. [인류]의 역사가 아니라 하나님의 역사다!"[37]

열왕기상 17장에 관한 설교에서 플레밍 러틀리지는 "왜 주류 교회에는 그렇게 많은 문제가 있는가?"라고 질문한다. 그녀의 대답에 의하면, 주류 교회의 설교는

> 심판하고 구속하시는 하나님, 위대한 움직임을 일으키시는 하나님, 강한 자들을 그 자리에서 끌어내리고 겸손하고 온유한 자를 높이시는 하나님에 관한 것이 아니다. 대신 설교의 메시지는 인간의 활동에 관한 것이다. 인간의 잠재력, 인간의 희망, 인간의 기대, 인간의 프로그램과 의제에 관한 것이다…엘리야의 살아 계신 하나님은 고려하지 않는 듯 보인다.[38]

내가 사는 지역의 진보적인 주류 교회 설교자들은 대체로 바울의 초기 서신보다 복음서를 설교한다. 내러티브 안에 기독론을 담고 있는 예수님의 말과 행동으로 가득 찬 복음서가 인간의 주체성을 독려하는 듯 보이기 때문일까? 갈릴리의 선량한 시골 사람들과 많은 시간을 보내면서 이웃을 자기 몸처럼 사랑하라고 부드럽게 일깨워 주

는 위대한 선의 모범이신 그리스도. 우리 안에서 최상의 것을 이끌어내는 이야기를 들려주는 사랑받는 스승이신 그리스도. 우리의 현재 기획에 유용하신 그리스도.

아마 선한 행동의 모범이신 그리스도는 제1세계의 문제일 것이다. 고린도전서 15장을 저술하는 바울은 예수님의 탄생과 생애, 죽음의 세부 사항에 대해 놀라울 만큼 무관심하다. 마치 그리스도의 순수하고 빛나는 정체성은 그분의 행동과 말을 가리거나 하는 것처럼, 마치 하나님의 영원한 자비의 육체적 현존이신 그리스도의 부활을 보강할 필요가 전혀 없는 것처럼 말이다.[39] 하나님은 십자가에 못 박힌 예수를 살리셨다. 하나님은 십자가에 못 박힌 예수를 살리셨다. 하나님은 십자가에 못 박힌 예수를 살리셨다. 바울이 전하고 싶어 안달했던 이 설교는 바울로 하여금 소아시아 전역을 돌아다니면서 아무도 교회가 필요하다고 생각하지 않던 곳에 교회를 개척하게 만든 소식이다. 바울의 "하나님의 복음"(롬 1:2-4)은 수용적이고, 위축과 죽음에 잘 적응된, 자조적이고, 부르주아적이고, 진보적인 기독교가 감당하기에는 너무 뜨거운 것일까?[40]

몇 해 전, 정도를 벗어난 예수 세미나는 예수님의 몇 안 되는 "진정한" 말씀을 떼어내 판별하려고 시도함으로써 물의를 일으켰다가, 그리스도인들은 예수님의 말씀을 경배하는 것이 아니라 말씀 자체를 경배한다는 사실에 놀라고 말았다. 때로 설교가 고통에 처한 사람들을 위한 유용한 암시, 상처 입은 사람들의 치유를 위한 조언, 아침에 침대에서 일어나야 할 이유, 슬퍼하는 사람들을 위한 영적 격려, 혹은 사회 활동가들을 향한 무장 호소를 제공하는 것은 온당하지만, 그러한 관심사는 예수님의 관심사가 거의 아니기 때문에 인간적인 도움은 결코 설교의 주요한 의도가 될 수 없다.[41] 게다가 다른 곳에서도 다른 방식으로 쉽게 들을 수 있는 말을 듣기 위해 누가 굳이 한 주간의 불편한 시간에 일어나 옷을 차려 입고 교회에 오겠는가? 적어도 로터리 클럽에서는 점심이라도 준다.

그리스도의 정체성 때문에 그분의 이름으로 전하는 설교의 결과는 위험하고 그 의도는 우주적이다.

> 너희가 전에 복음 진리의 말씀을 들은 것이라 이 복음이 이미 너희에게 이르매…그가 우리를 흑암의 권세에서 건져내사 그의 사랑의 아들의 나라로 옮기셨으니 그 아들 안에서 우리가 속량 곧 죄 사함을 얻었도다

> 그는 보이지 아니하는 하나님의 형상이시요…만물이 그에게서 창조되되 하늘과 땅에서 보이는 것들과 보이지 않는 것들과 혹은 왕권들이나 주권들이나 통치자들이나 권세들이나 만물이 다 그로 말미암고 그를 위하여 창조되었고 또한 그가 만물보다 먼저 계시고 만물이 그 안에 함께 섰느니라 그는 몸인 교회의 머리시라 그가 근본이시요 죽은 자들 가운데서 먼저 나신 이시니 이는 친히 만물의

으뜸이 되려 하심이요 아버지께서는 모든 충만으로 예수 안에 거하게 하시고 그의 십자가의 피로 화평을 이루사 만물 곧 땅에 있는 것들이나 하늘에 있는 것들이 그로 말미암아 자기와 화목하게 되기를 기뻐하 심이라.(골 1:5-6, 13-15, 16-20)

하나님의 아들 예수 그리스도의 역사 속에서 우리 곁에 오신 하나님에 대한 바울의 이야기는 우리가 생각하는 하나님에 대한 내용과 상충된다. 따라서 기쁜 소식은 반복되어야 한다. 그리스도, 예상 밖의 하나님, 연약한 특사에게 과감하게 "화해의 메시지"를 의탁하신 하나님 때문에(고전 5:19) 설교는 힘들다.

설교자가 인간의 죄성과 혼란, 편견, 우상숭배를 큰 소리로 지적하는 것은 괜찮다. 나도 자주 그렇게 하는데, 나 자신의 도덕적 타협에 대해 좋은 느낌을 갖는 데 도움이 된다. 하지만 우리는 니케아 신조의 표현대로 하나님이 "우리를 위해 또한 우리의 구원을 위해" 그리스도 안에서 오신 죄인이라는 사실을 강조하지 않은 채 인간의 타락에 대해 장황하게 말할 자유는 없다. 도덕주의적이고 비판적인 설교는 선포가 아니라 도덕적 훈계, "종종 예언자적 설교로 오인된다"고 리처드 리셔는 말한다.[42] 기쁜 소식은 우리가 도덕적으로 진보할 수 있다는 것이 아니라 죄인들이 외면했던 하나님이 우리를 만나기 위해 오셨다는 것이다.[43]

우주의 지배자이신 바울의 그리스도를 우리 크기로 축소하는 설교자에게 화가 있으리라. 몇 년 전, 다양한 회중(다시 말해, 그리스도에 대해 잘 모르는 회중)을 대상으로 네 번의 졸업 예배에서 설교해야 하는 어려움에 직면했을 때, 나는 손쉬운 길을 택하여 예수님의 탕자 비유(눅 15장)를 졸업생들이 마침내 집을 떠날 때 가끔 일어나는 일에 대한 이야기로 설교했다. 효과적인 인간 관계의 전문가이신 예수님. 회중은 나의 상식적인 지혜를 집단 하품으로 받아들였다. 만약 그리스도에 대한 바울의 주장이 사실이라면, 예수님이 그런 목적을 위해 이 비유를 말씀하셨을 리 만무하다. 더 나은 가정 생활, 졸업 후 무엇을 할 것인가에 대한 초조함 같은 것은 새 하늘과 새 땅으로 향하는 길을 걸으시는 분에게 사소한 문제다.

어떤 사람들이 바울의 설교에 이의를 제기했을 때 바울은 이렇게 변호했다. "내가 너희에게 알게 하노니 내가 전한 복음은 사람의 뜻을 따라 된 것이 아니니라 이는 내가 사람에게서 받은 것도 아니요 배운 것도 아니요 오직 예수 그리스도의 계시로 말미암은 것이라"(갈 1:11-12). 바울의 사도적 변론은 모든 설교자에게 적용된다. 공적인 인증은 교회 전통의 충실한 반복이나 교회론적 강화에 달려 있지 않고, 설교자의 전문성에 달려 있는 것도 분명 아니다. "예수 그리스도의 계시로 말미암은" 것이 아니라면 승인은 아무것도 아니다.

나도 안다. 계시를 받았다는 이 대담한 주장은 십자가에 못 박힌 그리스도를 전하기보다 우리 자신을 모범으로 전하는 자기기만으로 인도할 수 있다(고후 4:5). 거만한 설교자들이 있다는 사실은 나도 인정한다. 물론 세상은 대부분의 설교자들에게 허세를 덜 부리게 하지만 말이다. 바울처럼 "이제는 내가 사는 것이 아니요 오직 내 안에 그리스도께서 사시는 것이라"(갈 2:20)고 말하는 설교자는 거의 없다. 더 일반적인 것은 "어, 어, 그러니까 나는 그냥 이렇게 생각합니다"라고 중얼거리는 것이다.

자신이 받은 것을 대담하게 전달할 때(고전 4:7) 설교자는 선교사로 임명되어 임무를 부여받는다. 루터는 양떼들에게 이렇게 말한다. 우리가 "그리스도가 여기나 저기에 어떻게 오시는지, 혹은 누군가가 어떻게 [그리스도]에게 인도되는지 들을 때, 여러분은 그 안에서…그분이 여러분에게 오시거나 여러분이 그분께 인도되고 있음을 인식해야 한다. 복음을 전파하는 것은 그리스도께서 우리에게 오시거나 우리가 그분에게로 인도되는 것 외에 아무것도 아니다.…그리스도는 여러분의 것이고, 여러분에게 선물로 주어진다…[따라서, 그리스도를 영접한 후] 여러분은 이것을 본보기로 삼아 똑같은 방식으로 이웃을 대하고, 이웃에게 선물과 본보기로 주어져야 한다."[44] 설교를 듣는 것은 그리스도께서 "여러분에게 오시거나 혹은 여러분이…그분께 인도되고" 또한 "이웃에게 그리스도를 전해주어야 한다는 의무감 아래 놓이는" 위험을 감수한다.[45]

바울은 외적으로 인정된 그리스도의 대변인으로 고린도인들에게 설교한다. "하나님의 뜻을 따라 그리스도 예수의 사도로 부르심을 받은 바울"(고전 1:1). 바울은 "고린도에 있는…거룩하여진…하나님의 교회"에 대한 칭찬으로 시작하지만, 자신이 그리스도께 보냄을 받은 것은 "세례를 베풀게 하려 하심이 아니요 오직 복음을 전하게 하려 하심이로되 말의 지혜로 하지 아니함은 그리스도의 십자가가 헛되지 않게 하려 함이라"고 자랑한다(17절). 뒤이어 바울은 설교적 의미를 덧입힌다. "십자가의 도가 멸망하는 자들에게는 미련한 것이요 구원을 받는 우리에게는 하나님의 능력이라"(고전 1:18). "하나님의 지혜에 있어서는 이 세상이 자기 지혜로 하나님을 알지 못하므로 하나님께서 전도의 미련한 것으로 믿는 자들을 구원하시기를 기뻐하셨도다 유대인은 표적을 구하고 헬라인은 지혜를 찾으나 우리는 십자가에 못 박힌 그리스도를 전하니 유대인에게는 거리끼는 것이요 이방인에게는 미련한 것이로되 오직 부르심을 받은 자들에게는 유대인이나 헬라인이나 그리스도는 하나님의 능력이요 하나님의 지혜니라"(21-24절).[46]

설교의 지혜로운 어리석음에 대한 주장을 강화하기 위해 바울은 고린도인들의 소명 경험에 호소한다. "그러나 하나님께서 세상의 미련한 것들을 택하사 지혜 있는 자들을 부끄럽게 하려 하시고 세상의 약한 것들을 택하사 강한 것들을 부끄럽게 하려 하시며 하나님께서 세상의 천한 것들과 멸시 받는 것들과 없는 것들을 택하사 있는 것들을 폐하려 하시나니"(고전 1:27-28).

설교자는 설교를 위한 어떤 근거도, 어떤 권한도 없이 아슬아슬한 줄 밑에 '데우스 딕시트' 외에 어떤 안전망도 없이 작업한다.

2016년 대통령 선거가 끝난 다음 주일, 나는 워싱턴 DC 교외에 있는 한 연합감리교회에서 설교했다. 담임 목사는 서른 가정 정도가 교회를 떠날 것이라고 예상했다. 오바마의 정무관은 숙청될 게 분명했다. 나에게 맡겨진 본문은 로마서 5장이었다. "그리스도께서 경건하지 않은 자를 위하여 죽으셨도다." 나는 자애로운 예수님은 죄인들을 위해, 오직 죄인들을 위해 죽으셨고, 예수님은 세리 및 창녀들과 벌이는 잔치보다 더 좋아하는 것이 없음을 신자들에게 상기시켰다.

나는 이렇게 설교를 마무리했다. "우리에게 좋은 일입니다. 우리는 거짓말을 일삼고, 불륜을 저지르고, 징병을 기피하고, 거짓 파산을 선언하고, 여성을 혐오하고, 인종을 차별할 뿐만 아니라 천박한 금도금 비품으로 장식된 하천선 도박꾼을 대통령으로 선출했습니다. 그는 국가적 수치이고 또한 [극적 효과를 위해 잠시 멈춘다] 예수 그리스도께서 사랑하고 구원하신 사람이며, 예수님은 그를 위해 목숨을 바치셨습니다. [강단에 몸을 기대고 휘둥그레진 회중의 눈을 바라보면서] 여러분은 정말로 그런 구세주를 예배하기 원하십니까?"

그 주일에 나는 내가 원하는 대로 설교하지 않고 바울로 하여금 얘기하게 했다.

언젠가 우리 교회에 다니는 한 아기의 장례식을 앞두고 서재에 앉아, "나는 저 밖에 나가서 주님의 행동에 대해 구차한 변명을 하지 않겠습니다"라고 주님께 불평했을 때, 주님은 나를 무대 위로 떠미신 뒤 바울에게 문장을 채우게 하라고 하셨던 순간이 있었다. 물론 나는 그 순간에 확신이 없었지만, "사망이나 생명이나 천사들이나 권세자들이나 현재 일이나 장래 일이나 능력이나 높음이나 깊음이나 다른 어떤 피조물이라도 우리를 우리 주 그리스도 예수 안에 있는 하나님의 사랑에서 끊을 수 없으리라"는 바울의 말을 들으며 위로를 얻었다.

예수, 자유로운 설교자

나사렛에서 행한 예수님의 첫 설교(눅 4:16-30)는 이사야서 두루마리를 읽으면서 시작된다. 회중은 그분의 아름다운 낭독에 경탄한다. "이 글이 오늘 너희 귀에 응하였느니라." 고양된 분위기가 회중을 뒤덮는다. 누가 우리보다 구원과 해방을 받을 자격이 더 있을까? 뒤이어 예수님은 설교한다. 당연히 그 순간 문제가 시작된다.

설교자 예수님은 기근이 들어 하나님이 나타나셨을 때 이스라엘에 굶주린 여인들이 있었던 이전 상황을 선민들에게 상기시키신다. 하나님의 예언자는 외국인에게만 음식을 제공했다. 또한 엘리사가 시리아 군 사령관을 치유했을 때 분명 이스라엘에는 적군보다 더 소중한 사람들이 고통을 받고 있었다.

회중의 찬사는 분노로 돌변했다. 하나님께서 전에 이스라엘의 경계 밖에서 나타나셨다는 사실을 떠올리는 것, "들으라 우리 하나님 여호와는 오직 유일한 여호와이시다"는 고백의 함의를 깨닫는 것(신 6:4), 하나님이 우리의 후견인이 아니시라는 말을 듣는 것은 우리처럼 회당에 다니는 선량한 사람들이 감당할 수 있는 한계를 넘어서는 것이었다. 우리 하나님 주위에 모여서, 설교자가 성경을 사용하여 우리를 공격하는 것을 볼 때, 우리도 한 몸으로 일어나 설교자의 입을 막았다.

그들은 "이 회중이 이렇게 단합된 적은 없었다"라고 말하면서 설교자를 끌어냈다.

회중은 실패했다. 예수님은 "그들 가운데로 지나서 가셨다"(눅 4장 30절). 누가는 예수님이 그들을 침묵시켰거나 그들을 기적적으로 물리쳤다고 말하지 않는다. 예수님은 자기 백성에게 오셨지만, 그분의 메시아적 의도는 선민으로 자처하는 이들조차 알 수 없었다. 그분은 우리에게 나타나지만, 우리에게 붙잡히지 않으실 것이다. 예수님은 성경에 근거하여 직접 말씀하지만 우리가 예상하지 못한 하나님이시라고 설교하셨다. 그래서 우리는 그분을 상자에 넣고, 뚜껑을 봉인하고, 무덤을 지키기 위해 분대 병력을 배치했지만…그분은 그냥 자기 길을 가실 뿐이다.

어떤 길인가? 한 여성 막달라 마리아에게 전해야 할 소식을 보여주시면서 그녀를 최초의 설교자로 삼으신다(요 20:1, 11-18). 부활하신 그리스도는 누가복음 4:30을 반복하면서 "나를 붙들지 말라"(20:17)고 말씀하신다. 그 뒤에 전파하라는 사명이 나온다. "너는 내 형제들에게 가서 이르되 내가 내 아버지 곧 너희 아버지, 내 하나님 곧 너희 하나님께로 올라간다 하라." 막달라 마리아는 제자들에게 "내가 주를 보았다 하고 또 주께서 자기에게 이렇게 말씀하셨다"고 전한다(20:18).[47] 마리아는 보고 듣고 순종적으로 말한다. 이것이 바로 기독교 설교의 중심에 있는 동력이다. 우리는 마리아와 함께 "내가 주를 보았다"고 말하면서 아무도 예상하지 못한 소식을 대담하게 전한다.

예수님을 우리가 원하는 어떤 의미로 만들려는 시도에 맞서, 구약과 신약 성경은 놀라운 불가역성과 비순응성을 완고하게 고수하고, 삼위일체 하나님이 상자에 담기지 않는 까다로운 분이심을 보여주고, 우리의 우상숭배적 환원주의를 거부하고, 숨통을 죄는 우리의 압박에서 예수님을 놓아주어 자기 길을 가실 수 있게 한다. 대체 누가 예수 세미나에 대해 더 생각하는가? 나는 예수님이 10년도 지나지 않아 내가 사랑하는 이 책을 쓰레기통에 버리실 거라고 예상한다.

우리가 예수님의 길을 걸을 수 없을 때에도, 예수님은 자기 길을 가신다. 우리가 예수님을 침묵시키거나 억제하거나 제지하려고 해도, 기쁜 소식은 이것이다. 곧 예수님은 자기를 따라오는 온 세상과 함께 자기 길을 가실 것이다(요 12:19).

따라서 딜레마가 생긴다. 예수님의 말씀이 우리가 듣고 싶은 말씀이 아닐 때에도 우리는 설교를 경청해야 할까? 예수님이 우리의 길을 지나가실 때, 우리는 감히 그분과 함께 가겠는가?

예수님은 두세 사람만 모인 곳에도 함께 계시겠다고 약속하셨다(마 18:20). 하지만 예수님은 우리에게 안주하거나, 우리의 제약을 받거나, 우리의 통제 아래 있겠다고 약속하지 않으셨다. 바르트는 첫 번째 안식일 후에도 하나님은 결코 쉬지 않으신다고 말했다(시 121:4). 우리 가운데 계셨던 예수님도 우리 가운데를 통과하여 자기 길을 가신다.

나는 일단의 교회 사람들과 함께 허리케인 카트리나)가 휩쓸고 지나간 지역을 청소하는 작업 팀과 동행했다. 그 주일의 설교를 위해 나는 속내가 들여다보이는 본문 마가복음 6장—폭풍우 속에서 제자들에게 오신 예수님—에 손을 댔다.

> 우리는 얼마 전 끔찍한 폭풍을 지나왔습니다. 많은 교회와 목사관이 무너졌습니다. 이 황폐함 속에서, 예수님이 폭풍 가운데 제자들에게 와서 말씀하시고 그들을 안심시키면서 평안을 선사하셨다는 사실을 아는 것은 유익합니다. 예수님이 오늘 이 예배에서 우리에게 하고 계신 일과 비슷합니다. 그렇죠?
>
> 마가복음은 "예수께서…제자들을 재촉하사 자기가 무리를 보내는 동안에 배 타고…가게" 하셨다고 말합니다.
>
> "예수께서…무리를 작별하신 후에 기도하러 산으로 가시니라 저물매 배는 바다 가운데 있고 예수께서는 홀로 뭍에 계시다가 바람이 거스르므로 제자들이 힘겹게 노 젓는 것을 보시고 밤 사경쯤

에 바다 위로 걸어서 그들에게 오사 지나가려고 하시매 제자들이 그가 바다 위로 걸어 오심을 보고 유령인가 하여 소리 지르니 그들이 다 예수를 보고 놀람이라 이에 예수께서 곧 그들에게 말씀하여 이르시되 안심하라 내니 두려워하지 말라 하시고"(막 6:45-50).

예수님은 기도하러 떠나면서 "제자들이 배를 타도록 재촉"하셨습니다(한밤중 항해는 예수님의 아이디어였습니다). 폭풍우가 몰아치던 상황을 고려하면 이상한 일입니다. 하지만 거슬러 부는 바람에 맞서 "제자들이 힘겹게 노 젓는 것을 보신" 예수님은 "그들에게 오셨"습니다. 예수님은 그런 분입니다. 예수님은 폭풍 속에서 우리에게 오십니다. 하늘이 어두울 때, 인생의 폭풍이 몰아칠 때, 예수님은 우리 곁에 계신다고 간증하는 사람들이 우리 중에 많이 있습니다.

그런데 이번에 나는 이 본문을 통해 처음으로 한 가지 세부 내용을 주목하고 충격을 받았습니다. "지나가려고 하시매." 무슨 뜻일까요?

"예수님, 우리가 물에 빠지고 있습니다! 우리를 구해주세요!"

그런데 다른 중요한 곳으로 가려고 계획하신 예수님은 파도 위를 걸어가시다가, 여정을 중단하고, 멈춰 서서, 듣고, 응답하십니다.

그냥 지나가려고 하셨다? 무슨 뜻일까요?

나는 "제자들에게 말씀하고 그들을 구출하는 것보다 더 중요한 일이 예수님에게 있을까?"라는 질문을 떨쳐버릴 수 없었습니다. 절박한 시대에 예수님의 사명은 우리 교회보다 훨씬 크고 훨씬 광범위하지 않을까요?[48]

예수님은 마가복음 6장을 통해 내가 전할 계획도 하지 않았고 회중이 들을 준비도 되어 있지 않았던 설교로 나를 밀어 넣으셨다. 나는 예수님이 폭풍우 속에서 우리에게 오신다는 전통적인 목양적 위로를 전하려고 했다. 48절로 나를 강타하신 예수님은 내 설교를 망쳐놓고 다른 설교를 전하셨다.

예수님은 폭풍 한가운데서 자기 백성에게 오시지만, 그분의 구원 사역은 우리에게만 국한되지 않는다. 교회가 된다는 것은 우리의 고통과 비극에 대처하는 것이지만, 동시에 교회의 경계를 넘어 다른 사람들의 상처에 응답하는 것이다. 예수님은 자기와 함께 폭풍 속으로 모험을 떠나자고 우리를 부르시고, 그런 다음 배에서 끝나지 않는 사명을 우리에게 의탁하신다. 배['나비스', 교회를 가리키는 고대의 상징, 듀크 신학교 휘장]는 예수님의 유일한 관심사가 아니다.

조직신학은 대부분 자유 가운데 살아계신 이 하나님을 체계적으로 안정시키고, 길들여 묶어두려는 시도다. 기독교는 계시 종교이기 때문에, 우리는 그럴 수 없다. 우리와 하나님 사이의 계약은 하나님 편에 달려 있다. 여러분이 모험을 좋아하고 기꺼이 소통의 통제를 벗어날 의향이라면, 교회의 강압적인 손아귀를 벗어나 자기 길을 가시는 예수님을 지켜보며 살아가는 것은 유익한 방법이다.

그리스도를 전하면서, 우리는 그리스도인들이 "하나님"이라고 말할 때 우리의 꿈과 감정을 "하나님"이라고 지칭하면서 하나님에 대한 경건한 감정을 투사하는 것에 불과하다는 포이어바흐의 비난을 반박한다. 포이어바흐여, 단지 우리의 욕망을 우주에 분출하면서 그 메아리를 "하나님"이라고 부른다면, 우리가 정말 예수님을 하나님의 아들로 만들었겠는가?[49] 낡고 황폐한 교회가 세상에 계신 그리스도의 현존이라고 꾸며냈겠는가? 단언컨대, 우리는 삼위일체보다 훨씬 수월하게 잘 지낼 수 있는 신들을 투사했을 것이다.

계시란 하나님이 베일을 벗으시고 우리가 하나님을 알아보고, 그런 다음 하나님에 대해 말할 수 있게 하는 사건이다.[50]

> 우리는 하나님에 대해 생각하고 말하기 위해 모험을 해야 한다. 하지만 최종 결과는 하나님의 말씀에 맡겨져야 한다. 우리는 하나님의 계시를 반복하거나 [하나님의] 말씀을 우리 입에 담을 수 없다. 우리는 [하나님]에 대해 증언할 수 있을 뿐이고, 그러면 하나님은…우리의 증언을 통해…말씀하실 수 있다.…우리는 하나님이…말씀하실 수 있도록 인간의 말로 하나님의 말씀을 증언해야 한다.[51]

바르트는 하나님이 자신을 계시하기로 결심하셨다는 전제에서 하나님에 관한 이야기를 시작하고, 19세기의 의심이 아니라 우리가 지금 여기서 실제로 하나님을 알고 있다는 경이로움에서 출발한다. 우리는 자신의 도구에만 맡겨진 채, 초월에 대한 어떤 단서를 찾아

내기를 갈구하며 주관성을 뒤지고 다니지 않는다. 오히려 하나님은 성육신을 통해 자신을 사랑 가운데 객관화하셨기 때문에 우리는 정말 하나님을 아는 놀라움을 향유한다.[52] 하나님의 자비는 이제 예수 그리스도의 역사를 통해 알려진다. 그분은 이 땅에 내려와 우리와 함께 흙을 묻히신 나사렛 출신의 유대인으로 역사에 들어오신 하나님이고, 초역사적이기를 거부한 하나님이시다.[53]

디트리히 본회퍼는 모든 설교의 원천은 육신이 되신 말씀, 우리 가운데 구체적인 몸으로 나타나신 그리스도라고 말한다.

> 선포된 말씀은 예수 그리스도의 성육신에 그 기원을 두고 있다. 선포된 말씀은 과거에 인식된 진리나 개인적 경험에서 유래하지 않는다. 선포된 말씀은 일련의 특정한 감정의 재생산이 아니다. 설교 말씀은 그 뒤에 있는 실체의 외적인 형태도 아니다. 선포된 말씀은 성육하신 그리스도 자신…그 자체다. 선포된 그리스도는 역사적인 분이요 현존하는 분이시다…그분은 역사적 예수께 다가가는 문이다. 따라서 선포된 말씀은 다른 어떤 것, 그 배후에 있는 어떤 것을 표현하는 매개체가 아니라, 오히려 말씀으로 회중 가운데 걸어 다니시는 그리스도 자신이다.[54]

설교를 작성할 때 나는 신학적 검증을 적용한다. 이 성경 본문에서 하나님은 무엇을 하고 계시는가? 또한 하나님은 내 설교에 임하셔서 무엇을 하실까? 하나님은 모든 성경 본문에서, 심지어 가장 평범한 산문에서도 갖가지 우상숭배에 도전하실 수 있다. 예수님은 가장 유감스러운 설교에서도 직접 나타나 말씀하기로 선택하실 수 있다.

변화산 사건(막 9:2-8)에서, 두 제자는 하늘의 선언과 함께 놀라운 환상을 본다. 모세와 엘리야가 옆에 서 있는 가운데, 하늘의 음성은 예수님이 누구신지 밝힌다. 세례 시에 예수님이 들은 음성이 이제 예수님의 제자들에게 들린다. 이전에 제자들은 "나를 따르라"는 요청을 받았다. 이 변모하는 환상을 통해 제자들은 나사렛 사람들이 하기 어렵다고 여기던 일을 하도록 요청 받는다. 들으라!

마가복음의 예수님의 세례 기사에서, 강림하신 성령은 예수님을 "내 사랑하는 아들, 내가 사랑하는 자"라고 부르신다(막 1:9-11). 마가복음 중간 지점인 변화산 사건에서 하늘의 음성은 예수님을 "하나님의 아들"이라고 칭한다. 마가복음에서 오직 한 사람만이 예수님을 하나님의 아들이라고 부른다. 갈보리 산에서 들려온 음성은 하늘에서 온 것이 아니라 "이 사람은 진실로 하나님의 아들이었도다"(막 15:39)는 로마 백부장의 음성이다.

'프뉴마'(*pneuma*)는 말로 이어지고, 세례 받을 때 예수님에게 숨이 임한다. 그런 다음 십자가에서 예수님이 "마지막 숨을 쉬실" 때, 십자가에서 시편을 인용하신 뒤 백부장은 이 사람이 "하나님의 아들"이었다고 외친다. 분명 마가는 열린 하늘에서 내려온 숨과 십자가에서 내쉰 하나님의 아들의 숨과 로마 황제의 가장 훌륭한 인물의 감동적인 외침을 서로 연결하고 있다. 백부장은 예수님의 제자들이 고백할 수 없었던 내용을 말한다. 온 세상이 그분을 따라왔다.

바르트는 세례 요한의 긴 검지가 자신에게서 멀리 있는 "지시 대상을 인상적이고 사실적으로" 가리키는 이젠하임의 제단화 그리뉘발트 "십자가"가 신실한 설교의 최고의 이미지라고 말했다.[55] 마가복음에서 십자가에 달린 하나님을 가리키며 예수님에 대한 진실을 말한 사람, 예수님의 측근들이 아직 간파하지 못한 것을 증언하는 사람은 다름 아닌 백부장이다. 하나님이 선포자로 택하신 사람들의 스캔들이다.

그런데, 예수님이 세례를 받으실 때 하늘 환상의 일반적인 경우(마 3:16)처럼 하늘은 "열리지" 않았다. 하나님 우편에 계신 예수님에 대한 스데반의 환상은 하늘이 열리면서 일어났다(행 7:56). 요한계시록에서도 마찬가지다(계 19:11). 그런데 마가복음 1장 10절은 하늘이 "갈라졌다"(skizomenos)고 말하는데, 이는 신약성경에서 11번만 사용된 헬라어 단어다. 마가복음 15:38에서 예수님이 돌아가실 때 성전 휘장이 찢어졌다고 묘사할 때도, "찢어졌다"는 표현이 사용된다.[56] 왜 그냥 "열리다"가 아니라 "찢어지다"일까?

이사야는 하나님께 하늘을 "가르고" 내려오시도록 간구했다(사 64:1). 지성소("가장 거룩한 곳")와 우리를 나누던 휘장은 둘로 찢어졌다. 우리는 이제 하나님의 위험한 임재로부터 보호받지 못한다. 하늘이, 하나님과 우리를 나누던 휘장이, 하나님의 지상 거처와 세상과 단절시키는 성전 장막이 이제 활짝 열렸다. 대제사장, 가장 거룩한 곳에 있는 그 배타적인 성스러운 공간에서 일하던 중재자는 더 이상 필수 요소가 아니다(히 4:14-16를 보라). 여기서 빠진 것은 무엇인가? 설교자다.

　하늘을 찢고 강림하시라는 하나님을 향한 이사야의 기도는 응답을 받았다. 바로 예수님이시다.

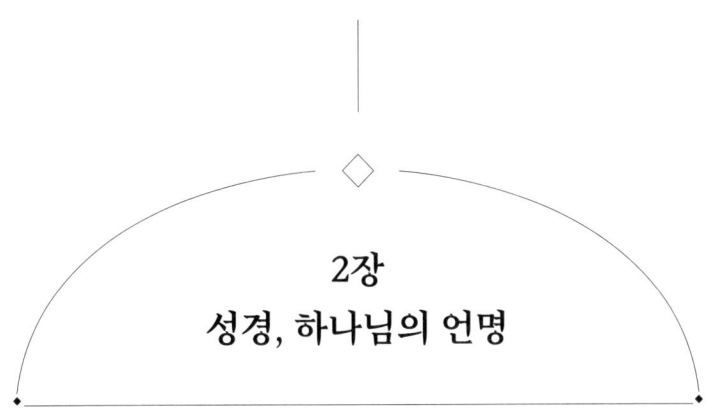

2장
성경, 하나님의 언명

기독교 설교의 신학적 근거인 동시에 가장 맹렬한 비판은 하나님이 인간과 인간의 책을 통해 말씀하신다는 것이다.

하나님이 말씀하고 예언자와 사도들이 받은 말씀, 또한 우리가 그들을 통해 받은 말씀은 다시 말해지고 받아들여지기를 원한다. 기독교 설교의 문제…가능한 단 하나의 정당성은 바로 이것이다. 즉 설교가 어떻게 인간의 말로 된 하나님의 말씀이 될 수 있는가?… 성경의 핵심은…'데우스 딕시트', 즉 계시다.…계시된 말씀은 동시대적인 것이 된다…이 사건에 대한 기록은 거룩한 성경이 된다… 동일하신 하나님은 오늘날에도 침묵을 지키지 않으실 것이다. [하나님의] 말씀은 책 속에 묻혀 있지 않다. 새로운 증인들이 일어나게 하기 위해 옛 증인들이 말한다. 따라서 우리는 살아 있는 기독교 설교를 마주한다.[1]

바르트는 대담하게도 괴팅겐 강연을 놀라운 주장, '데우스 딕시트' 위에 두었다. 곧 하나님은 성경을 통해 말씀하고 계시하셨다.[2]

> 계시란 하나님의 말씀…하나님 자신의 말씀이다.…이것은 성경에서 발견된다. 이 생명을 잉태한 '데우스 딕시트,' 주체로 인격적으로 말씀하는 하나님, 저자이신 하나님, [하나님 자신]에 대해 말씀하는…하나님. 이로 인해…성경은 하나님의 말씀…위풍당당하게 권표를 흔드는 살아 있는 손, 교회와 성경의 관계에서…정경[과]…권위가 된다…하나님은 현장에 계시면서 말씀하신다…말씀하는 주체이신 하나님은 성경이라는 매체를 통해 말씀하신다. 이것은 하나님에 대해 말하라는 허락과 명령이 우리 자신이 속해 있는…역사 속에 들어오는 방식이다.[3]

그리스도와 성경이라는 두 가지 계시 형태는 세 번째 계시 형태인 설교의 시금석이다.

기독교 설교는 정경과 계시에 의해 검증된다. 다시 말해, 비판적으로 정제된다.[4]

세 가지 계시 형태 중 어느 것도 계시가 아니다. 세 가지 형태가 다 같이 하나님의 계시를 "증거한다." 오직 하나님만이 "인간의 말이라는…매체를 통한 진술로" 하나님을 계시하신다.[5] 우리는 계시를 받을 수만 있을 뿐 결코 소유할 수 없다. 계시란 예수 그리스도, 자유롭게 살아서 말씀하는 분, 하나님의 계시 행위다. 바르트는 개신교 스콜라주의가 "성경의 인간의 말을 하나님의 말씀과 동일시하는 성경과 계시의 관계를 고착화했다"고 비판했다.[6] 하나님의 행동으로 말미암아 성경은 계시가 될 수 있지만 독립적인 계시가 될 수는 없다. 성육신 이후 인간의 어떤 것도 독립적이지 않다. 하나님이 인간의 말을 취하여 하나님의 말씀이 되게 하실 때 성경은 하나님의 말씀이 된다.[7] 하나님의 말씀은 주어진 실체가 아니라 사건이고, 우리가 증언만 할 수 있는 특별한 계기다.[8]

> 예언자와 사도들은 하나님에 대해 우리보다 더 많이 말할 수 없었다. 따라서 그들의 증거는 '데우스 딕시트,' 즉 하나님이 말씀하셨다는 것이다. 성경은 설교의 기초이지만, 성경은 또한…계시에 대한 증언[일 뿐]이다…성경이 하나님의 말씀이거나 혹은 하나님이 그 저자라는 정의는 엄밀히 말해서 역설적인 정의다…계시는 성경을 낳고 계시 자체가 성경을 통해 말한다. 이로 인해 성경은 하나님의 말씀이 된다. 역사적인 모든 것에 뒤따르는 상대성과 모호성, 거리를 공유하는 예언자와 사도들의 말보다 더 역사적이지 않은 채 말이다. 문자와 단어는 육신이다.
>
> 계시할 때 하나님은 인간의 말을 통해 드러내신다. 물론 계시할 때에도 하나님은 가려져 있지만 말이다.

> 계시란 드러냄, '아포칼륍시스'(*apokalypsis*)…오직 말씀 사건 속에서 활동하는 계시를 의미한다. 계시는 하나님 편에서의 직접적인 개방이 아니라 개방됨이다. 하나님은 휘장을 찢으신다.…나중에 개신교 정통은…성경에서 하나님의 말씀은…인간의 말의…감춤을 통해 주어진다는 역설을…[받아들이지 않음으로써] 헤아릴 수 없는 피해를 입혔다…성경에서조차 계시의 은폐성을 부정하는 것은 계시 자체를 부정하는 것이다…
>
> 하나님께서 성경을. 통해 가능하게 하신 계시는 고정되고 안정된 것이 아니고, 따라서 성경 주해는 하나님의 말씀을 파악하는 기술이 아니다. 주해는 새로운 계시를 바라는 빈손의 기대다.
>
> 매일 아침 새로운 진리가 거룩한 현실이 될 때, 하나님의 말씀은 더 이상 하나님의 말씀이 아니다.[9]

"데우스 딕시트는 그때, 거기서" 발생한 "지금 여기를 의미한다…'거기 팔레스타인'과 '그때 주후 1-30년'의 공격을 피할 수 없다."[10] 한때 특정 시간과 장소에서 활동하신 하나님은 우리 시대와 장소에서도 반복적으로 활동하신다. 그런 이유로, 우리는 성경 본문을 '경로'라고 부른다. 하나님의 손 안에서 한 본문은 한 장소에서 다른 장소로 가는 길이 될 수 있기 때문이다.

> 설교란 재현, 계시에 대한 성경 증거의 자발적인 차용이다. 기독교

> 설교자는 2차 증인이다. 그들은 예언자나 사도가 아니라 증인이다. 증언으로서 설교는 성경만이 아니라 계시와도 직접적인 관련이 있다. 성경은 시간과 역사 속의 하나님의 말씀이고, 따라서 교회와 설교의 전제이며, 계시는 영원한 하나님의 말씀이다. 이 둘이 함께 기독교 설교의 기초다.[11]

그리고 하나님이 말씀하셨다

사실 하나님은 그리스도 이전에 보이지 않으셨지만(요 1:18), 우리는 처음부터 들었다. 야웨는 시각 이미지를 싫어하시는 반면에 대화를 좋아하신다.[12] 만약 삼위일체가 삼위일체 외부의 대화 상대 없이 하나님 홀로 자족하는 데 만족하셨다면, 우리는 거기에도 여기에도 없었을 것이고 공허한 침묵만 있었을 것이다.[13]

   루터는 "하나님은 창조 전에 무엇을 하고 계셨습니까?"라는 학생의 질문을 경솔하게 여겼다. 나는 답을 안다. 우주를 말씀으로 만들기 전에 하나님은 끊임없는 대화를 즐기셨다. 성부는 성령의 모든 소통 능력으로 성자와 관계하고, 신성한 로고스(요 1장이 괜히 그리스도를 '말씀'이라고 부른 것이 아니다)는 성부와 대화하셨다.[14]

   뒤이어, 하나님은 흘러넘치는 풍부한 언어로 "빛"이라고 말씀하시면서 창조 세계와 대화를 시작하셨고, 그러자 빛이 있었다.

명망 있는 신들은 다른 신들과 성 관계를 맺거나 혹은 빛과 어둠의 세력 사이의 거대한 우주 전쟁을 통해 물질을 만든다. 하나님은 주권적인 말씀 한 마디로 창조하시고, "혼돈과 공허"를 향해 설교하고 말하고 명령하고, 이를 통해 '토후 와보후', 즉 모양도 형태도 없는 우주에서 무언가를 만드신다. 입을 열지 않고 침묵하는 어둠, 하나님의 첫 설교의 청중. "빛이 있으라!"

> 태초에 말씀이 계시니라 이 말씀이 하나님과 함께 계셨으니 이 말씀은 곧 하나님이시니라 그가 태초에 하나님과 함께 계셨고 만물이 그로 말미암아 지은 바 되었으니 지은 것이 하나도 그가 없이는 된 것이 없느니라.(요 1:1-3)

첫 번째 창조 기사에서 "하나님이 말씀하셨다"는 10번, "하나님이 부르셨다"는 5번 나온다. '데우스 딕시트'는 하나님의 부르심과 새로움의 창조, 주일 설교에서 무언가 말할 것(과 그것을 말하는 수단), 만물의 기원이다.

말씀은 세상보다 선행한다. 현실은 언어적으로 구성된 것이다. 말이 사물에서 생겨나는 것이 아니라 사물이 말씀에 의해 생겨난다. 하나님이 "빛"이라고 말씀하시자 빛이 있었다.[15]

야웨는 자비 가운데 언어에 대한 독점을 포기하고 지구인 아담이 "모든 가축과 공중의 새와 들의 모든 짐승"의 이름을 붙임으로써 하나님의 창조성을 약간 누리도록 허락하신다(2:20). "우리의 형상을 따라 사람을 만들자"(창 1:26)는 말의 의미에 대해 내가 지지하는 후보는, 물론 한계가 있지만, 창조주의 결정적인 특징을 본받아 신적으로 허락되고 승인된 인간의 언어 능력이다. "하나님의 형상"은 말하라는 하나님의 소명이다.[16]

하나님은 지구인들을 마주 앉은 대화에 참여시키시는데, 인간의 외로움을 위한 치유책이다(창 2:18). 하나님은 흘러넘치는 풍요 속에서 "나는 생육하고 번성하는 것을 즐겼다. 이제 너희도 시도해 보라!"고 말씀하신다(1:28, 의역).

바울은 자신만만하게 하나님의 빛 공연, 최초의 설교와 자신의 설교를 연결시켰다.

> 우리는 우리를 전파하는 것이 아니라 오직 그리스도 예수의 주 되신 것과 또 예수를 위하여 우리가 너희의 종 된 것을 전파함이라 어두운 데에 빛이 비치라 말씀하셨던 그 하나님께서 예수 그리스도의 얼굴에 있는 하나님의 영광을 아는 빛을 우리 마음에 비추셨느니라.(고후 4:5-6)

바울의 선포를 통해, 하나님은 소아시아 전역에서 무로부터 무언가를 창조하셨고 제국을 비폭력으로 침공하여 궁극적인 승리를 개시하셨다. 바울의 편지를 설교할 때, 하나님은 자신을 낮추고 나와 함께 공동으로 창조하고 노스캐롤라이나를 침공하신다. 매번 설교자가 말하고, 침묵이 깨지고, 누군가 "나는 오늘 중요한 내용을 들었다"고 중얼거리며 등장할 때마다, 창세기 1장은 다시 시작된다.

하나님은 그냥 해설하고 선언하고 선고하지 않으신다. 하나님은 대화를 시작하신다. 성경은 하나님의 목적을 위해, 하나님의 세상에서, 하나님의 백성들과 대화를 나누고자 하는 하나님의 끈질긴 결단이다.[17]

지구인은 인류의 유일한 대화 상대가 아니다. 부드러운 말을 하는 파충류 질문자가 하나님의 말씀에 이의를 제기한다. "하나님이 참으로…말씀하시더냐?"(창 3:1). (신학자는 처음부터 우리와 함께 있었다.) 우리는 하나님의 음성과 사탄의 음성을 구별하지 못한 채 뱀이 하나님의 말씀에 대해 승리를 거두도록 즉각 허용한다.

"날이 저물고 바람이 서늘할 때"(3:8 새번역), 하나님은 여자와 남자와 함께 동산을 거닐면서 편안한 대화를 나누셨다. 이제 하나님이 심문하신다. "네가 어디 있느냐?" "누가 너의 벗었음을 네게 알렸느냐?" "내가 네게 먹지 말라 명한 그 나무 열매를 네가 먹었느냐?" 뒤이어 "네가 어찌하여 이렇게 하였느냐?"(3:9-13).

애처로운 비난이 시작된다. "하나님이 주셔서 나와 함께 있게 하신 여자가…뱀이 나를 꾀므로 내가 먹었나이다." 전부 하나님 잘못이다. 한때 동산에서 하나님과 주고받던 오후의 정겨운 한담이 이제 변명하고 회피하는 데 사용된다.

"네가 이렇게 하였으므로"(3:14). "내가 너로…원수가 되게 하고," "내가 네게 임신하는 고통을 크게 더하리라"(3:15-17). 하나님은 지구인에게 열정을 쏟으셨고, 따라서 하나님의 담론은 금방 과열된다. 독백이 훨씬 차분하다.

동산의 금지된 과일에 매료된 나는 듀크 채플에서 창세기 3장을 본문으로 설교했다.

옛날 옛적에 있었던 이야기입니다. 한때 우리는 모든 것을 가졌기 때문에 "생육하고 번성하는 것"보다 더 시급한 일이 없었습니다. 우리는 어린아이처럼 벌거벗었지만 부끄러워하지 않았고…목욕을 마친 두 살배기 아이처럼, 기저귀도 차지 않고 부끄러워하지도 않고 자의식도 없이, 거실을 신나게 뛰어다니며 살던 때가 있었습니다.

그런데 이것은 성경 이야기이기 때문에 한계에 관한 실제 이야기입니다. 정원을 즐기되 저기 있는 나무만은 멀리하라. 왜 그 나무일까요? "선악을 알게 하는 나무"라고만 말합니다. 학생들이 귀를 쫑긋 세우는 이유는 그것이 바로 여러분이 여기 듀크 대학에 있는 목적이기 때문입니다. 여러분은 터무니없이 높은 등록금을 내고, 우리는 지식을 전수합니다.

하지만 이것은 실제 이야기기 때문에 한계에 관한 이야기이기도 합니다. 우리는 하나님과 다릅니다. 우리는 무엇이 선인지 항상 아는 것이 아니지만, 하나님은 아십니다.…삶은 대개 좋은 것이지만, 삶에는 한계도 있습니다. (1) 우리는 모든 것을 알지 못합니다. (2) 우리는 죽습니다.…

우리는 하나님처럼 영리해지고 싶었고, 그래서 불순종했고, 선악을 알게 하는 나무의 열매를 먹었습니다. 순수한 눈이 뜨이면서 우리는…성기를 보았습니다. 성인이 되었다니 축하합니다. 이제 아름다운 동산에서 쫓겨나 순수함을 잃은 우리는 한 가지만 확실히 알고 있습니다. 즉 우리는 벌거벗었고, 그래서 두렵다는 것입니다. 모든 문화와 과학, 예술, 산업, 철학은 벌거벗음에 대한 반응으로 생겨납니다. 다시 말해, 우리는 (경이로운 두뇌를 갖고 있지만) 연약하고, 노출되었고, 취약하고, 죽을 수밖에 없습니다.…

따라서 불멸, 안전, 자신 너머에 있는 의미를 상실한 우리는 책을 쓰고, 연구를 하고, 대학에 교수를 채용하고, 아이를 낳고, 전쟁을 일으키고, 그림을 그립니다. 이 모든 것은 우리가 벌거벗었고 그래서 두렵다는 태곳적 인식을 거부하는 정교한 방어책입니다.

이것은 신입생과 졸업반 사이의 여정에 관한 이야기입니다. 여러분은 자신이 알지 못하는 일이 세상에 있고(중간고사가 일주일밖에 남지 않았다), 남녀 관계가 끔찍한 갈등을 겪고 있다("듀크에서는 아무도 데이트하지 않는다")는 것을 알 만큼 순수함을 잃어버렸습니다. 여러분은 자신의 약함에 대한 인식이 일시적이고, 언젠가 충분히 알 것이고, 충분히 어른이 되어, 사춘기의 불안을 극복했다고 추측합니다. 모든 일이 순조롭게 진행되어 우리가 속이는 데 성공한다면, 어쩌면 졸업할 즈음 여러분 중 일부는 듀크가 여러분을 위해 이렇게 해주었다고 생각할 것입니다. 여러분은 졸업장을 손에 들고 "나는 이제 완전히 성장했고, 유기화학에서 A학점을 받았기 때문에 마침내 내 인생을 붙들고 두 발로 설 수 있게 되었다"고 말할 것입니다. (4학년이 되면 우리는 하나님만큼 지혜롭게 되는 데 가장 근접한 사람이 될 수 있습니다.)

그런데 언젠가 여러분은 이것이 엄청난 속임수였음을 깨닫게 될 것입니다. 사실 여러분은 자족적인 존재가 아니라 정말 아주 작고 유한한 존재, 벌거벗어 두려워하는 존재입니다. 여러분은 서재에 앉아 마티니를 손에 들고 있겠지만, 벌거벗은 채로 있을 것입니다. 한때는 파티를 위해 술이 필요했지만, 이제 여러분은 잊기 위해 술이 필요합니다. 여러분의 심장은 불규칙하게 뛸 것이고, 여러분은 역겨운 죽음의 냄새를 맡게 될 것입니다. 그러면 여러분은 '웨스트몬트 에스테이트'라는 문이 있는 에덴이 아니라 잡초가 무성한 사막에 자신이 있는 것을 보게 될 것입니다. "왜?"라는 질문을 받는다면, 여러분은 부모님이나 부적절한 운동 프로그램을 탓할 수도 있고…혹은 아담 할아버지처럼 정직성을 발휘한다면, "나는 벌거벗었습니다…두려웠습니다"라고 말할 수도 있습니다.

여기서 우리는 결말에 다다릅니다.…이 이야기는 이렇듯 가시와 먼지로 돌아가는 죽음의 고통과 적개심의 저주가 아니라 창조주요 정원사, 고발자이신 주 하나님이 재단사가 되시는 것으로 마무리됩니다. 하나님은 두 피조물을 위해 옷을 만드셨습니다.

이제 힘겹고 혼란스러운 세상으로 나갈 때 벌거벗은 피조물에게는 보호용 덮개가 필요합니다. 그들은 혼자가 아닙니다. 하나님은 그들에게 필요한 것을 주십니다.

하나님은 자기 충족이라는 파괴적인 망상에 그들을 버리지 않으실 것입니다. 하나님은 벌거벗어 연약한 두 지구인을 포기하지 않겠다고 단언하십니다. 하나님은 두 지구인에게 옷을 주시고, 따라서 자기에게 무엇이 유익한지 아주 많이 알고 있다는 그들의 어리석은 추측에도 불구하고, 그들을 계속 돌보겠다고 약속하십니다. 우리는 유한하고 연약하며 벌거벗었습니다. 이 이야기는 그렇다고 말합니다. 그런데 우리는 또한 사랑받고, 옷과 먹을 것을 얻고, 보호를 받습니다. 우리는 죽음과 선, 악이라는 삶의 현실을 알뿐만 아니라, 우리 스스로 될 수 없는 존재로 우리를 만드실 하나님을 신뢰합니다.

에덴 동산에 있지 않고 갈보리라고 불리는 쓰레기 처리장을 내려다보는 또 다른 십자가 나무에서 하나님은 이렇게 말씀하십니다. 나의 피조물이여, 이것을 알라. 나는 너희를 놓지 않으리라.[18]

아담과 하와의 불순종과 그 뒤에 하나님이 만드신 옷이 이야기의 끝이 아니었다. 유감스럽지만, 설상가상으로 창조 세계는 엉망이 되었다. "나는 주님의 도움으로 남자에게 생명을 주었다"(4:1)는 승리에 찬 여자의 선언은 형제간의 폭력으로 이어진다.

최초의 인간의 자손이 최초의 형제 살인을 범한다(4:1-16). 잘 조율된 하나님의 귀는 아벨의 피가 범죄한 땅에서 외치는 소리를 듣는다(4:11). 물론 이것은 하나님이 의도하신 이야기일 수 없지만, 인간이 스스로 말하는 법을 배운 후 하나님이 돌려받은 이야기다. 철과 청동은 도구(4:22)와 무기를 위해 발명되었다. 음악(4:21)은 사랑을 나누고 전쟁터로 행진하는 데 유용했다. 인간의 창의성은 도덕적으로 양면적이다.

얼마 지나지 않아 "사람들은 주님의 이름을 부르기 시작했다"(4:26). 살인과 복수(4:24), 슬픔 가운데서, 우리 인간은 자기 자신이 아닌 다른 누군가와 대화할 사람이 절실하게 필요하다고 인식했을까? 우리가 불렀을 때 하나님이 응답하셨을 가능성이 더 높다. 우리가 스스로 머리를 찧는 와중에도, 하나님은 우리를 계속 부르셨다.[19]

"다스리라"는 은혜의 말은 땅의 황폐화로 이어졌다. 무능하고 배은망덕한 자들에게 주어진 동산은 사막이 된다. "사람의 죄악이 세상에 가득함과 그의 마음으로 생각하는 모든 계획이 항상 악할 뿐임을"(6:5) 보신 주님은 "내가 창조한 사람을 내가 지면에서 쓸어버리겠다"고 비탄에 빠져 탄식하신다(6:7).

기쁜 소식이 있다. 하나님의 독백은 오래가지 않는다. "하나님이 노아에게 이르시되"(6:13). 노아는 구원의 방주를 짓고 채우는 방법에 대해 상세한 지침을 받는다. 하나님의 의도를 바꾸어 놓은 인류를 향한 하나님의 정당한 후회와 그 뒤에 이어진 회한의 침묵, 그리고 하나님의 구속적인 대화 재개는 골칫거리 피조물과 나누는 하나님의 대화에서 몇 번이고 계속 반복된다. 하나님, 감사합니다.

'데우스 딕시트'의 역사 속 일화 : 구약 성경[20]

구름 한 점 없는 밤, 자기 신분을 "전능자 하나님"이라고 밝힌 하나님은 아흔 살의 유목민 아브람을 불러내어, 아브람과 아이를 낳지 못한 채 늙은 그의 아내 사래를 "큰 민족"으로만 들겠다고 약속하신다(창 17장). 세상은 이 부부가 "불임"이라고 여겼지만, 하나님은 별처럼 많은 후손을 약속하셨다(17:16). 아브라함과 사라는 실없이 웃었지만 이삭을 임신하고 출산한다. 약속의 '데우스 딕시트' 외에 보증이 아무것도 없는 노부부는 실없는 웃음이 기쁨으로 바뀌는 모험에 나선다.

　나는 사라의 웃음을 마태복음 5장 4절, "애통하는 자는 복이 있나니 그들이 위로를 받을 것임이요"와 결부시켜, 그들이 노년에 경험한 얼떨떨한 구원을 그리스도의 십자가 구속 사역과 연결시키는 멋진 설교를 다양한 장소에서 여러 차례 설교했다. 물론 여러분을 귀찮게 하지는 않겠다. 지금은 하나님이 구속을 선포하기 위해 그리스도께서 등장하실 때까지 기다리지 않으셨다는 점만 주목하는 것으로 충분하다.

하나님의 명령이 전부는 아니다. 하나님은 대화를 요구하신다. 처음에 악한 소돔을 멸망시키기로 은밀히 계획하신 하나님은 그때 대화 상대 아브라함을 기억하시고 "내가 하려는 것을 아브라함에게 숨기겠느냐?"라고 물으신다(창 18:17). 아브라함은 대담하게 흥정하고 회유한다. 오십 명은요? 스무 명은요? 이 숫자가 마음에 드십니까? 하나님은 수그러드신다. 소돔에서 의인 열 명만 발견된다면, 하나님은 그 성을 살려주실 것이다(18:16-32). "여호와께서 아브라함과 말씀을 마치시고 가시니." 물론 아브라함의 실랑이에 지친 후라서 어떤 마음이셨는지 알 길은 없다. (모세가 하나님과 벌인 많은 논쟁은 이스라엘 전체를 멸망시키지 않도록 하나님을 설득하려는 시도일 것이다. 하나님과 인간의 실랑이는 아브라함에게서 끝나지 않는다.)

아브라함은 축복의 수혜자일 뿐만 아니라 전달자이기도 하다. 바르트가 자주 언급했듯이, 모든 선물(Gabe)은 또한 사명(Aufgabe)이다. 하나님의 선택은 절망적인 역기능 가정을 통해 세상 속에 구현된다.

주님은 이스라엘이나 교회 같은 패자들과 협력하여 일하기로 선택하신다. 분명 바울은 옥신각신 말다툼하는 고린도교회에 설교할 때 하나님과 아브라함 언약을 생각하고 있었다.

육체를 따라 지혜로운 자가 많지 아니하며 능한 자가 많지 아니하며 문벌 좋은 자가 많지 아니하도다 그러나 하나님께서 세상의 미련한 것들을 택하사 지혜 있는 자들을 부끄럽게 하려 하시고 세상의 약한 것들을 택하사 강한 것들을 부끄럽게 하려 하시며 하나님께서 세상의 천한 것들과 멸시 받는 것들과 없는 것들을 택하사 있는 것들을 폐하려 하시나니.(고전 1:26-28)

하나님의 복이 되는 호사를 누렸지만, 하나님과 아브라함의 관계는 단순히 도구적인 것이 아니다. 이스라엘은 하나님의 과분한 사랑을 통해 형성되었고(호 11:1), 하나님의 거침없는 자랑을 듣는 청중이다. 너는…듣지 못하였느냐 영원하신 하나님 여호와, 땅 끝까지 창조하신 이는…피곤한 자에게는 능력을 주시며 무능한 자에게는 힘을 더하시나니.(사 40:28-29)

재개된 대화

수가 늘어난 아브라함의 자손들은 제국의 노예가 되었고 바로의 선언에 맞설 대안 언어를 간절히 원했다. 살인자 모세는 바로의 궁정에서 성장했지만 미디안으로 달아나 양치기 생활을 하고 있다(출 3장). 덤불은 불길에 휩싸였지만 불에 타지 않는다. 덤불이 말을 한다니! 모세는 주목한다.

(야웨의 말씀에 익숙하지 않은 모세의 주의를 끌기 위해 언어의 불꽃놀이가 필요했을까?)

"나는 이집트에 있는 나의 백성이 고통받는 것을 똑똑히 보았고, 또 억압 때문에 괴로워서 부르짖는 소리를 들었다. 그러므로 나는 그들의 고난을 분명히 안다. 이제 내가 내려가서 이집트 사람의 손아귀에서 그들을 구하…려고 한다.…이집트 사람들이 그들을 학대하는 것도 보인다"(출 3:7-9, 새번역). 하나님은 종살이하는 이들의 신음을 들으시고 아브라함과 이삭, 야곱과 맺은 언약을 기억하셨다(출 2:23-25). 물론 야웨께서 기억하시는 데 400년이 걸렸지만 말이다.

그런 다음 하나님의 이야기에서 반복되듯이, 소명이 나온다. "그러니 가라. 내가 너를 바로에게 보낸다." "내 백성을 보내라"고 말하라. 참으로 놀랍게도, 하나님은 어눌한 모세를 징집하여 말하게 하신다.[21]

재능도 전혀 없고, 훈련도 받지 않았고, 의지도 없는 모세의 말을 통해 히브리인을 해방시킨다고? "내가 누구라고 바로에게 가서" 말하겠는가?

"내가 너와 함께 있겠다."

하나님을 대변한다고 해서 청중의 동의가 보장되는 것은 아니다. 바로는 모세의 간청과 위협에 완고하게 반응한다(출 8:15, 32). 노예들 사이에서 흘러나오는 시건방진 말을 억누르는 것이 바로에게 유리하다.

출애굽기는 정상에 있는 사람들이 바닥에 있는 사람들의 탄원을 듣지 못한다는 사실보다 더 많은 것을 주장한다. "여호와께서 바로의 마음을 완악하게 하셨다"(출 9:12, 10:20, 27). 왜 그런가? 대답은 나오지 않는다. 말씀할 뿐만 아니라 듣기도 하는 주님, 쉽게 설명되는 하나님은 출애굽의 하나님이 아닐 것이다.[22]

내가 읽은 방식에 의하면, 모세는 하나님이 사람을 통해 말씀하는 주목할 만한 첫 번째 사례가 된다.

"내가 너를 바로에게 보내어 너에게 내 백성 이스라엘 자손을 애굽에서 인도하여 내게 하리라"(출 3:10). 바로에게 직접 말씀하는 데 아무 관심이 없는 하나님은 모세를 보내신다. 설교자들이여, 하나님의 결심이 얼마나 빨리, 얼마나 쉽게 인간의 말로 전이되는지 주목하라. "내가 보았다…내가 들었다.…" 그러므로 "가서…바로에게 말하라."

종살이에서 벗어난 모세에게는 바로에게 말하는 것보다 훨씬 힘든 임무가 주어진다. 바로 하나님의 백성에게 하나님을 대변하는 임무다. 시내 광야를 향해 이집트 땅을 떠난 뒤 모세의 입에 말씀이 주어진다.

모세가 하나님 앞에 올라가니 여호와께서 산에서 그를 불러 말씀하시되 너는 이같이 야곱의 집에 말하고 이스라엘 자손들에게 말하라 내가 애굽 사람에게 어떻게 행하였음과 내가 어떻게 독수리 날개로 너희를 업어 내게로 인도하였음을 너희가 보았느니라 세계가 다 내게 속하였나니 너희가 내 말을 잘 듣고 내 언약을 지키면 너희는 모든 민족 중에서 내 소유가 되겠고 너희가 내게 대하여 제사장 나라가 되며 거룩한 백성이 되리라 너는 이 말을 이스라엘 자손에게 전할지니라.(출 19:1, 3-6)

모세의 설교는 사건에 대한 기억("내가 어떻게 행하였는지 너희가 보았다")에서 시작한 뒤 권면("너희가 내 말을 잘 듣고")으로, 회고에서 실행으로, 하나님의 행동에 대한 기억에서 현재의 책임으로 옮아간다.[23] 이스라엘은 지치지 않고 출애굽이 하나님과 함께하는 삶의 기초라고 진술했다.

하나님이여 주께서 우리 조상들의 날 곧 옛날에 행하신 일을 그들이 우리에게 일러 주매 우리가 우리 귀로 들었나이다 주께서 주의 손으로 뭇 백성을 내쫓으시고 우리 조상들을 이 땅에 뿌리 박게 하시며 주께서 다른 민족들은 고달프게 하시고 우리 조상들은 번성하게 하셨나이다 그들이 자기 칼로 땅을 얻어 차지함이 아니요 그들의 팔이 그들을 구원함도 아니라 오직 주의 오른손과 주의 팔과 주의 얼굴의 빛으로 하셨으니 주께서 그들을 기뻐하신 까닭이니이다.(시 44:1-3)

월터 브루그만에 의하면, "이 독특한 공동체는 자생적으로 생겨나지 않았고, 꾸준하고 주기적이고 세심하게 반복 사용되는 대본을 통해," 다시 말해 설교를 통해 "특별한 인가를 얻는다고 이해한다."[24]

약속은 조건 없이 주어졌지만, 일단 해방된 뒤에는 조건이 뒤따른다. "너희가 내 말을 잘 듣고 내 언약을 지키면 너희는 모든 민족 중에서 내 소유가 되겠고"(출 19:5). 구하지 않은 과분한 언약의 축복에는 숨은 일침이 있다. 출애굽기 32-34장에 나오는 홍수에 관한 여러 암시는 아브라함의 후손들에게 하나님의 구속만이 아니라 하나님의 기질도 상기시켜 준다. 야웨와 나누는 대화는 상호적이고 부담스럽다. 하나님은 특이한 "자유" 개념을 갖고 계신다.

출애굽 여정이 진행되는 동안 모세는 끈질기게 청원한다. 모세는 야웨께 과거의 약속을 자주 상기시키고, 흥정하고, 격정적으로 불평하면서, 대담하게 하나님을 구슬린다. 바로가 말대꾸했다가 혹독한 대가를 치렀던 바로 그 하나님께 말이다. 설교자 모세는 하나님의 백성에게 하나님을 대변할 뿐만 아니라 하나님의 백성을 대신하여 하나님께 말하되, 가끔 예의 없이 말하기도 한다.

마태처럼 나도 구약 성경 곳곳에서 복음, 기쁜 소식을 발견한다. 한 비평가는 내가 부활절에 세 번이나 연속으로 구약 성경 본문을 설교했다고 불평했다. 나는 "유감스럽지만, 이스라엘을 이집트에서 인도하신 바로 그 하나님은 십자가에 못 박힌 예수를 살리는 것 같은 곡예를 아무 일도 아니라고 여기신다"고 대답했다.[25]

우리의 의도가 아무리 좋더라도, 야웨와 계속 대화하기는 대단히 힘들다. 다른 신들의 감언이설은 유혹적이다. 그래서 하나님은 모세를 시내 산으로 불러 십계명(훨씬 더 많은 것을 요구하실 수 있었는데도 열 가지만), 돌에 새겨진 '데우스 딕시트'를 주셨다. 이스라엘은 스스로 길을 발견할 필요가 없었다. 십계명은 거짓 신들과의 음란한 대화와 우리가 사랑하는 거짓 신들의 거짓말에서 하나님이 택한 백성을 보호하기 위한 필연적 명령이다.

신명기에 다다를 즈음, 모세는 세 번의 유창한 고별 설교를 전하는 손색없는 설교자다(신 1-4장, 5-28장, 29-30장). 모세는 이스라엘을 사랑하신 하나님을 계속 사랑하라고 간청한다. "이스라엘아 들으라…너는 마음을 다하고 뜻을 다하고 힘을 다하여 네 하나님 여호와를 사랑하라"(6:4-5). 이스라엘의 임무는 두 가지, 사랑하는 것과 경청하는 것이다.

예언자들의 시적인 선포

하나님의 말씀이 돌에 새겨졌다고 해서 충성이 수월해지는 것은 아니다. 우리는 야웨보다 덜 까다로운 대화 상대를 만들어내는 데 능숙하다. 그래서 '데우스 딕시트'는 십계명의 명령에서 예언자의 호격의 부름으로 이동한다. 하나님은 설교자들의 모임을 소위 "예언자," 하나님에 의해 직접 선택되어 하나님께 몰입한 전도자의 흥미로운 연합체로 확대하여, 임박한 유배의 나쁜 소식을 이스라엘에게 전하고, 바빌론 유배의 공포를 통과할 때까지 그들을 지탱해 주고, 그들이 고향으로 돌아갈 것이라고 선포하고, 토라를 사랑하는 하나님의 언약 백성으로 재건되라고 지시하신다. 오직 말씀으로만 말이다.

예언자는 야웨의 발화 수행에서 가장 흥미로운 인물에 속한다. 시인이자 설교자인 예언자는 결점 투성이의 인간성에도 불구하고, 부끄러운 줄 모르고 "주께서 이렇게 말씀하셨다"고 대담하게 설교하여, 하나님의 말씀인지 이사야의 말인지 구분하기 어렵게 만든다. 바르트는 예언자가 "'주께서 이렇게 말씀하신다'는 말로 시작한다"는 사실을 경이롭게 여긴다.[26] 설교자는 하나님의 말씀을 "예언자처럼 주관적으로" 직접 말할 수 없지만, "하나님에 관한 우리의 객관적인 담론은 불가피하게 의심의 대상이 될 수밖에 없고," 따라서 하나님에 관한 우리의 이차적인 서술은 우상숭배적이고, "다른 부적절한 것을 하나님의 자리에 놓고," 실재 하나님보다 우리가 소유하고 싶은 하나님에 대해 떠들어댄다.[27]

예언자는 대부분 모세처럼 강제로 떠맡겨져야 한다. 신적 강박 아래 있다는 인식, 대단한 척 말할 자격이 없다는 확신은 예언자의 소명을 특징짓는 요소다. "사자가 부르짖은즉 누가 두려워하지 아니하겠느냐 주 여호와께서 말씀하신즉 누가 예언하지 아니하겠느냐"(암 3:8). 설교의 혹독함에 넌더리가 난 예레미야는 다시는 하나님에 대해 말하지 않겠다고 결심하지만, 뒤이어 뼈 속에서 불이 타오른다. "그의 이름으로 말하지 아니하리라 하면 나의 마음이 불붙는 것 같아서 골수에 사무치니 답답하여 견딜 수 없나이다"(렘 20:9).[28] "인자야 내가 너를 이스라엘 족속의 파수꾼으로 세웠으니 너는 내 입의 말을 듣고 나를 대신하여 그들을 깨우치라"(겔 3:17). 그래서 장 칼뱅은 예언자는 비독창성에 의해 식별된다고 말했다. 예언자는 결코 자기 스스로 말하지 않는다.[29]

아모스는 궁정 사제 아마샤에게서 "다시는 벧엘에서 예언하지 말라 이는 왕의 성소요 나라의 궁궐임이니라"(암 7:13)는 말을 들었다. 왕실의 하수인인 성직자는 정권의 기조에 역행하는 발언에 대한 독점권을 주장한다.

난관에 부딪혔을 때 아모스는 자신의 설교에 대해 주님을 탓했다.

> 나는 선지자가 아니며 선지자의 아들도 아니라 나는 목자요 뽕나무를 재배하는 자로서 양 떼를 따를 때에 여호와께서 나를 데려다가 여호와께서 내게 이르시기를 가서 내 백성 이스라엘에게 예언하라 하셨나니.(암 7:14-15)

아모스처럼 "내가 설교자가 된 것은 내 생각이기 전에 하나님의 생각이었다. 나는 설교하라고 들은 것을 전한다"고 반박할 수 있는 설교자에게 용기가 생긴다.

예레미야의 소명은 일종의 패러다임이다.

여호와의 말씀이 내게 임하나라 이르시되 내가 너를 모태에 짓기 전에 너를 알았고 네가 배에서 나오기 전에 너를 성별하였고 너를 여러 나라의 선지자로 세웠노라 하시기로 내가 이르되 슬프도소이다 주 여호와여 보소서 나는 아이라 말할 줄을 알지 못하나이다 하니 여호와께서 내게 이르시되 너는 아이라 말하지 말고 내가 너를 누구에게 보내든지 너는 가며 내가 네게 무엇을 명령하든지 너는 말할지니라 너는 그들 때문에 두려워하지 말라 내가 너와 함께 하여 너를 구원하리라 나 여호와의 말이니라 하시고 여호와께서 그의 손을 내밀어 내 입에 대시며 여호와께서 내게 이르시되 보라 내가 내 말을 네 입에 두었노라 보라 내가 오늘 너를 여러 나라와 여러 왕국 위에 세워 네가 그것들을 뽑고 파괴하며 파멸하고 넘어뜨리며 건설하고 심게 하였느니라 하시니라.(렘 1:4-10)

설교의 엄청난 미래가 태아에게 맡겨진다. 낡은 세계는 해체되고 무너진다. 새로운 세계는 가장 강렬하고 시적이고 풍부한 은유가 담긴 설교를 통해 만들어지고 개혁된다. 말씀으로만 말이다. 꺾이지 않는 하나님의 수사적 행동에 주목하자. "내가 너를 성별했다. 내가 너를 세웠다.···내가 무엇을 명령하든 너는 말하라.···내가 너와 함께 하겠다.···내가 내 말을 네 입에 두었다."

루터는 예언자가 "기이한 방식으로 말한다"고 놀렸다.[30] 예언자는 시, 강압적인 뽑기와 심기, 말라 죽은 뼈 골짜기(겔 37장), 항아리 깨기(렘 18:1-11), 메뚜기, 불, 다림줄(암 7:1-9)에 대해 설교한다.[31] 하나님은 열정적인 은유 작가이시고, 현상 유지의 수호자들로 하여금 "어떻게 감히 그런 말을 할 수 있느냐?"라고 외치게 만드는 비유적 표현을 즐기신다. 은유를 즐기는 하나님의 성향으로 인해 설교자는 시인이 아니더라도 적어도 언어를 사랑하는 사람이 되어야 한다.

설교자여 유의하자. 예언자의 심판은 말을 일삼는 사람들에게 먼저 초점을 맞추어 하나님의 집에서 시작된다(벧전 4:17). 나는 우리 교회의 알코올 중독자들과 가까이 지내왔지만, 술 취함에 대한 성경의 가장 광범위한 정죄(사 28:1-22)가 특히 이스라엘의 제사장과 예언자에게 적용되어(28:7-8) 그들이 "포도주로 인해 혼란스러워" "비틀거리고" "독주 때문에 옆걸음을 친다"고 말한다는 사실에 당혹감을 느꼈다. 술에 취한 그들의 선포는 지루하고, 어린아이의 옹알대는 말투, "차브 레차브, 차브 레차브, 카브 레카브, 카브 레카브"다. 개역개정에서는 이 문장을 "경계에 경계를 더하며 경계에 경계를 더하며 교훈에 교훈을 더하며 교훈에 교훈을 더하되 여기서도 조금, 저기서도 조금"으로 번역한다(28:9-10). 곤드레만드레, 곤드레만드레.

만취 상태로 지껄이는 설교자의 말이 끝난 뒤 야웨께서 말씀하신다(28:11). 약탈적인 외세가 이 땅을 황폐하게 만들 것이다(28:17-22). 몽롱한 상태에서 거짓말하는 비겁한 설교자를 선민들이 용인할 때,

그 대가는 크다.

> 예루살렘에서 이 백성을 다스리는 너희 오만한 자여 여호와의 말씀을 들을지어다 너희가 말하기를 우리는 사망과 언약하였고 스올과 맹약하였은즉 넘치는 재앙이 밀려올지라도 우리에게 미치지 못하리니 우리는 거짓을 우리의 피난처로 삼았고 허위 아래에 우리를 숨겼음이라 하는도다.(사 28:14-15)

회중도 책임을 공유한다. 야웨께서 말씀하려고 하셨지만, "그들이 듣지 않았다"(28:12). 불성실한 설교에는 거짓을 말하는 사람과 거짓말을 받아먹는 사람이 필요하다.

그럼에도 이사야는 이렇듯 안타까운 설교 상태에 대한 하나님의 치료법은 더 많은 말씀이라고 고집한다. 이사야 40-50장에서 밝고 서정적인 시가 뒤따르는데, 유배의 재난에 맞서 전면적인 귀향을 약속한다. 야웨와 이스라엘의 대화는 이스라엘의 어리석음으로 인해 일방적으로 종료될 수 없다. 야웨는 계속해서 "너희는 귀를 기울여 내 목소리를 들으라"고 말씀하신다(사 28:23).

하나님은 이스라엘에게 쏟으신 막대한 투자를 예언자를 통해 관리하신다. 강단에서 낭비되는 말은 심판을 받게 될 것이다. 술을 마시거나 언어를 사용할 때 절제하자.

예언적 설교자들이 진리를 사랑하는 청중에게 얼마나 의존하는지 회중들이 알 수 있다면 얼마나 좋을까. 어느 날 아침 나는 듀크 채플의 연로한 여성 중 한 분이 예쁜 글씨를 써서 보낸 연한 청색 봉투를 뜯었다. 편지에는 미군이 전투를 끝낸 후 스무 명 가량의 이라크 병사들을 참호에 매장했다고 보도하는 신문 스크랩이 있었다.

"우리가 그곳에 도착했을 때 팔과 손만 모래 밖으로 나와 있었다"고 한 미군이 말했다.

"이 사건에 대해 설교하셨나요?" 그 여성은 편지로 나에게 물었다. "나는 외출을 자주 하지 않지만, 텔레비전에서 목사님의 설교를 듣습니다. 하지만 이 참극에 대해 언급했다는 기억은 없습니다. 성직자의 도덕적 목소리는 어디에 있습니까? 우리는 무서울 정도로 설교자에게 의존하고 있습니다."

앨리스 필립스의 도움으로 언젠가 나는 노스캐롤라이나의 이사야가 될 지도 모른다.[32]

그런데 "예언자적 설교자"가 되라는 압박은 대개 주류 설교자로부터 최악의 것, 민주당보다 약간 왼쪽으로 치우친 정치적 입장을 이끌어 낸다.[33] (좌파 대학교 채플 강단에서 악당을 단죄했던 자칭 예언자들이, 어느 해인가 듀크 채플의 초방 설교자 일련의 반 트럼프 논쟁을 벌였지만, 아무런 동요도 일으키지 못했다.)[34]

"주 여호와께서 학자들의 혀를 내게 주사 나로 곤고한 자를 말로 어떻게 도와 줄 줄을 알게 하시고 아침마다 깨우치시되 나의 귀를 깨우치사 학자들 같이 알아듣게 하시도다"(사 50:4). 예언자가 말하는 이유는 예언자에게 말씀했기 때문이다.[35] (예수님이 가장 좋아하신) 이사야 같은 예언자의 음역대는 예언자가 어떻게 말씀을 들었는지 증언한다. 시내 산에서 천둥과 번개, 먹구름, 나팔 소리, 지진이 하나님의 말씀에 앞서 등장했다(출 19:16-19). 물론 엘리야에게 주님의 음성은 "세미한" 것 같았지만 말이다(왕상 19:12). 피조물도 조용히 있지 않고 눈에 잘 띄는 방식으로 하나님의 영광에 대해 "말한다"(시 19:1-6).

내가 읽어본 모하메드의 음역대는 아모스나 이사야보다 덜 시적이고 덜 은유적이다. 나는 부처님이 분노하거나 소리를 지르거나 조롱했다는 말을 들어본 적이 없다.[36] 시바는 춤을 추지만 춤을 권하지는 않는다. 대조적으로, 야웨의 담론의 범위는 주목할 만하다.

오히려 하나님은 교회 대화에서 대체로 사라진 감정을 예언자들 가운데서 자주 드러내신다. 바로 분노다. 우리 하나님이 공평하고 정중하고 냉정한 관료여야 한다면 애석한 일이다. 이스라엘의 하나님은 악에 대해 무관심하거나 부자와 가난한 자를 대할 때 공평하지 않으시다.[37]

"목사님의 설교는 화가 난 것처럼 들렸습니다." 한 사람이 응답했다.

내가 대답했다. "예레미야와 친해져 보세요. 모든 목회자와 마찬가지로, 나도 갈등을 싫어합니다. 나 혼자라면 절대 싸움을 걸지 않을 겁니다."

나는 내 자신의 말이 아니라 내 입에 채워진 말씀을—열방이나 왕에게는 아니더라도—적어도 우리 회중 안의 마음이 부드러운 몇몇 사람들에게 전하는 이 특별한 소명으로 부름 받았다(강제로 징집되었다). 나는 예언자의 복제품이나 대체물은 아니지만, 예언자 선배인 모세와 예레미야, 미가, 예수님과 먼 친족 관계라고 감히 주장한다.[38]

> 교회사의 모든 위대한 시대의 특징은 하나님에 관한 담론을 강요하고 부추기는 초기 역사 자료에 새롭게 주의를 기울이는 것…다시 말해 성경 본문에 새로운 주의를 기울이는 것이다. 이를 통해 교회는 불가능한 시도인데도 감히 하나님에 대해 말하는 이유가 무엇인지 보여준다. 성서 본문을 말할 때 우리는 여기서 자신의… 지식이나 용기, 권위에 근거하여 하나님에 대해 말하는 것이 아님을 보여준다…우리에게는 내놓을 만한 독립적인 지식이 전혀 없다…[성경 본문을 설교할 때] 우리는…예언자와 사도들이 한때 하나님에 대해 말했고…이제 우리도 그처럼 해야 한다고 인정한다. 그러므로 우리는 그들이 감히 시도했던 것을 감히 시도한다. 실은 감히 그렇게 하지 않을 수 없다.[39]

조슈아 헤셸은 예언자의 설교가 "무관심을 부단히 깨뜨리는" 모험이라고 말한다. "그러한 충격에 냉담함을 유지하기 위해서는 돌로 만든 두개골"이 필요하다.[40] 나는 회중의 무관심을 깨뜨리려고 부단히 노력했지만, 회중의 두개골은 설교의 충격에 대비하여 상당히 잘 강화되어 있다는 사실만 깨달았다. 예레미야는 하나님의 말씀이 "방망이"라고 칭했지만(렘 23:29), 예언자의 빈번한 불평은 자기들이 말하는데 아무도 듣지 않는다는 것이다. 야웨는 예레미야에게 "네가 그들에게 이 모든 말을 할지라도 그들이 너에게 순종하지 아니할 것이요 네가 그들을 불러도 그들이 네게 대답하지 아니"할 것이라고 경고하신다(렘 7:27). "여호와의 말씀을 들으라"는 표현은 대예언서에 30번이나 등장하지만, 예레미야 25장 4절에서는 "여호와께서 그의 모든 종 선지자를 너희에게 끊임없이 보내셨으나 너희가 순종하지 아니하였으며 귀를 기울여 듣지도 아니하였도다"고 불평한다. 예수님은 예언자가 자기 고향에서도 무시를 받는다고 지적하셨다(눅 4:24).

아모스는 듣지 못하는 광범위한 실패를 알리는 하나님의 예고를 듣는다.

> 주 여호와의 말씀이니라 보라 날이 이를지라 내가 기근을 땅에 보내리니 양식이 없어 주림이 아니며 물이 없어 갈함이 아니요 여호와의 말씀을 듣지 못한 기갈이라.(암 8:11)

설교 실패에 대해 솔직해지자. 어떤 설교는 예언자의 형편없는 말솜씨나 청중의 완고함 때문에 실패하지만, 마음을 굳게 하고 목을 뻣뻣하게 하는 하나님의 불가사의한 역사로 인해 설교가 실패하는 경우도 있다(렘 7:27; 사 6:9-10). 하나님이 말씀하시는 이들만 하나님의 말씀을 듣는다. 청중들이 매우 난해한 설교를 듣고 이해가 안 된다고 호소할 때 나의 간단한 대답은 이것이다. "주님과 상의해 보세요."

지위가 높든 낮든 청중들이 예언자의 말에 귀를 기울였다는 단서는 거의 없다. 그런데도 예언자는 계속 말했고, 이스라엘은 이 긴 예언의 오작동 기록을 용기 있게 기록하고 소중히 간직했다. 하나님은 하나님의 말씀을 듣지 않는 우리의 집단적 실패에 흔들리지 않으신다. 하나님, 감사합니다.

우리는 확실한 수사적 문구가 아니라 '데우스 딕시트' 약속에 근거하여 대담하게 설교할 수 있다. 이사야는 결국 "못 듣는 사람이 책의 말을 들을 것"이라고 예언한다(사 29:18). 이사야는 어떻게 정직하면서 동시에 희망을 품을 수 있었을까? "보라 내가 새 하늘과 새 땅을 창조하나니.…그들이 부르기 전에 내가 응답하겠고 그들이 말을 마치기 전에 내가 들을 것"이기 때문이다(사 65:17, 25).

발언권을 갖다

예언자는 솔직하고 직설적인 하나님의 말씀으로 유명하지만, 가끔 야웨는 훨씬 은밀하게 말씀하신다. 에스더의 이야기에서 하나님은 뒤로 물러나, 인간의 증언, 특히 종종 여성에게 침묵을 강요하는 세계에서 여성의 증언을 위한 여지를 충분히 허용하신다. 늙은 모르드개는 에스더에게 "네가 왕후의 자리를 얻은 것이 이 때를 위함이 아닌지 누가 알겠느냐?"고 묻는다(에 4:14). 에스더는 왕궁에서 특권적인 지위를 활용하여 대담하게 악한 하만에 관한 진실을 말한다. 하나님의 말씀이 된 한 여인의 말을 통해 하나님의 백성은 구원을 받는다. 누가 알았겠는가?

충격적인 다말의 이야기(삼하 13장)에서, 악한 남자들이 강간하는 동안 하나님은 침묵하신다. 훈계하고, 개입하고, 고발하는 불편한 '데우스 딕시트' 없이 인류가 자신의 도구에만 맡겨졌을 때 어떤 결과가 발생하는지 생각하기 두렵다. 우리는 다말의 강간 같이 안전하지 않은 날것의 대화로 우리를 데려가는 공포의 텍스트에 불편함을 느낀다.[41] 하나님이 직접 말씀하시지 않더라도, 우리는 계시를 통해 하나님이 항상 보고 계신 여성에 대한 폭력을 보게 되고, 피해자의 외침에서 하나님이 들으시는 것을 듣게 된다.

이스라엘의 찬송가인 시편은 예언서와 달리 계시적인 '데우스 딕시트'라고 명시적으로 주장하지 않는 인간의 말이다. 시편은 노래하고, 주목하고, 탄식하고, 항의하고, 불평하고, 기뻐하라고 사람들을 초대한다. 어떤 시편은 고통 가운데 있는 사람들에게 자기 밖으로 나올 수 있는 기회를 주고, 고통을 공개하도록 초대한다. 시편은 젊은 연인이나 고통 가운데 있는 사람들이 반복하는 것과 아주 비슷한 방식으로 반복되는 경향이 있다.

그렇게 당혹스럽고 까다로운 하나님과의 우정은 마음이 약한 사람을 위한 것이 아니라고 시편은 말한다. 주먹을 흔들며 "왜?"라고 외치도록 자극하지 않는 하나님은 시편 기자들이 그토록 진지하게 관계하는 하나님이 아니시다. 하나님과 일대일 만남이 필요할 때 골방에 들어가 문을 닫으라고 예수님이 조언하시는 것도 당연하다(마 6:6).

시편은 우리가 스스로 만들어지지 않았다는 사실을 기뻐하는데 (시 100:3), 이는 노래 가사라는 이유로 우리가 간과했을 수도 있는 가장 미국인답지 않은 생각이다.

어떤 시편은 하나님께 들어달라고 요구한다. "내 의의 하나님이여 내가 부를 때에 응답하소서"(시 4:1, 3). 다른 시편은 마침내 하나님이 말씀하고 행동하신다고 약속한다. "그 때에 분을 발하며 진노하사 그들을 놀라게 하여"(시 2:5). 간혹 시편 저자의 음성은 듣는 사람이 부족하다고 한탄하는 하나님의 음성이다. "내 백성이여 들으라.…내게 듣기를 원하노라!"(시 81:8).

'데우스 딕시트'의 순수한 경이로움은 시편 29편의 주제다.

여호와의 소리가 힘 있음이여 여호와의 소리가 위엄차도다 여호와의 소리가 백향목을 꺾으심이여 여호와께서 레바논 백향목을 꺾어 부수시도다….여호와의 소리가 암사슴을 낙태하게 하시고 삼림을

말갛게 벗기시니 그의 성전에서 그의 모든 것들이 말하기를 영광이라 하도다.(시 29:4-5, 9)

아우구스티누스는 활기차게 시편을 설교해 나가다가, 여기서 "교회는 자신의 음성을 찾는다"고 말했다.[42] 시편 30편에 대한 주석에서 아우구스티누스는 "시편이 기도하면 우리도 기도하고, 시편이 탄식하면 우리도 탄식하고, 시편이 기뻐하면 우리도 기뻐하고, 시편이 두려움을 표현하면 우리도 두렵다"고 말한다.

디트리히 본회퍼는 『시편: 성경의 기도서』에서 시편을 그리스도인의 기도 학교라고 부른다.[43] "마음이 스스로 기도한다"는 생각은 "위험한 오류"다. "기도는 단순히 우리의 마음을 쏟아 붓는 것을 의미하지 않는다. 기도란 오히려 하나님께로 가는 길을 찾는 것을 의미"하는데, 이는 혼자서 할 수 없는 일이다.[44] 예수님의 제자들이 "선생님, 우리에게 기도하는 법을 가르쳐 주소서"라고 요청했듯이, 시편에서 하나님은 우리가 하나님께 무엇을 말해야 하는지 가르쳐 주신다. 시편은 "예수님의 기도에 완전히 몰두해 있다"고 본회퍼는 말한다.[45] 신실한 그리스도인의 기도는 본성적으로 나오지 않는다. "하나님 풍성한 말씀이 우리의 기도를 결정해야지, 우리 마음의 가난함이 기도를 결정해서는 안 된다."[46] 단순히 마음을 털어놓는 것 이상인 그리스도인의 기도는 하나님과 인간의 소통에서 주요한 파트너에 의해 결정된다.

게다가 "하늘이 하나님의 영광을 선포하고 궁창이 그의 손으로 하신 일을 나타내는도다 날은 날에게 말하고 밤은 밤에게 지식을 전"한다(시 19:1-2).

어색한 대화

하나님과 이스라엘의 대화는 불편할 수 있다. 욥에게 물어보자. 하나님은 사탄의 도박을 받아들이신다(사탄과 농담을 주고받을 충분한 시간이 주님께 있는 걸까?). 하나님이 욥에게서 손을 거두시자 끔찍한 재난이 이어진다. 욥은 부르짖지만, 하나님은 서른 장 이상을 기다리시면서 지루할 정도로 긴 욥의 위로자들의 말을 허용하신다. 모든 화자는 합리적 정당성으로 고난 받는 욥에게 대답한다. 욥이여, 굴하지 말라. 이것이 세상이 작동하는 방식이다.

욥은 그들의 말을 끝까지 들어주고, 그런 다음 하나님은 믿을 수 없는 거짓말쟁이라고 몹시 화를 낸다(9:20-22). 욥은 비난하는 중에도 하나님과의 대화를 갈망한다.[47] 마침내 하나님이 말씀하실 때, 그 말씀은 호언장담과 과장으로 가득하다(욥 38-41장). "무지한 말"은 충분하다(38:2). 이제 하나님은 욥과 하나님 사이의 무한한 질적 차이를 드러내는 일련의 질문으로 욥을 심문하신다. 하나님은 (인간에 대해 전혀 언급하지 않은 채) 야생 나귀와 악어, 하마의 창조를 뽐내면서, 인간에게 실제적인 쓸모가 전혀 없는 이 피조물들을 가장 자랑스러

위하신다. 이 피조물들은 경이롭지 않은가? 욥과 친구들이여, 설명해 보라.

우리는 예의와 품위를 지키며 말하는 신들을 선호하겠지만, 유감스럽게도 야웨는 욥에게 모든 것을 거셨다. 자칭 모든 위로자여, 앞으로 나와 자신의 신 개념을 진술하고, 위로와 설명의 말을 내놓으라. 욥이여, 주먹을 불끈 쥐고 "왜입니까?"라고 다그쳐 보라. 주님은 결정적인 말씀을 하실 것이다. 물론 그것은 우리가 방금 전 들었던 말은 아니지만 말이다.[48]

욥이 고통 가운데서도 악어와 하마를 두고 야웨를 찬양하지 않는다면, 야웨는 영광송을 노래하실 것이다. 상대를 비하하지 않는 야웨의 자화자찬은 대화를 새로운 차원으로 끌어올리고, 욥은 그 대화를 통해 달라진다.[49]

설교자여 유의하자. 주님이 욥에게 말씀하신 후, 주님은 대변인으로 자처했던 데만 사람 엘리바스와 겨루신다.

> 너와 네 두 친구에게 노하나니 이는 너희가 나를 가리켜 말한 것이 내 종 욥의 말 같이 옳지 못함이니라 그런즉 너희는 수소 일곱과 숫양 일곱을 가지고 내 종 욥에게 가서 너희를 위하여 번제를 드리라 내 종 욥이 너희를 위하여 기도할 것인즉 내가 그를 기쁘게 받으리니 너희가 우매한 만큼 너희에게 갚지 아니하리라 이는 너희가 나를 가리켜 말한 것이 내 종 욥의 말 같이 옳지 못함이라.(욥 42:7-8)

욥은 친구들이 아니라 하나님의 선하심과 의로움을 비난했다. 하지만 주님의 진노는 하나님을 거짓말쟁이라고 했던 욥이 아니라 하나님의 변론자로 자처했지만 "나를 가리켜 말한 것이… 옳지 못한" 이들을 향해 불타고 있다. 수소 일곱과 숫양 일곱만이 상황을 바로잡을 수 있다.

브렌트 스트로우는 욥기 42장에 관한 설교에서, NRSV에서 "나를"로 번역한 7절과 8절의 히브리어는 '나에게'로 번역될 수도 있다고 지적하면서, 엘리바스가 하나님께 말해야 했을 때(기도와 간구) 하나님에 관해 말했음(설명과 해석)을 시사한다.[50] 어쩌면 야웨는 신정론에 대한 우리의 토론을 엿듣기("아마 당신의 불행은…으로 가장 잘 설명될 수 있다")보다 직접적인 말("오 하나님, 왜입니까?")을 더 선호하신다.

바르트에 따르면, "만약…질문하는 욥이 옳고 그의 친구들이 옳지 않다면…이는 아마 하나님을 가리키는 어떤 단서나 하나님에 대한 증거가 있을 경우…그것은 우리가 하나님의 신비를 맞닥뜨리는 곳에서 발견된다는 의미일 것이다."[51] 이사야는 "듣기는 들어도 깨닫지 못[하고] 보기는 보아도 알지 못[하는]" 청중을 비웃었다(사 6:9). 바르트 신학의 빈번한 주제는, 하나님이 우리에게 더 명료하게 말씀하실수록 우리와 하나님 사이의 거리감은 더 커진다는 것이다. 하나님은 말씀하지만(데우스 딕시트), 우리의 요구에 따라 말씀하지 않고, 우리가 기대하는 모든 것을 말씀하시지 않는다. 하나님은 우리의 편안함을 보존하기 위해 침묵하지 않으신다.

지혜

나는 청소년기 이후로 성경의 지혜 문헌인 잠언, 전도서, 일부 시편을 싫어했다. 이렇게 하라. 저렇게 하라. 장수를 위한 여섯 가지 원리. 성공에 이르는 3단계. 술을 너무 많이 마시지 말라. 일찍 자고 일찍 일어나라. 어리석은 자가 되지 말라. 주님은 지혜로운 사람들이 발견하여 준수하는 불변의 도덕 법칙으로 질서 정연한 듯 보이는 우주를 세우셨다. 그런 다음 주님은 은퇴하셨다.

하나님은 전도서나 잠언에 카메오로 등장하신다. 일반적으로 지혜 연설의 열망은 상식, 유익한 조언, 노년층이 젊은이들에게 자주 건네는 현학적인 훈계 등 은근히 비신학적이다. 하나님은 한 발 물러서서 현자들이 아이들에게 주는 조언을 허용하신다.

예언자의 거침없는 말과 대담한 상상력은 전도서에서 생기를 잃고 퇴색한다. 매일의 일과 즐거움, 돈은 "바람을 쫓는 것"이다. 이 지친 설교자는 "많은 책들을 짓는 것은 끝이 없고 많이 공부하는 것은 몸을 피곤하게 하느니라"(전 12:12)라고 한숨지으며 말한다.

구속과 구원에 대한 관심도 많지 않다. 순결하고 순종적이고 맑은 정신을 갖고 있다면, 누가 구원이 필요하겠는가? 현자들이 열두 단계, 여섯 가지 성경적 원리, 오늘을 위한 생각, 주부들을 위한 유용한 힌트를 그토록 성공적으로 발견하는 데, 하나님이 왜 우리에게 필요하겠는가? 자녀들아, 귀 기울이라! 어른들과 지적으로 훌륭한 사람들의 말에 주목하라.

  그렇기는 하나 인간의 책임에 대한 잠언의 옹호에 대해 무언가 할 말이 있다. 우리의 결정은 사소하지 않다. 하나님은 우리 앞에 생명과 사망을 두셨다(신 30:15). 모든 것이 중요하다. 잠언에 나오는 십여 개의 "…보다 낫다" 진술은 가치 판단을 꺼리지 않는다. 이 길은 생명과 지혜로 인도하고, 저 길은 어리석음과 죽음으로 인도한다. "일을 숨기는 것은 하나님의 영화요 일을 살피는 것은 왕의 영화니라"(잠 25:2). "초자연적인 것"을 언급하지 않더라도 세상을 설명할 수 있다는 우리의 당당한 자신감 가운데서 지혜 문학의 현인들이 발언 기회를 얻는 것은 당연하다. 우리에게 필요한 것은 신적인 구원이 아니라, 목적이 이끄는 삶, 더 깊은 의미, 아침에 침대에서 일어날 이유다. 현실을 직시하라. 기존 질서에 적응하라. 신학화하는 데 시간을 낭비하지 말라. "나는 누구이고, 어떻게 하면 나의 유익을 위해 세상을 관리할 수 있느냐"가 핵심 질문이다.

  오늘날 지혜 양식으로 된 많은 설교가 있는데, 긍정적인 신호는 아니다. 지혜 문학의 천재성은 세계가 신뢰할 수 있는 질서정연한 우주임을 보여주는 것이다. 지혜의 유혹은 우리를 다루시는 하나님의 손길을 부르주아의 존경심, 자기만족과 안전, 안정과 우쭐대는 번영을 위한 금언으로 축소하는 것이다. 지혜는 기껏해야 일상의 삶을 포용한다. 하나님은 많은 말씀을 하지 않으신다. 하나님은 질서정연하고 목적이 있으며 예측 가능한 세계를 만드셨기 때문이다. 우리는 계시나 죄의 고백에 기대지 않고서도 우리의 길을 찾을 수 있다. "믿음"이란 정돈된 현실을 발견하고 그것을 유리하게 활용할 줄 아는 하나님이 주신 능력이다. 우주의 근원적인 일관성과 우리의 삶을 일치시킬 때, 우리는 번영할 것이다. 우리의 삶이 무언가 중요한 의미를 갖기 원하는가? 내가 어떻게 했는지 들려줄 테니, 어리석은 자들은 귀 기울여 들으라!

　앨리스 맥켄지는 잠언이 어떻게 전복적일 수 있는지 보여줌으로써 나를 놀라게 했다. 잠언은 "폭력적이고 개인주의적이고 소유욕에 물든 문화에서 통용되는 지혜"에 이의를 제기하는 "대안적인 삶의 관점"이 될 수 있다.[52] 잠언은 매해 가을 성서일과 목록에 잠깐 등장한다. 나는 잠언의 지혜를 싫어하지만, 특이할 만큼 엄격하지는 않았다. 나는 "많은 재물보다 명예를 택할 것이요"라는 잠언 22장 1절에 꽂혔다.

　"훌륭한 생각입니다. 명예를 얻기 위해 듀크대에 진학하는 사람은 아무도 없다는 것만 빼면요. 우리는 금을 노립니다. 누군가 도널드에게 전화를 걸어 이렇게 묻습니다. '안녕하세요. 저는 대학생인데, 가치 있는 삶이 무엇인지 궁금합니다. 명예를 얻기 위해 노력할 수도 있고, 당신처럼 행동할 수도 있습니다. 무슨 조언을 해주실 건가요?'"[참고 : 이 설교는 버서 운동이 일어나기 오래 전, 트럼프의 난봉꾼/카지노 시절에 했던 설교다. 자랑하려는 말은 아니지만, 나는 다른 사람들이 급격히 비난하기 전, 1993년 9월 듀크 채플 강단에서 처음으로 이 악당을 비난했다.]

"티셔츠에 잠언 22장 1절을 새기고, 캠퍼스에서 입고 다니십시오. 사교 모임에서 어떻게 행동하는지 내게 알려 주세요" 등을 제안했다.

예배가 끝날 무렵, 한 청년이 앞으로 나와 "목양적인 설교"에 감사하다고 인사했다. 목양적이라니? 나의 목적은 불쾌감을 주는 것이었다.

"큰 위로가 되었습니다. 오늘 밤 아버지께 전화를 걸어 로스쿨에 지원하지 않겠다고 말씀드리려고 합니다. 나는 초등학교 교사가 될 것이고, 아버지가 좋아하시지 않더라도 어쩔 수 없죠."

다만 당신이 오늘 오전 11시 30분에 어디 있었는지 아버지에게 말하지 말라![53]

하나님은 사소하고 인간적이고 권면적인 본문을 사용하여 그것을 신학적인 본문으로 만드셨다. 하나님은 남부 억양으로 말하는 비겁하고 타협적인 설교자를 통해 말씀하셨고, 예수님은 자기 입장을 말하기로 단단히 결심하셨다.

현자의 조언에서 지혜 여인의 의인화로 이동할 때 지혜 문학은 한층 더 흥미로워진다. 전도서에서는 지혜 여인을 찾기 힘들지만 (7:23-24), 잠언에서는 길거리에서 외치면서 물건을 사도록 호객하는 여인으로 지혜를 의인화한다(잠 1:28). 하나님은 우리가 지혜를 발견할 때까지 기다리지 않으시고 어리석음으로 굴러 떨어지는 우리를 구하기 위해 행인들을 향해 요란하게 외치신다.

구약 성경은 하나님의 말씀이지만, 지금 이 순간 가장 잘 들리는 말씀은 아닌 때가 가끔 있다. 전도서를 좋아하지 않는다면 환갑이 될 때까지 기다려 보라. 그러면 더 잘 이해가 될 것이다. 만약 여러분이 요나서의 익살을 이해하지 못한다면, 주님께서 여러분이 싫어하는 곳으로 가라고 밀어붙이실 때, 요나서는 일종의 블랙 유머처럼 여러분이 들어 본 것 중에 가장 우스운 내용이 될 것이다. 나는 여러분이 끔찍한 고통과 고뇌 가운데 있지 않기를 바라지만, 그런 상황에서는 욥기가 기다리고 있다.

언젠가 내가 트럼프주의를 심하게 비난한 뒤, 한 청중이 질문했다. "하지만 성경을 보면 하나님은 가끔 불신자를 통해서도 하나님의 뜻을 이루시지 않나요?"

"흥미롭군요. 트럼프가 느부갓네살에 버금가는 인물인가요? 미국이 여러 가지 실수를 범한 건 사실이지만, 하나님이 약간 가혹하다고 생각하지 않나요? 물론 성경은 당신 편이지만요." 성경에 있는 어떤 본문도, 심지어 겉보기에 가장 덜 신학적인 본문도, '데우스 딕시트'의 기회가 될 수 있다.

여러분이 너무 어리거나, 너무 모험심이 크거나, 너무 겁이 많거나, 너무 화가 나서 합리적이고 신중한 지혜의 어조를 견디기 힘들다면, 기운을 내자. 구약 성경이 끝나기 전, 다니엘서와 에스겔서 같이 "묵시"라고 불리는 곳에서 환상이 쏟아져 나온다. 짐승과 밤의 환상, 말라 죽은 뼈에 붙은 살, 게다가 야웨에 관한 기이한 말.

묵시문학은 고전적 예언이 쇠퇴할 때 등장했다. 묵시적 환상은 미래에 대해 말하지만 현재에 대해서도 주장한다. 강고해 보이는 현재의 모습에 속지 말라. 하나님은 우리가 상상하는 것보다 더 많은 것을 준비해 두신다.

하나님의 말씀은 약속의 형태로 전해지는 경향이 있다. "내가 행하겠다"는 하나님의 말씀은 "내가 행했다"는 말보다 훨씬 풍부한 의미를 담고 있다. 입교할 때 내게 건네준 성경에는 하나님의 약속이 십여 페이지에 걸쳐 나열되어 있었다. 죄책감? 사무엘하 14장 14절; 시편 130편 3-4절. 낙심? 시편 119편과 116편, 이사야 65장 25절. 두려움? 시편 4장 8절; 이사야 35장:4절. 하나님/인간의 대화는 끊임없이 미래를 지향하기 때문에, 신뢰가 필요하다. 대화는 현재에서 미래로 이동하는 도중에, 지금 있지만 아직 오지 않은 곳, 소망하지만 아직 보이지 않는 곳에서 이루어진다(히 11:1). 약속하는 하나님의 생생한 묵시적 점강법이다.[54]

고린도교회의 어떤 사람이 변절자라고 비난했을 때, 바울은 자신을 변호하면서 자신의 설교가 종말론적인 옛 시대가 끝나고 하나님이 우리에게 주신 영원한 '예'의 약속이 시작되는 새 시대의 첫 보증금이라고 설명했다.

하나님은 미쁘시니라 우리가 너희에게 한 말은 예 하고 아니라 함이 없노라 우리 곧 나와 실루아노와 디모데로 말미암아 너희 가운

데 전파된 하나님의 아들 예수 그리스도는 예 하고 아니라 함이 되
지 아니하셨으니 그에게는 예만 되었느니라 하나님의 약속은 얼마
든지 그리스도 안에서 예가 되니 그런즉 그로 말미암아 우리가 아
멘 하여 하나님께 영광을 돌리게 되느니라.(고후 1:18-20)

수잔 본드가 말했듯이, 묵시 문학을 설교하려면 "어리석음의 설
교"가 필요한데, 이는 자유주의 주류 기독교가 종말론으로 인해 항
상 당혹감을 느끼는 이유 중 하나일 것이다.[55] 새 하늘과 새 땅으로
기우는 이 미래지향적 문학의 종말론적 묵살에 대해 느끼는 불편함
은 우리가 시온에 대해 편안함을 느끼고 있다는 표시다(암 6:1). 우리
의 유익을 위해 현재를 가꾸고, 있는 그대로의 현실에 만족하고, 낡
은 것의 죽음과 새로운 것의 탄생보다 진보를 바라면서, 자신에 대
한 꿈을 계속 간직하는 것이다. 그런데 사람들이 감히 "우리가 오늘
날 종이 되었는데 곧 주께서 우리 조상들에게 주…신 땅에서 우리가
종이 되었나이다"라고 생각할 때마다(느 9:36), 주류 자유주의 설교
가 주는 안도감으로는 충분하지 못하다. 새 하늘과 새 땅에 관한 기
이한 환상에 미치지 못하는 것은 충분하지 못할 것이다. 악몽과 같
은 다니엘의 환상은 나에게 별 의미가 없었다. 그러다가 코로나 19
가 터졌고, 매일 저녁 뉴스에서 사망자 수를 헤아렸고, 무능력한 사
람들이 높은 자리에서 위세를 떨쳤고, 사람들은 두려움으로 인해 웅
크린 채 문을 걸어 잠갔다. 돈이 바닥났다.

묵시문학은 구약 성경의 어울리는 절정이다. 하나님의 창조성은 창세기 1장에서 끝나지 않고, 해체와 파괴는 새로운 창조의 전조가 된다. 하나님은 바라는 것을 이루신다. 우리 가운데 현재와 너무 단단히 결탁되어 이익을 취하는 사람들에게는 나쁜 소식이고, 다른 미래가 몹시 필요한 사람들에게는 좋은 소식이다. 에스겔의 묵시적 환상이 너무 요란스러운가? 예수님의 말씀을 들을 때까지 기다려 보자.

난청

구약 성경에 나오는 하나님의 말씀을 일화 형식으로 살펴보면 하나님은 말씀이 꽤나 많은 분이지만, 형편없는 청중으로 인해 부담을 느끼셨다. 전형적인 예가 예수님이 말씀하시던 때다. 하늘에서 들려오는 음성을 듣는 청중도 있지만(요 12:28), 천둥소리를 듣는 청중도 있고, 일부는 천사의 소리를 듣는다. 하나님의 음성은 "천둥의 노래"가 될 수 있고(시 29편), 시편 29편에서 하나님의 음성은 일곱 번이나 몰아친다. "육신을 가진 자로서 우리처럼 살아 계시는 하나님의 음성이 불 가운데에서 발함을 듣고 생존한 자가 누구니이까?"(신 5:26). "내가 또 한 번 땅만 아니라 하늘도 진동하리라"(출 19:18)는 말씀은 이전의 신성한 울림과 그리스도를 연결한다(히 12:26). 이사야

30장 31절에서 하나님의 음성은 심판이고, 어조에 있어서 세례 요한의 "광야의 소리"와 비슷하다(사 40:3; 마 3:3). 예수님은 성경(구약 성경)이 "내게 대하여 증언"한다(요 5:39)고 말씀하지만, 우리는 대부분 제대로 듣지 못한다.

신인동형론에 대한 결벽증을 극복하자. 하나님은 눈과 입술, 팔, 그리고 무엇보다 음성을 갖고 계신다. 신명기 4장 12절에서 주님은 불로 말씀하셨다. 행인들은 "그 말소리만 듣고 형상은 보지 못하였다." 야웨는 개념을 넘어서는 인격이시다. 다른 사람의 음성을 들을 때 육체적이고 인격적인 관계가 형성된다. 아가서의 연인은 감미롭게 들리는 연인의 음성을 듣기를 갈망한다(2:14). 막달라 마리아는 부활하신 그리스도께서 자기에게 말씀하실 때까지 부활절 아침에 동산지기를 만났다고 생각했다(요 20:14-18). "내가 주를 보았다"(18절)고 선언하면서 제자들에게 돌아왔을 때 마리아가 했던 말은 "주님이 내 이름을 부르는 소리를 듣고 나서야 그분이 예수님이라는 것을 알았다"는 뜻이다.

성경의 음성은 변조된다. 에스겔 11장 13절(또한 나중에 마태복음 27:46이나 나사로가 살아나는 요 11:1-10)처럼, 예언적 선언에 앞서 종종 "큰 소리"가 등장한다. 부드럽고 조용한 음성은 무슨 말을 하는지 더 잘 들을 수 있도록 우리를 가까이 끌어당긴다. 우리는 성령께서 우리 귀에 속삭이시는 말을 지붕에서 외쳐야 한다(마 10:27).

생물학자 리처드 도킨스에 의하면, 구약 성경에 나오는 하나님의 말씀은 하나님이 "모든 소설에 나오는 가장 불쾌한 인물, 질투심 많고 오만한 인물, 쩨쩨하고 불공정하고 용서하지 않는 고집불통, 복수심에 사로잡혀 피에 굶주린 인종 청소부, 여성을 혐오하고, 동성애를 혐오하고, 인종을 차별하고, 영아를 살해하는…변덕스럽고 유해한 악당"임을 보여준다.[56]

도킨스의 진화 생물학에 대해 평가한다면, 나의 논평은 하나님의 말씀에 대한 도킨스의 평가와 동일한 가치를 지닐 것이다.[57] 편협한 근본주의적 성경 문자주의자에 대한 온갖 폄하는 구약 성경에 대한 도킨스의 단조롭고 섣부른 읽기에도 적용된다.[58] 예를 들어, 브렌트 스트론은 그리스도인과 유대인이 인위적으로 레위기 19장 18절의 사랑의 명령을 보편적이고 포괄적인 권면으로 내놓는다는 도킨스의 격앙된 불만을 언급한다. 그런데 우리가 사랑해야 할 "이웃"은 동료 히브리인이기에, 레위기의 명령은 부족주의적이고 배타적인 명령이 된다. 가서 다른 유대인을 사랑하라.[59] 도킨스는 같은 장에서 몇 구절 뒤(레 19:34)에 "이웃"에 대한 사랑이 나그네와 이민자에게도 적용된다는 사실을 편리하게 무시한다.

도킨스는 성경에 경건한 단언만이 아니라 경건한 반대 단언이 있고, 담론 자체 안에 신적인 증언과 반대 증언, 비판과 미묘한 신적 담론이 있다는 것을 인식하지 못한다. 복합성과 미묘함은 도킨스의 강점이 아니다.

스트론은 마르키온과 도킨스를 비교하는데, 마르키온은 "너무 어렵고,…너무 복잡하고, 너무 들쑥날쑥한" 언어 때문에 구약 성경을 거부하고 "더 간략하고 압축적이고 단순한 것, 훨씬 일관성 있고 조리 있고 논리적인" 신 담론을 선택한다.[60] 도킨스의 감성이 너무 민감해서 길들여지지 않은 신적 담론에 부적절하다는 사실은, 그리스도인이 즉각 이해할 수 없는 방식으로 말씀하시는 하나님을 원망하지 않고 구약 성경을 경청하기 위해 얼마나 많은 훈련이 필요한지 깨닫게 해 준다. 옥스퍼드 교수는 하나님의 말씀을 들을 수 없지만 많은 평범한 그리스도인들이 구약 성경에 귀 기울이는 까닭은, 구약 성경이 흥미로운 역사나 위대한 문학 작품이기 때문이 아니라 (바르트가 학생들에게 말했듯이) 여기서 "우리는 하나님의 음성을 들을 것이라고 기대할 수 있기" 때문이다. 설교자가 구약 성경을 사용할 때에도 마찬가지다. 모든 것은 "하나님이 여기서 자기들에게 말씀하신다고 기대하느냐 여부"에 달려 있다.[61]

나는 설교 본문 출처로 공동 성서일과를 꾸준히 사용해 왔지만, 공동 성서일과는 구약 성경에 인색하다. 하나님이 하신 가장 흥미로운 여러 말씀(즉 가장 논쟁적인 말씀)이 완전히 생략되어 있다. 유감이다. 설교자는 다루기 힘든 본문이 여러 가지 최고의 설교 기회를 제공한다는 것을 알고 있다. 구약 성경을 3년 주기로 읽는 것도 구약 성경을 불공정하게 다룬다. 하나님은 이스라엘에게 하실 말씀이 너무 많기 때문이다. 3,000번의 설교에서 나는 감리교인의 옷을 입은 마르키온주의자였다. 나는 신명기에서 십여 편의 설교를 끄집어내기 전에 죽을 것이다. 다른 누군가가 잠언을 채굴해야 한다. 나는 잠언의 지혜에 대한 젊은 시절의 혐오를 뒤늦게야 극복했다. 마침내 전도서를 이해하는 나이가 되었지만, 내 설교는 막을 내리고 있다.

하박국은 언젠가 "물이 바다를 덮음 같이 여호와의 영광을 인정하는 것이 세상에 가득할 것"이라고 묵시적으로 예언한다(합 2:14). 그때까지 설교자는 결코 실직자가 되지 않을 것이다.

하나님이 악한 이스라엘에게 그토록 많이 말씀하셨다는 사실이 우리의 최고의 희망이다. '데우스 딕시트,' 하나님이 많이 말씀하시기 때문에 설교자에게는 할 말이 많다.

구약 성경의 순전한 문화적, 언어적, 역사적 타자성은 설교자의 친구다. 플레밍 러틀리지는 이렇게 말한다. "'성경의 낯선 새 세계'에 전면적으로 계속 몰입하지 않으면 설교자는 개인적인 인간의 관점에서만 이야기를 전할 수 있을 뿐이고… 이로 인해 세상을 뒤집고 우주를 재창조하는 하나님의 음성의 본질을 전달하는 데 실패할 것이다."[62]

구약 성경이 "긴급하게 말씀하는 존재"로 "우리 삶에 압력을 가할" 때 구약 성경은 교회 안에서 다시 살아날 것이라고 엘렌 데이비스는 말한다.[63] 9/11 테러가 발생하고 불과 몇 주 후, 케네스 카더 주교가 듀크 채플의 초빙 설교자로 왔다. 다른 많은 교회와 마찬가지로 우리 교회도 9/11 이후 출석률이 급상승했다. 만연한 두려움과 슬픔, 고통으로 인해 교회를 바라보는 시선이 개선되었다.

카더 감독은 배정된 첫 번째 성서일과 본문—예레미야 29장 1절, 4-7(바빌론 포로민에게 준 예레미야의 말)—을 충실하게 받아들여 우리에게 압박을 가했다.[64] 카더 감독은 "적의 영토에 평안을 구하라"는 설교를 시작하면서 쌍둥이 빌딩이 무너진 후 몇 주 동안 미국인은 강제로 두려운 지역으로 밀려난 포로민처럼 느끼고 있다고 언급했다. 9월 어느 날 아침에, 우리는 이 유대인들과 오래 묵은 친밀감을 느꼈다. 한때 안전했던 우리의 고향은 적진처럼 느껴졌다.

하지만 우리와 그 유대인 사이에는 커다란 차이점이 있다. 우리에게는 예레미야 같은 설교자가 없다. 바빌로니아가 민족의 자부심이요 권력의 중심 도시였던 예루살렘을 급습하여 황폐화시켰을 때, 예레미야는 유대 민족을 향해 황폐화된 민족 자체에게 책임이 있다고 말했다.

> 만군의 여호와께서 이와 같이 말씀하셨느니라 시온은 밭 같이 경작지가 될 것이며 예루살렘은 돌 무더기가 되며.(렘 26:18)

"여러분은 고통 받고 상처입어 실의에 빠진 사람들에게 이런 말을 하는 설교자를 상상할 수 있습니까?" 카더 주교가 물었다. 너희의 도시는 왜 폐허가 되었고, 성전은 파괴되었으며, 이제 너희는 왜 고향을 잃은 포로민이 되었는가? 바빌로니아는 내 진노의 도구다. 경고했잖느냐! 너희는 나의 애원을 듣지 않았다. 이제 유배지에서 너희는 내 계명을 숙고하고 너희가 본래 창조된 존재로 돌아갈 시간을 보낼 것이다.

카더 감독은 "그때나 지금이나 예레미야의 메시지는 반역적으로 들린다"고 인정했다. 예레미야와 연합감리교 감독이 한 팀을 이룬 가혹한 설교다.

카더 감독은 빌리 그래함 목사를 비롯한 다른 설교자들이 국립 대성당 대중 예배에서 한 설교에는 예레미야와 같은 말씀이 없다고 지적했다. 예레미야는 예루살렘 멸망이 하나님의 심판이라고 말했지만, 우리는 우리 자신이 악한 사람들의 무고한 희생자라고 말한다.

"대체 어떤 하나님이 예레미야를 통해 유다에게 말씀하셨던 것처럼 고통 받고 상처받은 사람들에게 말씀하실까요?" 카더 감독은 잠시 멈추어 회중으로 하여금 곱씹어 보게 했다.

대체 어떤 부류의 사람들이 자비롭고 사랑스러울 뿐만 아니라 진실하신 하나님과 감히 대화했을까요? 우리는 고통 속에서 위로를 원합니다. 하지만 하나님은 고통 속에서 책임, 곧 열방 앞에서 감당해야 할 사명을 주셨습니다.

때로 우리는 교회에 와서 우리에게 필요하다고 생각하는 하나님을 만납니다. 가끔 하나님의 은혜로, 우리는 자신이 만났다고 생각하는 하나님보다 더 큰 하나님을 만납니다. 여러분은 이런 하나님과 기꺼이 대화하겠습니까?

카더 감독의 설교 이후 듀크 채플의 출석률은 급감했다. 사람들이 다시 예레미야처럼 말하지 않는 설교자를 찾아 나섰기 때문이다.

'데우스 딕시트'의 역사 속 일화: 신약 성경

구약 성경부터 신약 성경까지 하나님의 음색은 거의 변화가 없다. 복음서에 나오는 하나님의 말씀의 범위와 문구, 패턴은 미가나 요엘을 통해 이스라엘에게 주신 하나님의 말씀과 비슷하게 들린다. 하나님이 출애굽기나 에스겔서에서 말씀하신 방식을 언급하지 않은 채 예수님의 언어와 예수님에 관한 언어를 이해하는 것은 불가능하다. 바울 같은 설교자들은 이사야가 야웨에 대해 말했듯이 예수님에 대해 언급하기가 아주 쉬웠다. 예수님이 말씀하셨을 때 바울에게는 '데우스 딕시트'처럼 들렸다.

천사 가브리엘이 마리아를 방문한다. 마리아는 선전 포고, 최초의 기독교 설교를 노래한다. 마리아의 태속에 있는 아이는 "큰 자가 되고 지극히 높으신 이의 아들이라 일컬어질 것이요 주 하나님께서 그 조상 다윗의 왕위를 그에게 주시리니 영원히 야곱의 집을 왕으로 다스리실 것이며 그 나라가 무궁하리라"(눅 1:32-33). 그 아이는 "힘을 보이사…생각이 교만한 자들을 흩으셨고 권세 있는 자를 그 위에서 내리치셨으며 비천한 자를 높이셨고 주리는 자를…배불리셨으며 부자는 빈 손으로 보내셨다"(1:46-55).

제루샤 닐은 하나님의 능력으로 덮여 '우리와 함께 계신 하나님'을 세상에 데려오고, 뒤이어 이 사실을 공적으로 노래하는 마리아의 모습을 보여준다(눅 1:46-55). 마리아는 하나님의 능력으로 덮여 설교하는 소명을 위해 수고하는 모든 사람의 원형이다.[65]

구약 성경의 구원은 끝까지 묵시적이다. 신약 성경은 처음부터 새 하늘과 새 땅, 위아래가 뒤집힌 세상, 많은 사람들의 상승과 쇠퇴, 부자들에게 나쁜 소식에 관한 이야기다.[66] 말라기는 사람들에게 "여호와의 날"(말 4:1)을 예고하면서, 모세의 교훈을 기억하고 엘리야의 도래를 준비하여 하나님의 진노를 미연에 예방하라고 촉구했다. 이스라엘이 "크고 두려운 여호와의 날"이 임박했다고 생각했더라도, 그들은 영원하신 하나님이 우리의 시간을 따르지 않으신다는 사실을 다시 한 번 깨달았다.

마리아의 찬송만이 아니라, 요단 강에서 사람들에게 세례를 받으라고 요청하는 세례 요한의 광야 설교에 의해서도 마침내 침묵은 깨진다.

하나님의 아들 예수 그리스도에 대한 좋은 소식의 시작은 이사야의 예언에 기록된 그대로 일어났다.

보라 내가 내 사자를 네 앞에 보내노니 그가 네 길을 준비하리라
광야에 외치는 자의 소리가 있어 이르되 너희는 주의 길을 준비하

라 그의 오실 길을 곧게 하라.(막 1:1-4)

요한의 설교에 귀 기울여 보면 왜 강단이 없었는지 알게 될 것이다. 요한은 제사장 가문 출신이었지만(눅 1:5) 엘리야처럼 옷을 입는다. 그런데 요한의 가장 예언자적인 특징은 그의 옷차림이 아니라 (다른 무엇이 있을까?) 그의 설교다(눅 16:16). 길을 준비하는 "소리"(막 1:1-8)인 요한은 제국의 대리인(군인과 세리―눅 3:12-14)을 소환하고 심지어, 헤롯 왕조차 요한의 비난을 빗겨가지 못한다(눅 3:19).

요한은 말라기처럼 회개를 요구하는 대재앙이 임박해 있다고 으름장을 놓는다. 아브라함과 사라의 혈통을 떠벌리면서 옛 질서에서 위안을 얻는 사람들에게, 요한은 필요할 경우 하나님은 강의 돌들에서도 가족을 불러내실 수 있다고 경고한다(마 3:9; 눅 3:8).

하나님은 전에도 그렇게 하셨다. 아브라함에게 주신 하나님의 약속은 아무것도 아닌 자들로부터 한 백성을 만드셨다. 요한의 설교에서 요단 강은 다시 한 번 창세기 1장의 창조의 심연이 된다. 거친 눈에 낙타 털옷을 입고 불을 내뿜으며 메뚜기를 먹는 설교자의 말을 통해 바다를 통과하는 새로운 출애굽, 창조, 회복, 재집결이 성취된다. 말씀이 세상을 만든다.[67]

우리는 "하나님이 정말 우리와 함께 계신가?"라고 물었다(출 17:1-7). 그 응답으로 하나님은 육신이 되신 말씀으로 오시고, 요한은 결정적 설교자이신 요한의 사촌의 선구자로 온다. 임마누엘의 직업은 무엇인가? "예수께서 설교하러 오셨다"(마 4:17 NRSV). 누가는 있는 그대로의 세상에 대한 예수님의 첫 종말론적 공격은 회당 강단에서 시작되었다고 말하면서, 가장 좋아하는 예언자의 말을 인용한다. "주의 성령이 내게 임하셨으니 이는…복음을 전하게(preach)…하려 하심이라"(눅 4:18).

새로움은 하나님과 이스라엘의 대화가 재개될 때 만들어진다.[68] 과거의 예언자의 말씀이 나사렛에서 울려난다. "이 글이 오늘 너희 귀에 응하였느니라"(눅 4:21). '데우스 딕시트'다.

회중은 요셉과 마리아의 아들이 이사야의 시적인 예언을 그렇게 잘 낭독한다는 사실에 깜짝 놀란다. 그런데 설교자가 미드라쉬 해석을 통해 하나님의 예언자 엘리야와 엘리사가 이스라엘 밖에 있는 사람들에게 어떻게 치유와 빵을 주셨는지 상기시킬 때, 처음의 찬사는 분노로 바뀐다.

"요한이 잡힌 후[설교자들은 주목하자] 예수께서 갈릴리에 오셔서 하나님의 복음을 전파하여 이르시되 때가 찼고 하나님의 나라가 가까이 왔으니 회개하고 복음을 믿으라 하시더라"(막 1:14-18).

그들이 가버나움에 들어가니라 예수께서 곧 안식일에 회당에 들어가 가르치시매 뭇 사람이 그의 교훈에 놀라니 이는 그가 가르치시는 것이 권위 있는 자와 같고 서기관들과 같지 아니함일러라 마침 그들의 회당에 더러운 귀신 들린 사람이 있어 소리 질러 이르되 나사렛 예수여 우리가 당신과 무슨 상관이 있나이까 우리를 멸하러 왔나이까 나는 당신이 누구인 줄 아노니 하나님의 거룩한 자니이다 예수께서 꾸짖어 이르시되 잠잠하고 그 사람에게서 나오라 하시니.(막 1:21-25)

안식일의 중심과 고요가 예수님에 의해 파괴되었다. 예수님의 위협을 가장 먼저 알아차린 마귀가 행동에 돌입한다. 당신은 파괴자로 왔는가? 예수님은 "닥치라"고 대답하신다. 얼마나 대단한 설교인가!

가버나움에서 소동이 벌어진 후, 예수님은 묵상 기도하는 드문 시간을 갖기 위해 자리를 비우신다(막 1:35). 제자들은 예수님을 찾아와 (틀림없이 예수님이 계속 치유해 주시기를 간절히 바라며) "모든 사람이 주를 찾나이다"라고 말한다. 예수님은 "우리가 다른 가까운 마을들로 가자 거기서도 전도하리니(preach) 내가 이를 위하여 왔노라"고 대답하신다(막 1:35-39).

마귀가 선동한 진실 폭로가 의료 행위보다 더 중요할까? 피부병에 걸린 남자를 치유하실 때에도(막 1:40-44) 예수님은 "아무에게 아무 말도 하지 말라"(1:44)고 엄중히 경고하시는데, 아마 예수님이 말씀할 시간을 얻기 위해서일 것이다. 예수님은 "나가서 이 일을 많이 전파하여 널리 퍼지게" 하셨다. 그래서 많은 사람이 예수님의 말씀을 듣기 위해 "사방에서" 와서 "예수께서 다시는 드러나게 동네에 들어가지 못하셨다."

예수님은 대부분의 해방자와 마찬가지로, 폭력적 행동이 아니라 말씀의 일제 사격으로 세상을 공격하신다. 충격과 재미를 선사하고 비웃고 폭로하는 비유, 나사렛에서처럼 폭동으로 혹은 갈릴리 바다에서처럼 군중을 먹이면서 끝나는 설교(마 15장), 축복과 저주, 속담, 예언 등이 그것이다. 예수님은 정권이 교체되었다고 선언하신다. 예수님이 어떤 사람을 감옥에서 꺼내주었다는 증거는 없다. 예수님은 "그들을 내보내라!"고 설교하는 것으로 충분했다(눅 4:18). 예수님의 말을 즐겁게 들은 어떤 사람들은 그분을 "왕"으로 칭송했다. 지혜롭고 힘 있는 사람은 많지 않았지만 그들은 실세들을 불안하게 만들기에 충분했다. 예수님은 자신의 통치를 개시하기 위해 무엇을 하셨는가? 예수님은 말씀하셨다.

또한 예수님은 다른 사람들도 말하도록 파송하셨다. 위대한 위임자이신 예수님은 혼자 설교하는 데 만족하지 않고, 제자들을 세상으로 보내 자신의 설교와 동일한 설교를 하게 하신다(막 16:15). "천국이 가까이 왔느니라!"(마 4:17; 10:7). "추수하는 주인에게 청하여 추수할 일꾼들을 보내 주소서"라고 간청하라고 제자들에게 촉구하면서, "추수할 것은 많되 일꾼[은] 적[다]"고 탄식하신다(눅 10:2).[69]

> [교회는] 매우 독특한 듣기와 전하기, 즉 자신이 받아서 전달하는 말씀으로 [형성된다].[70]

소명적 설교

예수님이 설교자들을 보내신 것은 하나님의 말씀에 소명적인 경향이 있음을 상기시킨다. 바울은 그리스도께서 자기에게 나타나셨을 뿐만 아니라, 하나님이 자기를 임명하고 부르고 소환하고 징집하셨고, 이로써 자기를 정의하셨다고 주장한다. "예수 그리스도의 종 바울은 사도로 부르심을 받아 하나님의 복음을 위하여 택정함을 입었으니"(롬 1:1).[71] 소환장이기도 한 말씀을 받은 바울은 소아시아 전역을 돌아다니면서 교회를 설립하고 소식을 전하며 군중을 모았다.

성경 읽기를 좋아하는 것도 훌륭하지만(시 119:103), 설교자는 사랑을 한 단계 높여 공적으로 성경을 선포한다. 리처드 리셔는 비처 강연에서 "설교자는 책을 읽은 다음 말한다. 본문은 설교자의 마음과 생각에서 나와 그의 입술을 거쳐 사람들의 모임 안에 모습을 드러낸다"고 말했다.[72] "그 말씀이 네게 매우 가깝다"(신 30:14)는 말씀은 "너는 동의하느냐?"는 지적인 질문을 넘어 "너는 동맹하고 협력하겠느냐?"는 소명적인 질문을 던진다.

성경을 통해 말씀하시는 그리스도의 소명적 의도는 우리 머리로 만들어낸 것을 제외한 모든 텍스트의 제약에서 벗어나 자유롭게 살고 있다고 착각하는 사람들에게 도전한다.

"다시는 어느 누구도 내 인생을 어떻게 살아야 한다고 말할 수 없어요!" 그녀는 교회 성경 공부 모임에서 이렇게 말하면서 덧붙였다.

"하나님의 아들이 아니라면요."

아멘.

성경은 가장 엄격한 교회 비판가이지만, 교회는 성경을 경청하기 위한 일차적인 장소이고 성경의 원천이자 목적이다. 역설적이게도, 이 책은 우리의 믿음이 책에 관한 것이라는 생각(근본주의)이나, 이 고대의 유대인들은 우리처럼 경이로운 발전을 성취한 사람들에게 할 말이 거의 없다는 생각(진보주의)에서 우리를 구원해 준다. 성경은 "성경의 드라마에 적극 참여한다고 여기는 사람들"에 의해 가장 잘 해석된다고 리셔는 말한다.[73] 무엇이든 그리스도인들에게 부족한 정교한 해석은, 해석이 아닌 실천이 가장 힘든 과업이라는 것을 알 때 보완된다. 『율리우스 카이사르』를 읽는 것도 좋고, 『율리우스 카이사르』 공연을 보는 것은 더 좋지만, 가장 좋은 것은 『율리우스 카이사르』에서 작은 배역을 맡는 것이다.

설교자는 청중들이 살아야 한다고 생각하는 것보다 훨씬 충실한 대본을 주어야 한다고 간주한다. 우리는 대부분 설교자가 되기로 결심하지 않았으니, 누가 그 일을 설교자보다 더 잘할 수 있겠는가? 하나님은 강단에 서는 모든 사람의 삶을 창의적으로 각색하셨다. 하나님께 인생을 징집당한 설교자는 다른 사람들에게, 당신이 지금 살고 있는 삶은 당신 자신의 삶이 아니어야 한다고 말한다.

설교자는 회중이 세상 속에서 말씀을 가시적으로 실천할 수 있도록 설교를 통해 말씀을 실천한다.[74] 바울은 가장 골치 아픈 회중 하나를 망치로 내려친 후에도 "너희는 그리스도의 몸"이라고 말했다(고전 12:27). 보이지 않는 교회는 침묵하는 교회만큼 무가치하다. 좋든 싫든, 교회는 부활하신 그리스도께서 공간을 점유하는 방식이다. 우리는 교회가 행동하는 그리스도의 가시적인 몸이 되어 그리스도가 우리를 통해 호소하실 수 있도록 몸된 교회를 향해 설교한다(고후 5:20).

계시는 비민주적이다. 물론 예수 그리스도 안에는 말씀이 넘쳐나고 계시가 풍부하지만, 모든 사람에게 똑같이 주어지지는 않는다. 왜 하나님은 테레사 수녀나 시청 화장실을 청소하는 존스 씨에게는 자기를 계시하셨지만 리처드 도킨스와의 대화는 거부하셨는지 누가 알겠는가? 다음 주일 설교를 위해 한 말씀이 가장 절실하게 필요한데도, 유감스럽게도 하나님은 왜 내가 아니라—내가 특히 좋아하지 않고 내 비전형 리더십의 장애물인—교회 수석 장로에게 정말 흥미로운 무언가를 말씀을 하실까? 하나님의 길은 너무 높아서 이해할 수 없다(시 139:6).

사람들이 법정으로 끌고 가 재판관 앞에 세우고, 너희가 무슨 말을 해야 할지 고민할 때, 예수님은 제자들에게 "내가 너희에게 말씀을 주겠다"(눅 12:11-12, 의역)고 말씀하셨다. 설교자의 원형이신 예수님은 무엇을 설교할지 알려주어 우리의 소명을 완수하게 하겠다고 약속하신다. 제자들이 "주님, 우리에게 기도하는 법을 가르쳐 주소서"라고 요청했을 때, 예수님은 올바른 태도를 기르라고 촉구하지 않으셨다. 예수님은 말씀을 주실 만큼 그들을 사랑하셨다. "너희는 기도할 때 이렇게 말하라"(눅 11:1-13, 의역).

"지옥 같은 한 주였어요." 예배가 끝난 후 한 여성이 말했다. "아들 녀석이 다시 술을 마시기 시작했어요. 상사가 시내에 있는데, 아무래도 나와 관련 있는 것 같아요. 그래서 오늘 아침 위로와 평안을 얻기 위해 교회에 왔습니다."

"설교가 도움이 되었기를 바랍니다." 내가 말했다.

"별로요. 위로를 얻으러 여기 왔다가 숙제만 받았어요." 그녀의 대답이었다.

비유 설교

마가라고 불리는 어떤 사람이 1세기 어느 때에, 레반트 지역 어딘가에서 포교 수단으로 한 가지 문학 형식을 창안했다. (일종의) 전기요 (일종의) 여행기인 마가복음은 독특한 메시아를 소개하는 독특한 형태의 내러티브다. "자기를 의롭다고 믿고 다른 사람을 멸시하는 자들에게 이 비유로 말씀하시되"(눅 18:9)와 같은 샛길이 가득한 이 장황한 여행기가 없다면 예수님에 관한 중요한 사실은 전달될 수 없다. 이야기를 들려주는 예수님은 우리의 이야기가 포함된 마스터 스토리가 되신다.

교회는 이야기를 통해 형성된다. 설교자는 청중들이 자신의 이야기를 예수님의 이야기로 재서술할 수 있게 한다. 아마 그런 이유로 예수님의 설교에서는 비유, 즉 일상 생활에서 가져와 일상 생활을 전복하는 놀라울 만큼 단순하고 간단한 이야기가 돋보인다.[75] 만약 이론적인 계시 혹은 즉각 실용적이고 명확하고 직설적인 계시를 갖고 싶다면, 예수님보다 명확성과 실용성을 숭배하라. 반면에 무언가에 설득되어 정신이 번쩍 들고 싶다면, 이야기로 기선을 제압하는 예수님보다 더 나은 사람은 없다.

"하나님이 어떤 분인지 말해 주세요. 당신은 우리가 바라거나 기대한 하나님이 아니네요." 우리는 이렇게 요청했다.[76]

그러자 예수님은 세 가지 요점의 강의나 실용적인 원칙을 가르치지 않고 하나의 이야기로 대답하셨다. "씨를 뿌리는 자가 뿌리러 나가서"(마 13:1-16). 한 농부가 씨를 뿌리러 나가서, 신중하고 꼼꼼하게 땅을 고르고, 돌과 잡초를 제거하고, 서로 20센티미터 거리를 두고 씨를 뿌린다…

그렇지 않다! 이 농부는 그냥 씨를 내던진다.

물고기로 가득한 투망을 배에 실어 나른다. 잡은 고기를 정리한 뒤 좋은 것과 나쁜 것을 구분할까? 아니다. 어부는 잡은 고기의 품질보다 어획량에 더 신경을 쓴다.

밭에 씨를 심는다. 그런데 씨가 싹틀 때, 밀과 함께 잡초도 자란다. "원수가 이런 짓을 했구나!" 농부는 외친다. 원수라니, 말도 안 된다. 씨를 뿌린다고 생각하면서 이렇게 부주의하게 씨를 내던진다면, 농사는 엉망진창이 될 것이다.

잡초에서 밀을 골라낼까? 무심한 농부는 "아니다. 좋은 나무든 나쁜 나무든 그냥 자라도록 두는 게 좋다"고 말한다. 설교자는 이 비유를 좋아한다. 우리는 주일마다 투망을 던지고 멋대로 씨를 뿌려 좋은 씨앗을 위험에 빠뜨리기 때문이다.

양 한 마리를 잃어버렸을 때, (풀을 뜯으며 돌아다닐 만한 창의력이 부족한) 아흔아홉 마리 양이 스스로 먹이를 찾도록 광야에 버려두고, 잃어버린 한 마리를 찾을 때까지 덤불을 두드리지 않을 사람이 여러분 중에 있을까? 양을 찾았을 때 어린아이처럼 양을 어깨에 메고 와서 친구들에게 "함께 파티를 엽시다. 양을 찾았어요!"라고 말하지 않을 사람이 여러분 중에 있을까?

친구들이 대답한다. "축하해요. 그런데 멍청한 양 한 마리를 구하는 동안 양들은 대부분 방황했어요."

100원짜리 동전을 잃어버렸을 때 카펫을 박박 찢고 집안에 있는 무거운 가전제품을 치우고, 잃어버린 동전을 찾았을 때 거리로 뛰어나가 이웃에게 "기쁜 소식이 있어요! 동전을 찾았어요!"라고 외치지 않을 사람이 여러분 중에 있을까?

누가 그렇게 하지 않을까?

또한 두 아들이 있는데 둘째가 집을 나가 여러분이 힘들게 번 돈을 술과 나쁜 여자에게 날려버리고, 그런 다음 누더기 옷을 입고 어정어정 집으로 돌아올 때, 이 마을에서 한 번도 본 적 없는 가장 성

대한 잔치를 배설하면서 탕자를 향해 "해롤드, 파티를 원했지? 내가 파티를 열어주마"라고 말하고, 온 마을을 향해 "내 아들이 죽었다가 살아났습니다. 파티 시간입니다!"라고 소리치지 않을 아버지가 여러분 중에 있을까?

어떤 부모가 이렇게 하지 않을까?

또한 여리고 도로를 내려가다가 전혀 낯선 사람이 반쯤 죽은 상태로 피를 흘리며 도랑에 누워 있는 모습을 볼 때, 목숨을 걸고 재규어 차량 가죽 시트에 부상당한 사람을 태우고, 병원으로 옮긴 뒤 환자의 회복을 위해 신용카드를 최대한으로 사용하는 등의 행동을 하지 않을 사람이 여러분 중에 있을까?

우리 중 누구도 이렇듯 부적절해 보이는 무모하고 과도한 행동은 하지 않을 것이다.

이것은 우리에 관한 이야기가 아니다. 이것은 하나님에 관한 이야기다.

마가복음과 마태복음에 따르면 예수님은 비유가 아니면 아무것도 말씀하지 않으셨는데(막 4:34, 마 13:34), 예수님 자신이 비유였다는 사실을 깨닫기 전까지는 과장인 듯 보인다. 이야기 전달자는 이야기가 된다. 내가 아는 한, 모하메드는 이야기를 거의 하지 않았다.

예수님처럼 훌륭한 랍비가 왜 십자가에 못 박혔을까? 예수님의 포도원 품꾼 이야기(마 20장)를 특히 창의적으로 각색한 뒤, 한 2학년 학생은 "이런 이야기가 있다니! 더 많이 일한 사람에게 더 적은 임금을 지불하는 것은 불공평합니다"라고 불평했다. 나는 이렇게 대답했다. "그냥 참고삼아 하는 말인데, 예수님이 이 비유를 말씀하시고 나서 몇 주 뒤에, 우리는 이 이야기를 중단시키려고 헛되이 시도하면서 그분을 조직적으로 고문하여 죽게 했어요."

예수님의 이야기를 들으면 왜 십자가형이 그분의 설교에 대한 세상의 평결인지 이해하는 데 도움이 된다. 적절한 평가 기준은, 설교가 끝난 후 "대체 누가 이 설교 때문에 설교자를 죽였을까?"라고 묻는 것이다. 어이쿠.

내 소득 계층을 겨냥한 한 이야기에서 부자는 신중하고 치밀하게 계산한다(눅 12:13-21). 이 안정적이고 자기만족적인 사업가의 말은 대부분 독백이다. "영혼아, 편히 쉬어라." 그때 하나님의 말씀이 끼어들어 그를 "어리석은 자!"라고 부른다. 우리 대부분과 마찬가지로, 그는 '데우스 딕시트' 전까지 자신의 어리석음도, 유한성도 깨닫지 못했다.

세례 요한(근친상간을 범한 정치인을 비난하는 설교를 했다는 이유로 감옥에 갇혔다. 당시에 설교자들은 배짱이 있었다)이 제자들을 보내 "당신이 오실 그분입니까? 아니면 우리가 다른 이를 기다려야 합니까?"라고 물었을 때, 예수님은 "듣고 보는" 것에 대해 대답하셨다. "맹인이 보며 못 걷는 사람이 걸으며 나병환자가 깨끗함을 받으며 못 듣는 자가 들으며 죽은 자가 살아나며 가난한 자에게 복음이 전파된다"(마 11:3-5). 우리는 예수님의 음성으로 그분을 가장 잘 알아볼 수 있다.

"내 양은 내 음성을 들으며 나는 그들을 알며 그들은 나를 따르느니라"(요 10:27; 10:3-5).

"누구든지 나로 말미암아 실족하지 아니하는 자는 복이 있도다"(마 11:6). 대부분 기분이 상했다. 나는 예수님의 도발적인 이야기를 설교로 다시 들려줄 때 거의 대가를 치르지 않았다는 점이 약간 부끄러웠다. 문제를 일으키려고 아무리 진지하게 시도해도, 나는 예수님 수준의 호전성에 결코 도달하지 못했다. 아마 우리교회 청중들은 반응이 더딘 것 같다.

씨 뿌리는 사람과 씨에 대한 이야기에서처럼, 예수님의 설교는 대부분 낭비되고, 척박한 땅에 떨어지고, 새가 먹어치우고, 잡초에 숨이 막힌다. 우리는 들으면서도 듣지 못하고 보면서도 보지 못한다. 씨 뿌리는 분이신 예수님은 우리처럼 많은 것을 낭비하지만 열매 맺는 소수의 낱알이 파종의 위험과 손실을 감수할 만한 가치가 있다는 확신을 갖고, 무모하게 좋은 씨앗을 기꺼이 위험에 빠뜨리신다.

여러분이 예수님의 이야기 하나를 듣고 "죄송합니다. 전혀 이해가 안 됩니다"라고 대답할 때, 그분의 전형적인 대답은 이것이다. "이런 이야기라면 어떨까. 한 여자가 커다란 반죽 덩어리에 누룩을 넣었다.…도움이 안 된다구? 여기 다른 이야기도 있다. 한 아버지에게 두 아들이 있었다…" 우리가 이해듣지 못해도 아랑곳하지 않고, 예수님은 계속 말을 이어가신다.

유머도 있다. 완고한 자기 의에 대한 응답으로, 자기만 의롭다고 생각하면서 다른 사람을 전부 업신여기는 사람에 대해 또 하나의 농담을 하신 하나님에 대해 무슨 말을 말할 수 있을까?(눅 19:9) 혹은 여리고 도로에서 성직자와 경건한 평신도 모두를 무색하게 만든 사마리아인의 난감한 행동은 어떤가?(눅 10:25-37) 다행히 우리는 하나님이 그리스도 안에서 어처구니없고 너무나 어리석은 죄인인 우리를 하나님과 화목시키셨다고 말할 수 있다(고후 5:19).

예수님은 자신의 진리를 눈에 가장 잘 띠는 곳에 두고 분명한 의미로 우리 머리를 내리쳐야 한다는 강박에서 놀라울 만큼 자유로우시다. 예수님은 그 진리를 받아 적으라고 요구하지 않으신다. 우리가 고개를 끄덕이며 "이해했습니다!"라고 당당하게 말할 수 있도록 이야기를 마무리하시는 경우는 거의 없다. 십중팔구 예수님의 비유를 들은 몇몇 청중은 "갈피를 잡기 어렵군"이라고 중얼거리며 자리를 떠났다.

예수님은 오해와 거부의 위험을 감수하신다. 요점을 파악하는 것—예수님의 말을 이해하고, 그분의 의도를 완전히 파악하는 것—이 핵심이 아닌 듯 보인다. 나는 더 터무니없는 예수님의 비유 중 하나를 다시 들려주면서(실제로 그런 비유가 많다), 회중에게 "여러분은 우리와 같은 사람들에게 이런 이야기를 들려주는 구세주를 정말 따르고 싶습니까?"라는 수사적 질문을 던지지 않을 수 없었다.

하나님은…확고한 주체로 계시하신다. 나는 스스로 있는 자다. 밑

> 음과 순종 가운데 성육신을 통해 오는 하나님에 관한 객관적 지식
> 은…성령으로 인해 유효하게 되고…따라서 그분의 신비에 대한 지
> 식이고…그분의 이해할 수 없는 불가해성에 관한 지식이다.[77]

자기를 이해하기보다 따라오라고 요청하신 예수님, 감사합니다. 듀크에서 20년 동안 설교하면서, 어떤 학생이 채플에서 머리를 긁적거리며 "도무지 요점이 파악되지 않아요"라고 불평하며 나왔을 때, 나는 이렇게 대답했다. "대학 입학시험에서 몇 점이나 받았나요? 1350점이요? 그건 여기서 그냥 평균 점수예요. 예수님의 이야기가 아주 똑똑한 듀크대 2학년생의 지적 자신감을 뒤흔들었다고 예수님께 말씀드리려고 해요. 예수님은 무척 기뻐하실 겁니다!"

바르트는 "신비," "한계"가 현대 회의주의가 아니라 오히려 하나님의 기독론적 인식 가능성에서 기인하고, 그리스도의 계시 안에 은폐가 있다고 강조한다. 하나님은 십자가에서 통치하시기 때문에, 비유를 통해 자신을 드러내시는 분도 감추어져 있다.

> 우리가 은폐를 통해 하나님을 인식할 수 있음을 부정하는 것, 즉
> 하나님을 아는 지식의 간접성을 부정하는 것은 계시를 부정하는
> 것이다. [하나님은]…하나님께 어울리지 않는 다른 방법으로…계시
> 하실 수 없다. 우리 지식의 간접성은 하나님이 자신을 알려 주시는
> 은폐와 상관 관계에 있다.…우리는 적절한 것 이상으로 더 많이 파

> 악하려고 맹렬하게 노력하지 않아야 한다. 우리는 더 적은 결과만 얻을 것이다.[78]

흥분한 제자들은 "왜 수수께끼로 말씀하십니까?"라고 불평했다 (마 13:10, 의역). 예수님은 이사야서를 인용하셨다. 사람들은 눈을 감고 귀를 닫고 있다. 그들은 보아도 보지 못하고, 들어도 듣지 못한다. 다행히 예수님은 "하나님 나라는 이와 같으니"라는 말씀으로 소경을 고치거나 귀머거리를 듣게 하시기를 가장 좋아하셨다.

일반 성도들은 "오늘 설교에서 아무것도 얻지 못했다"고 불평한다. 나는 그들에게 예수님은 이웃을 사랑하라고 명령하셨다는 점을 상기시킨다. 적어도 이번 주일에 설교자가 여러분에게 전하지 않은 말씀을 두고 강단에 선 이웃에 대해 하나님을 원망하지 말라. 예수님은 우리에게 원수도 사랑하라고 명령하셨으니, 나는 용서하는 설교자가 되어 여러분의 부족한 이해력을 비난하지 않겠다고 약속한다.

마태복음에서 예수님은 사람들이 하나님 나라를 더 잘 이해할 수 있도록 비유를 전하셨다고 말씀하신다. 이야기는 눈을 뜨게 하고 귀를 열어준다. 마가복음 4장 12절에서 예수님은 정반대 말씀을 하신다. 비유의 목적은 "그들로 보기는 보아도 알지 못하며 듣기는 들어도 깨닫지 못하게 하여 돌이켜 죄 사함을 얻지 못하게 하려 함"이다. 나의 비유는 사람들의 마음을 완고하게 하고, 사람들로 하여금 귀머거리와 소경이 되게 하고, 그들의 지독한 확신을 무너뜨린다.

설교자 예수님께 예의를 지키라고 요청하지 말자. "무릇 내게 오는 자가 자기 부모와 처자와 형제와 자매와 더욱이 자기 목숨까지 미워하지 아니하면 능히 내 제자가 되지 못하고"(눅 14:26). 누가 감히 부모에 대해 이런 식으로 말할 수 있을까?

예수님의 설교는 듀크 채플에서 20년간 설교하는 동안 어떤 부모가 전화를 걸어 "도와주세요! 우리 아이가 성적으로 문란합니다!"(물론 많은 학생이 그렇지만)라고 말한 적이 없는 이유를 설명하는 데 도움을 준다. 오랫동안 나는 전화를 걸어 "도와주세요! 우리 딸아이가 성공하라고 듀크 대학에 보냈는데 종교 광신자가 되었습니다!"(광신의 정의 : 여학생은 예수님이 죽지 않았다고 대담하게 믿는다)라고 말하면서 불안해하고 종종 화를 내는 학부모의 전화를 적어도 스무 통 이상 받았다.

예수님은 비유를 사용하여 진리를 전하면서 그 의미에 대한 책임의 일부를 받아들이라고 요구하신다. 예수님이 우리를 향해 비유를 겨누실 때 수동적으로 앉아 있을 사람은 거의 없다. 우리의 해석 장치가 작동하기 시작한다. 우리는 영웅이 우리와 닮았기를 바라며 이야기의 주인공을 찾는다. 우리는 선과 악을 구분하려고 하는데, 예수님의 이야기와 관련해서는 까다롭기로 악명 높은 과제다. 영웅과 거리가 먼 우리는 번번이 "바로 나에 관한 얘기군요!"라고 외친다.

나는 거의 50년 동안 설교를 해 왔다. 예수님은 여전히 충격을 주시고, 내가 이전에 했던 어떤 이야기에 관한 두 편의 설교를 내던지게 만드셨다. 예수님은 내가 애호하는 이전의 해석을 쓰레기통에 던지셨다. 로버트 젠슨이 말했듯이, 죽은 신(우상)과 살아 계신 하나님의 차이는 죽은 신은 결코 충격을 주지 않는다는 것이다.

부정직한 청지기(내가 붙인 제목인데, 그분의 이야기에 제목을 붙이기에 예수님은 너무 영리하시다), 누가복음 16장 1-15절에 대해 적어도 5번 이상 설교를 하면서, 부끄럽게도 나는 이렇게 고백하며 설교를 마쳤다. "나는 이 비유를 헬라어 원문으로 읽을 수 있고, 내 서재에는 이 비유를 해설하는 책이 적어도 20권 이상 꽂혀 있지만, 안타깝게도 여전히 예수님이 왜 이 비유를 말씀하셨는지 잘 모르겠습니다."

"이 본문이 실제로 무엇을 의미하는지 모른다는 것은 무책임한 말입니다." 예배를 마친 후 한 발끈한 사업가가 말했다. "그런 일을 하기 위해 신학교에 간 것이니, 우리를 바로잡아 주셔야지요." 골드만삭스에서 일하는 사람이 나에게 무책임하다고 말할 수 있나?

비유로 파상 공격을 펼치신 후 예수님은 "이 모든 것을 깨달았느냐?"고 물으셨다(마 13:51).

제자들은 기쁜 마음으로 대답했다. "당연히 이해했습니다!"

거짓말이었다.

가끔 사람들은 예수님의 메시지를 "하나님을 사랑하고 이웃을 사랑하라"로 (지나치게) 단순화하려고 한다(막 12:30-31). 그 순간 예수님은 질문을 복잡하게 만드신다. "내 이웃이 누구니이까?"(눅 10:29)가 아니라, 짧은 생애를 살다 처참하게 죽었다가 갑자기 부활한 나사렛 출신의 유대인이 전한 설교에서 내게 이웃처럼 친절하신 이 하나님은 누구신가? 모든 힘과 뜻을 다해 사랑해야 할 이 하나님은 누구신가?

그렇기는 하나 예수님이 가장 좋아했던 호칭은 "랍비," 선생이었다. 예수님은 정말 하나님 나라의 신비를 나누어 주고 싶으셨다(막 4:11). 문제는, 예수님이 가르치신 핵심 주제에는 교육의 실패를 견딜 수 있는 의지가 필요하다는 것이다. 예수님의 특이한 길과 진리, 생명을 고려할 때, 그분의 언어는 필요 이상으로 모호하거나 어렵지 않았다.

> 역사 또한 심리학에 근거한 모든 회의론에 맞서 우리가 차분하게 단언할 수 있는 하나님의 인식 가능성이 [존재한다]. 하나님의 인식 가능성은 자기 확증적이기 때문이다.[79]

예수님은 많은 사람들이 왜 비유 가르침을 오해했는지 추론하는 데 시간을 허비하지 않고(인간의 어리석음이 어디에나 있다는 것은 누구나 알고 있다) 제자 무리를 기뻐하신다. "너희 눈은 봄으로, 너희 귀는 들음으로 복이 있도다 내가 진실로 너희에게 이르노니 많은 선지자와 의인이 너희가 보는 것들을 보고자 하여도 보지 못하였고 너희가 듣는 것들을 듣고자 하여도 듣지 못하였느니라"(마 13:16-17). 예수님의 말씀은 듣기 힘들 수 있지만, 베드로는 우리 모두를 대표하여 "주여

[때로는 이해할 수 없고 혼란스러운] 영생의 말씀이 주께 있사오니 우리가 누구에게로 가오리이까?"라고 반문했다(요 6:68; 참조. 3:15-16, 36; 4:14, 36).

제자들은 상자 안에 있는 가장 밝은 촛불이 아니다. 하지만 미국인 열 명 중 아홉이 아직 이해하지 못하는 신성한 신비가 담긴 이야기를 들을 때, 적어도 우리 중 몇 사람은 참 의미를 알고 있다.

비유로 가르치는 이유에 대해 질문을 받았을 때 예수님은 시편 78장 2절을 인용하셨다. "내가 입을 열어 비유로 말하며 예로부터 감추어졌던 것을 드러내려 하니." 그리스도 안에 계신 하나님은 하나님을 초월적인 모호한 흔적으로 전락시키려는 시도를 거부하면서, 우리를 설득하고, 이야기를 소명으로 바꾸어 놓으면서, 하나님이 어떤 분이고, 하나님이 지금 여기서 무엇을 하고 계신지에 관한 공적 비밀에 우리를 참여시키신다. 이제 하나님이 어떤 분인지 알려주었으니, 하나님의 백성을 되찾는 원대한 탈환 작전에 동참하고 싶지 않은가? 나를 따라오라! 가서 다른 사람들에게 말하라!

설교하기 위해 보냄 받다

하나님이 말씀하셨고, 그 말씀으로 아무것도 아닌 이 사람들을 변화시켰기 때문에, 그들은 그 응답으로 하나님의 경이로움에 대해 누구에게나 전하려고 열망하면서 세상으로 나아갔다. 캐빈 로웨가 그들의 대중 설교에 대해 설명하듯이, "편지를 보낼 수 없을 만큼 동떨어진 이웃은 없었다. 그들이 닿지 못할 만큼 힘 있는 로마 관리도 없었다. 도움을 줄 수 없을 만큼 가련한 술주정꾼도 없었다. 버려진 아이가 혼자 힘으로 살아가도록 그냥 두지 않았다. 병들어 무력한 사람이 홀로 고통 받다 죽도록 그냥 두지 않았다."[80]

그리스도 안의 계시는 이중의 기적으로, 그리스도께서 말씀하실 때 시작되어 우리가 들을 때에야 완성되는 원이다.

> (a) 하나님은 우리를 만나시고 (b) 우리는 하나님 앞에 서 있다.…인간의 공간과 시간 속에서…무슨 일이 구체적이고 객관적으로 일어난다. 예수 그리스도의 인성은…빛나고, 가려져 있을 때에도 드러나고, 빛을 발하게 하고, 증거하고, 나누어준다.[81]

학계에서 하나님이 대화에 끼어드는 드문 순간, 누군가 항상 대기하고 있다가 이렇게 대답한다. "하나님이라고요? 하나님에 대해 많은 말을 할 수는 없어요. 하나님은 크고, 멀고, 알 수 없는 존재거든요. 하나님을 안다는 주장은 지적으로 편협하고 부정직한 것입니다."

그러면 좋겠다.

바르트에 의하면, 하나님에 대한 담론인 설교는 하나님이 우리에게 돌아오셨기 때문에 하나님을 알 수 있다는 전제 위에 있다.

> 하나님에 대해 말할 때 설교자는 하나님을 안다고 선언한다.…신학에 있어서 진짜 문제는…인간의 인지 능력에 있지 않다.…[도전은] 하나님이 말씀하시는 내용에 있다.…하나님의 말씀의 내용은 오직 하나님, 전적으로 하나님이다.…하나님은 우리에게 향하신다.…기독교 설교의 가능성은 결국 [여기에] 근거해 있으니…그리스도는 우리에게 하나님을 계시하신다는 것이다.[82]

바르트는 예수님의 비유를 많이 활용하지 않지만, 하나님과 우리의 화해에 대해 생각할 때 바르트는 십자가와 속죄가 아니라 오히려 탕자에 초점을 맞춘다. 예수님은 "아들을 만나기 위해 달려나가는 아버지"다. 예수님은 "아버지가 아들," 즉 감히 "먼 나라"에 갔다가 그 뒤에 아버지의 품으로 돌아오는 예수님께 하는 "입맞춤 속에 감추어져" 있다. 바르트에 의하면, 이 이야기에서 우리는 "예수 그리스도께서 속죄 사역에서 밟으신 길, 그분의 굴욕과 높아지심," 하나님께로 "돌아가" "주저함이나 유보 없이" "완전한 사귐"으로 받아들여지는 길을 밝혀주는 유사성"을 본다.[83]

가끔 예수님은 설교 중간에 잠시 멈추어, 말씀이 아닌 행동으로 선포하면서 소경의 시력을 회복시키거나 사망을 향해 소리를 질러 시신을 자유롭게 하셨다(요 11:1-44). 귀신으로 인해 벙어리가 된 사람을 만났을 때 예수님은 그를 고치셨다. 마술을 행했다는 비난을 받았을 때 예수님은 그 대답으로 치유 사역을 정치적으로, 즉 "귀신의 통치자 바알세불"과의 권력 투쟁으로 규정하셨다. 이제 어떤 사람이 자유롭게 말할 수 있다는 것은 "하나님 나라가 너희에게 임했다"는 확실한 표시이다. 왜 그런가? 예수님은 "완전무장한 강한 사람이 성을 지키면 그의 재산은 안전하다"고 설명하신다.

> 강한 자가 무장을 하고 자기 집을 지킬 때에는 그 소유가 안전하되 더 강한 자가 와서 그를 굴복시킬 때에는 그가 믿던 무장을 빼앗고 그의 재물을 나누느니라 나와 함께 하지 아니하는 자는 나를 반대하는 자요 나와 함께 모으지 아니하는 자는 헤치는 자니라.(눅 11:14-23)

질문이 더 있을까?

예수님은 이런 기적을 행하면서 하나님 나라가 임하고 하나님의 뜻이 이루어지게 하셨다. 결정적인 기적은 예수님 자신이시다. 그분은 하나님의 뜻이 "하늘에서 이루어진 것 같이 땅에서"(마 6:10) 이루어진 살아 있는 계시의 신체적 현존이시다. 예수님이 간간이 행하시는 축귀와 치유는, 마치 다가올 하나님 나라를 위해 십자가와 부활을 기다릴 수 없다는 듯, 친히 개시하신 하나님 나라의 자연스럽고 과분한 발현이다.

그래서 예수님의 제자들은 "마라나타"(고전 16:22), "주여, 임하소서!"[84]라고 기도하는 법을 배웠다.

예수님의 설교는 종종 군중을 매료시켰고, 조롱과 경멸의 대상이 되기도 했지만, 예수님이 재판을 받고 고문을 당하고 끔찍하고 공개적이고 굴욕적으로 처형을 당할 만큼 효과적이었다. 예수님의 은유는 가끔 모호했고 비유는 따라잡기 힘들었지만, 그분은 행정 당국과 종교 당국도 요점을 파악할 만큼 명료하게 말씀하셨다. 그들은 예수님의 입을 막기 위해 예수님을 십자가에 못 박았다.

사흘 동안 귀는 침묵으로 먹먹했다.

그 뒤에 셋째 날, 한 주간의 첫 날에 일어난 사건에 대한 기사는 다양하고 상충된다. 마치 목격자들이 보고 들은 것을 어떻게 말로 전해야 할지 몰랐던 것 같다. 여자들(남자들은 어디 있었을까?)이 이른 아침 어둠 속에서 예수님의 무덤으로 갔다. 그곳에서 그들은 아마 하나님의 사자로 추정되는 한 청년(마가복음) 혹은 두 남자(누가복음)를 만났다. "어찌하여 살아 있는 자를 죽은 자 가운데서 찾느냐?" 사자들은 다짜고짜 물었다. "그는 여기 계시지 않고 살아나셨느니라"(눅 24:5-6). "예수께서 너희보다 먼저 갈릴리로 가고 계신다"(막 16:7).

마태복음에서 천사는 "그가 부활하셨다! 이제 너희가 죽을 때 사랑하는 사람들을 보게 될 것이다"라고 말하지 않는다. 천사의 부활절 선포는 소명이요 설교다. "가서 전하라!"

놀란 여자들은 남자 제자들에게 달려가 "주님이 부활하셨다!"고 선포한다. 그들은 부활의 첫 목격자요, "예수께서 풀려나셨다! 이야기는 끝난 것이 아니라 이제 막 시작되었다!"는 기쁜 소식을 전파하는 최초의 전도자들이며, 최초의 설교자들이다.

부활하신 후 첫날에, 그리스도는 왜 혁명을 시작하기에 불길한 장소인 갈릴리로 가셨을까? 갈릴리는 그분의 설교가 시작된 곳이다. 내지로 돌아온 그리스도는 이제 경계를 넘어 부활을 선포하는 설교를 재개하셨다.

그날 오후 두 명의 제자가 예루살렘에서 엠마오의 작은 마을로 걸어가고 있었다. 낯선 사람 하나가 나타나 그들과 함께 걸었다. 낯선 사람은 "성경을 펼쳤다"(눅 24장). 제자들은 낯선 사람에게 "저녁이 다 되었으니 우리와 함께 유합시다"라고 말했다. 그날 저녁, 식탁에 둘러앉아 낯선 사람이 빵을 가져다가 떼어 주었을 때 제자들은 깨달았다. 낯선 사람은 사라졌다. 제자들은 다시 예루살렘으로 달려가면서 "주님이 정말 부활하셨다!"고 외쳤다. 권력의 실세들이 예수님께 한 일을 목격한 제자들은 바로 그날 저녁 "두려워하여 모인 곳의 문들을 닫았다"고 요한은 말한다(요 20장). 외로운 예수님의 애통한 죽음과 제자들의 배신, 좌절된 말.

부활하신 그리스도께서 그들 가운데 서서 "평강이 있을지어다"라고 말씀하면서, 부활의 증거인 부활한 몸을 만져보게 하셨고, 그들에게 숨을 내쉬면서(다시 창세기 1장의 그 거룩한 숨이다) 그들에게 성령을 주셨고, (가장 친한 친구이자 가장 악명 높은 배신자인) 제자들에게 자기 말을 반복하라고 명령하셨다. 그런 다음 예수님은 사라지셨다.

부활하신 그리스도는 왜 두려움에 떨고 있는 이 평범한 남녀, 예수님을 따르지 못하고 실패를 입증한 제자들에게 먼저 나타나셨을까? 그리스도는 왜 빌라도같이 강력하고 영향력 있는 공적 인물에게 나타나지 않으셨을까?

그리스도는 상황이 어려워지자 대화에서 달아났던 사람들, 그토록 인내하며 가르쳤는데도 그토록 명백하게 오해했던 사람들에게 오셨다. "그토록 거친 방해가 있기 전에 내가 말했듯이," 그들을 부활의 증인으로 삼으셨다.

얼마 지나지 않아, "사도들이…예수 안에 죽은 자의 부활이 있다고 백성을 가르치고 전함을 싫어"한 당국자들이 베드로와 요한을 체포한다(행 4:2). 이 소동이 왜 일어났는지 설명해 달라는 부탁을 받은 최초의 설교자들은 "너희가 십자가에 못 박고 하나님이 죽은 자 가운데서 살리신 나사렛 예수 그리스도" 때문이라고 대답했다(4:10).

"본래 학문 없는 범인"(4:13)인 이 설교자들의 말을 들던 당국자들은 예수님께 했던 것과 똑같이 반응했다. 그들은 입을 닫으라고 명령했다. 하지만 베드로와 요한은 "하나님 앞에서 너희의 말을 듣는 것이 하나님의 말씀을 듣는 것보다 옳은가 판단하라"고 대답했다(4:19). 베드로는 공적인 명령에 대한 응답으로 성령께서 "담대히 하나님의 말씀을" 전할 용기를 주시도록 기도한다(4:31).[85] 불과 몇 주 전만 해도 베드로에게는 예수님을 만났다는 사실조차 인정할 용기가 없었는데 말이다(마 26:72).

권력자들이 부활절 설교를 힘들어했던 이유는 무엇일까? 여기에는 정치적으로 전복적인 이유가 있다.

> 믿는 무리가 한마음과 한 뜻이 되어 모든 물건을 서로 통용하고 자기 재물을 조금이라도 자기 것이라 하는 이가 하나도 없더라 사도들이 큰 권능으로 주 예수의 부활을 증언하니.(4:32-34)

설교에 능력이 없다고 말하지 말자.

이렇게 해서 교회가 탄생했고, 우리는 부활의 증인이요 기쁜 소식을 전하는 자가 되었다. 예수님의 설교 사역은 더 이상 지리적으로 제한되지 않는다. 부활 소식은 유대와 사마리아, 더 나아가 땅 끝까지 퍼져나간다(행 1:8). 이스라엘은 열방이 하나님의 계시를 받기 위해 결국 시온으로 올 것이라는 약속을 받았다(미 4:2, 슥 8:22, 사 2:3, 렘 3:17). 예수님은 열방이 하나님께 나아올 때까지 더 이상 기다리지 않는 하나님의 말씀이지만, 하나님의 말씀은 설교자들의 큰 무리를 통해 온 세상에 퍼져 나간다(시 68:11).

> 하나님을 아는 인간의 가능성은 오직 기독교 선포라는 길을 통해서만 실현될 수 있다고 말할 수 있을 만큼 우리는 담대한가?[86]

요세푸스는 예수님이 감히 로마를 방해하려고 했던 사람들의 길을 걸은 또 한 명의 실패한 메시아에 불과하다고 설명했다. 물론 요세푸스는 90년대에도 예수의 제자들이 여전히 돌아다니고 심지어 번성하고 있다는 사실에 당혹스러워했지만 말이다. 이른바 "교회"의 폭발은 부활의 사실성을 입증하는 증거다. 우리는 "그분이 부활하셨다!"라고 말할 뿐만 아니라 교회라는 현상에 비추어 "그분은 부활하셔서 우리와 하나님 사이의 대화를 재개하셨다"고 덧붙여야 한다.

누구든 십자가에 못 박히신 예수님을 죽음에서 살리셨고 또한 그 소식을 전하라고 설교자를 보낸 분은 하나님이시다.[87] 역사 속에서 번번이, 우리가 불신앙으로 하나님의 사랑을 배반하고, 오해하고, 어둠 속으로 도망치고, 우리 귀를 막고, 마음을 강퍅하게 했을 때, 하나님은 우리에게 돌아오셔서 대화를 다시 시작하셨다. 따라서 바울은 신/인간의 교제가 하나님의 주도권 아래 있다고 인정하면서 하나님께서 "[말씀을 전할] 문을 우리에게 열어" 주시도록 기도했다(골 4:3). 처음부터 다시 부활절이다.

예수님의 비유 하나를 전한 후 반발이 있었을 때, 나의 유일한 항변은 이것이었다. "내가 이 이야기를 전하는 유일한 이유, 이 이야기를 이해하는 유일한 길은, 그 이야기를 처음 전한 분이 바로 하나님이 죽은 자 가운데서 살리신 분이 되셨다는 사실이다."

하나님이 잠시라도 말씀을 멈추시고 관조적이고 공허한 부정의 침묵으로 물러나셔야 한다면, 불은 꺼지고 죽음이 최종 결론이 될 것이다. 하지만 창조적이고, 생명을 주며, 사람을 만들고, 침입하는 하나님의 말씀은 계속 창조하고, 육신이 되어, 밀고 들어오고, 말을 한다. 바로 설교다.

루터는 그리스도께서 지옥에 있는 영혼들에게 설교하는 베드로전서 3장 19-20절이 "모호한 구절"이라고 인정했다. "나는 베드로의 말이 무슨 의미인지 확실히 알지 못한다." 루터는 이 구절을 그리스도의 설교의 비유로 읽었다. 따라서 이 구절의 의도는, 그리스도께서 복음이 보편적으로 들려지기 원하셨기 때문에 "마귀의 감옥에 갇힌" 이들에게도 복음을 전하러 내려가셨다는 것이다.[88]

> 우리는 복음을 부끄러워해서는 안 된다. 상대주의도, 회의주의도, 개인적 소심함도 하나님에 대해 매우 순수하고 매우 분명하게, 또한 우리가 다른 정보에 대해 이야기할 때와 똑같이 사실에 입각해 이야기하는 것을 방해해서는 안 된다. 하나님은 성령이 주시는 계시의 정보다. 그러므로 '성령 안에서' 이런 확신을 가지고 [하나님]에 대해 말할 수 있다면 우리에게 복이 있다. 그렇지 않다면 우리에게 화가 있다.[89]

누가가 본 바울의 마지막 모습은 "하나님의 나라를 전파하며 주 예수 그리스도에 관한 모든 것을 담대하게 거침없이 가르치는" 감옥 설교자의 모습이다(행 28:31). 어떤 것도 말씀의 확장을 방해해서는 안 된다. 예수님에 관한 우리의 이야기가 예수님에 비해 절반만큼도 흥미롭지 않다고 절망하지 않도록, 바르트는 설교자를 안심시킨다.

하나님의 말씀에 대해 다양한(하지만 본질적으로 하나같이 적대적인) 태도를 가진 [사람들은] 왔다가 사라진다. (전부 다 어느 정도 반기독교적 성격을 지니고 있는) 그들의 정치적, 영적 체계는 흥망성쇠를 거친다. (어딘가에서 그리스도의 십자가 처형이 항상 반복되는) 교회 자체는, 오늘은 신실하고 내일은 불성실하며, 오늘은 강하고 내일은 약하다. 하지만 적들에게 거부당하고 친구들에게 버림받고 배신당할지라도, 성경은 멈추지 않고…하나님이 세상을 너무 사랑하셔서 독생자를 주셨다는 메시지를 준다. 그 음성이 오늘 묻히더라도 내일은 다시 들리게 된다. 성경이 여기서 오해와 왜곡을 받으면, 저기서 다시 그 진정한 의미를 증거한다. 성경이 이 지역이나 시대에 자신의 위상과 청중, 형식을 잃어버린 듯 보이더라도, 다른 곳에서 새로운 위상과 청중, 형식을 얻는다. 성경의 약속은 사실이고, 이 약속은 예언자와 사도들이 들은 것과 그들이 전해야 하는 말로 인해 그들의 존재 속에 성취된다.

하나님의 말씀에 대한 공격에 맞서 하나님의 말씀을 지키는 것은 우리의 관심사가 될 수 없고, 따라서 우리는 그에 대해 걱정할 필요가 없다. 파수꾼이 임명되고 그들은 직무를 수행하며 기다린다. 하나님의 말씀을 지키는 것은 자기 확증적 사건이다. 우리는 자신의 위안과 불안을 인정하는 것 이상을 할 수 없다. 우리는 기독교와 그리스도인에 대해, 교회와 신학의 미래에 대해, 세상에서 기독교적 전망과 기독교 윤리의 확립에 대해 가장 심각하게 염려할 수 있다. 하지만 우리는 성경에 기록된 하나님의 증언의 확고함에 대해 걱정할 필요가 전혀 없다. 이 증언들을 무효로 만들 수 있는 힘은 상상 불가능한 없는 것이기 때문이다.[90]

가장 긴 복음서는 "예수께서 행하신 일이 이 외에도 많으니 만일 낱낱이 기록된다면 이 세상이라도 이 기록된 책을 두기에 부족할 줄 아노라"는 말로 끝난다(요 21:24). 하나님을 풍성하게 보여주었더라도, 다음 주일에는 항상 할 말이 더 많이 있다.
예언자는 하나님의 말씀과 관련된 하나님의 약속을 듣는다.

내 입에서 나가는 말도 이와 같이 헛되이 내게로 되돌아오지 아니하고 나의 기뻐하는 뜻을 이루며 내가 보낸 일에 형통함이니라.(사 55:11)

이것이 기독교 설교의 기초이고, 이것이 기쁜 소식, '데우스 딕시트'다.

여호와의 영광이 나타나고 모든 육체가 그것을 함께 보리라 이는 여호와의 입이 말씀하셨느니라.(사 40:5)

말씀하는 성경

교회가 모이고, 성경이 낭독되고, 강해자는 "하나님의 백성에게 주시는 하나님의 말씀"이라고 말하고, 사람들은 "하나님, 감사합니다"라고 응답하고, 설교자는 서서 담대하게 말하면서, 본문과 설교 사이의 외줄타기 모험을 감행한다. 이제 충격에 대비하라.

바르트에 의하면, "목회자와 지루함은 대체로 동의어다. 지루함을 막는 유일한 방어 수단은 다시 성경적이 되는 것이다. 성경적인 설교라면 지루하지 않을 것이다. 성경은 사실 너무나 흥미롭고, 새롭고 흥미진진한 것을 아주 많이 말하기 때문에 청중들은 깜빡 잠들 생각조차 할 수 없다."[91]

종려/수난 주일에, 팬데믹 한복판에서, 워싱턴 성공회 주교는 코로나 19의 대참사 속에서 평온한 태도를 취하도록 촉구하는 "평온을 구하는 기도"를 본문으로 택했다. "우리가 바꿀 수 있는 것은 바꾸고, 바꿀 수 없는 것은 받아들이고, 그 차이를 알 수 있는 지혜를 주소서." 적절한 어조로 설득력 있게 전달된 훌륭한 조언이다. 하지만 재판과 고문, 죽음 등 예수님의 마지막 한 주간의 긴 이야기를 읽은 후 설교자가 성경에서 주목할 만한 내용을 전혀 발견하지 못했다는 것이 놀랍지 않은가?[92]

하나님의 말씀이 계시되는 세 가지 길 중 하나인 성경은 우리 스스로 만들어낸 지루한 평온을 부순다.

> [그리스도는] 하나님…또한 하나님만이 화자이신 첫 번째 말씀이고, [성경은] 특정 범주의 사람들(예언자와 사도들)의 말인 두 번째 말씀이고, 세 번째 말씀인 [설교]에서 인간 대리인 또는 선포자의 수는 이론적으로 무제한이다.…계시와 성경, 설교를 통한 하나님의 세 가지 언명은 하나님의 세 가지 말씀, 세 가지 권위나 진리, 권능이 아니라 하나다.[93]

일상의 삶을 위한 원리, 더 행복한 가정의 비결, 트라우마 회복을 위한 요령, 의미 있는 삶을 위한 격언 등은 성경의 관심사가 아니고, 따라서 설교자의 관심사도 거의 아니다.[94] 실제로, 성경은 어디서나 하나님에 대해 말하고, 이차적이거나 파생적으로만 우리에 대해 말한다.[95]

성경은 "우리가 하나님의 음성을 듣는다고 기대할 수 있는 곳"이다. 따라서 "설교자의 올바른 태도는 영감 교리를 고수하느냐가 아니라 하나님이 여기서 자기들에게 말씀하실 것이라고 기대하느냐 여부에 달려 있다."[96]

> 기독교 설교자들은 감히 하나님에 대해 말한다. [하나님의] 계시를 통해 하나님이 말씀하셨기 [때문에,] 모든 시대의 사람들과 계시 사이에 동시대성이 있다. 이 두 번째 형태의 하나님의 말씀은 성경, 곧 역사 속에서 일어난 하나님의 의사소통이고…성경을 통해 성령

> 하나님이 증거하는 예수 그리스도에 대한 예언자와 사도들의 증거다.[97]

"볼지어다 내가 세상 끝날까지 너희와 항상 함께 있으리라"(마 28:20). "내가 너희를 고아와 같이 버려두지 아니하고 너희에게로 오리라"(요 14:18). 성경은 비옥한 고대 상상력의 산물이나 인간의 지고지선한 영적 갈망의 투사, 혹은 인간 정신의 신화적 상징이 아니라, 하나님의 자기 증언이다. 따라서 설교 준비는 다양한 형태로 된 기도의 실천이다.[98]

그런 이유로 우리가 성경 본문에 몰두하여 "이제, 이해가 된다"고 말할 때마다, 오리게네스는 이것이 "예수님의 방문"이라고 말한다.[99] 설교할 때, 성령에 의해 우리의 주관성은 징발되고, 우리의 문화적 감금은 초월되고, 회중의 억누르는 포옹은 극복된다. 그 이유는 이 본문이 본문 그 이상이기 때문이다. 이것이 성경, 그리스도의 인격적인 말씀의 가능성이다.[100]

> 성경 외에 하나님에 관한 진리를 알 수 있는 수단은 우리에게 전혀 없다. 하나님은 사람들에게 다양한 재능과 능력을 주셨으나, 하나님을 아는 능력은 그 중 하나가 아니다. 우리가 다른 곳에서 계시를 발견했다고 생각할 때에도, 성경의 렌즈를 통과하지 않는다면 우리의 발견이 계시인지 알 길이 전혀 없다.

> 성경은 계시가 아니라 계시로부터 나온 것이다. 설교는 계시나 성경이 아니지만 둘 다로부터 나온 것이다. 하지만 하나님의 말씀은 계시인 만큼 성경이고, 또한 성경인 만큼 설교다. 계시는 오직 하나님으로부터 나온 것이고, 성경은 오직 계시로부터 나온 것이고, 설교는 계시와 성경으로부터 나온 것이다.[101]

바르트에 의하면, 성경은 계시에 대한 믿을 만한 증언은 될 수 있지만 계시는 아니다. 성경은 계시 사건을 증거하는 인간의 말일 뿐이다. 성경을 통해 받아들여질 때에도, 계시는 항상 하나님에 의해 촉발된 사건이다.

> 성경에는 "그 너머"가 있다. 이것은 하나님의 말씀, 즉 계시다.…계시는 성경 안에서만, 간접적으로만 우리를 만난다.…계시의 실재는 성경의 실재와 간접적으로 동일하다. 간접적으로, 성경은 계시와 동일하지 않기 때문이다. 긴장은 남아 있다. 성경과 계시는 서로 다른 것이다. 그럼에도 불구하고, 우리는 계시를 그 자체로가 아니라 성경을 통해 만난다. 우리에게는 계시의 목격자가 있다. 성경에서, 성경 본문에서…계시의 성찰은 오직 이 목격자들, 곧 예언자와 사도들에게 의존한다.[102]

"우리 하나님의 말씀은 영원히 서"되(사 40:8), 비석이 아니라 대화적이고 관계적인 살아 있는 말씀으로 서 있다. 바르트의 지적에 따르면, '데우스 딕시트'는 라틴어 완료 시제, 즉 "영원한 완료"다. 하나님은 말씀하셨고 계속 말씀하신다.[103]

성경은 인간의 말을 통한 하나님의 자기 표현이다. "너희는 내 백성이 되겠고 나는 너희들의 하나님이 되리라"(렘 30:22)는 하나님의 말씀이 항상 현존하는 실재임을 설명한다. 바르트가 보기에, "성경의 전제는 하나님이 존재하신다는 것이 아니라 [하나님이] 말씀하셨다는 것"이다. 또한 여전히 하나의 말씀을 진술하신다.[104]

"너희는 내 백성이 되겠고 [또한] 나는 너희들의 하나님이 되리라"는 하나님의 한 말씀의 이중적 성격을 표현한다. 하나님은 허공에다 말씀하지 않고, 대화에 참여하신다. 인간이 들을 때 하나님의 계시의 원은 완성된다. 사람들이 듣지 않고 주의를 기울이지 않는 계시는 아직 온전한 계시가 아니다.

> 성경을 거룩한 성경으로 만드는 [것]은…나와 당신, 인격 대 인격의 만남이다.…한 사람이 말하고 다른 사람이 듣고, 소통과 수용이 있는 이 나-당신 관계에서만, 온전한 행동 안에서만 계시는 존재한다.[105]

말하는 책

바르트와 달리 루터는 성경보다 설교를 더 우선시했다.

> 말씀은 성령이 주어지는 통로다.…입술은 교회의 공적 저수지다.…입술에만 하나님의 말씀이 있다.…말씀이 공적으로 선포되지 않으면 말씀은 사라진다. 말씀이 더 많이 선포될수록 더 확고하게 유지된다. 읽는 것은 듣는 것만큼 유익하지 않다. 생생한 음성은 가르치고 권면하고 변호하고 오류의 영에 저항하기 때문이다. 사탄은 기록된 하나님의 말씀에 전혀 개의치 않지만, 말씀이 선포될 때 사탄은 도주한다.[106]

물론 설교와 성경은 하나의 신적인 말씀의 두 가지 형태이지만, 인간의 경험은 그렇지 못하다.

> 성경은 최초의 매체이자 규범이고, 모든 의사소통의 표준 또는 원리이고, 모든 경험의 역사적 기초이며, 모든 경험에 맞서 반드시 설정해야 하는 유익한 경고다.[107]

플레밍 러틀리지는 이사야 40장에 대한 설교에서, "다른 어떤 설교자보다 더 많은 교단에 속한 더 많은 교회에서 더 많은 목회자들의 더 많은 설교"를 경청한 후 돌아보니 "하나님은 보조적이거나 모호한 역할만 하신다"고 말한다.[108] 가장 힘든 도전은 성경이 고대 언어로 쓰였다는 것이 아니라 우리가 자신에게 가장 열심히 경청하도록 부추기는 나르시시즘 문화 속에서 경청한다는 것이다.[109] 그런 이유로 현대의 많은 설교가 신학을 버리고 인간학에 의존하여, 현대인의 상태에 대한 설교자의 아마추어적인 평가—우리는 우울하거나, 불의한 사회 구조에 눌려 있거나, 의미를 찾고 있거나, 깊은 상처를 입었거나 미래를 두려워한다—에서 시작한 다음, 설교자는 성경을 뒤져 모종의 통찰을 뽑아내고, 그것을 현대인의 상태에 적용하여, 대개 청중들이 자신을 바로 세우기 위해 무언가 생각하고, 행동하고, 느껴야 할 것을 제시한다.[110] 문제를 정의할 때, 문제 해결 형식의 설교에서 성경은 유용한 것이 되지만, 문제 해결에 도움이 되는 다른 자료 중에서 성경은 원시적이고 종종 가장 시대에 뒤진 자료가 된다.

문제 해결식 설교에서 교회는 우리의 문제를 해결하는 장소가 된다.[111] 나는 (탕자 비유에 근거한) "더 나은 가정 생활," (부자 청년을 향한 예수님의 부르심에 근거한) "돈을 제자리에 두기" 혹은 (예수님의 포도원 일꾼 비유에 근거한) "지금 필요한 정의!"에 대한 설교를 들은 적이 있다. 로마서 13장이 도널드 트럼프를 옹호하기 위해 왜곡되었다가, 일주일 후 다른 설교자가 (삭개오의 집을 방문하신 예수님의 이야기와 결합하여) 트럼프를 공격할 때 같은 본문을 사용하는 것도 들었다. 성경은 트럼프에 대해 또는 정의를 규정하는 우리의 집착에 대해 신경이나 쓸까?

성경에는 인간의 섹슈얼리티에 대한 언급이 거의 없다. 왜 그런가? 내가 교회에서 배운 이유는, 성적 자기 표현이 인간의 가장 흥미로운 측면이라는 것을 모르던 순진하고 제한적인 1세기 유대인에 의해 성경이 만들어졌기 때문이다. 2020년 노스캐롤라이나주 더럼의 진보된 수준에 있는 우리는 더 많이 알고 있다.

성경의 신학적 의도에 대한 인간론의 왜곡은 다양한 형태를 띤다. 나는 설교자로서 성경 이야기의 형성적 힘에 대한 조지 린드벡의 후기 자유주의의 강조에서 깊은 영향을 받았다. 교회는 이야기를 통해 형성된다.[112] 린드벡은 성경 본문이 우리를 유혹하는 방식에 대한 문화언어적 이해를 제시함으로써 경험적/표현적 내면성, "주체를 향한 자유주의의 전환"에서 파생된 내 설교를 비판하는 데 도움을 주었다.[113] "그리스도인이 된다는 것은 이스라엘과 예수님의 이야기를 충분히 잘 배워, 자신과 자신의 세계를 그 이야기의 관점으로 해석하고 경험하는 것을 내포한다…외적인 말씀은…기존의 자아나 선개념적 경험의 표현 혹은 주제화가 아니라 자아와 그 세계를 형성하고 규정한다."[114]

지금 내가 우려하는 바는 (1) 린드벡의 형성적 이야기가 교회 밖에서는 거의 효과가 없고,[115] 또한 더 난처하게 (2) 내러티브로 형성된 린드벡의 교회는 예수 그리스도가 아니라 본문에 의해 탄생한다는 것이다.[116] 설교는 자기 계시적인 로고스에 의해 이끌리기보다 독자들의 성경 경험에 포섭된다. 제임스 케이가 질문하듯이, 복음 내러티브가 그리스도의 정체성을 표현하는 데 그렇게 효과적이라면 왜 복음 내러티브를 설교해야 할까?[117] 설교는 복음 내러티브의 단순한 반복이나 심지어 성경 내러티브 세계로 들어가는 몰입 그 이상이다. 본문의 반복만으로는 충분하지 않다. 어느 시점에 설교는 "성령의 능력 안에서, 기독교 메시지가 선포되고 있고 그 메시지가 전달되는 세상을 고려하는 위험을 감수해야 한다…. 성경에서 증언된 하나님의 말씀은 끊임없이 새로운 상황으로 나아가려고 하고, 따라서 해석의 힘든 과제를 그냥 옆으로 제쳐둘 수 없다."[118]

나는 문학적인 성경 해석에 대찬성이지만, 성경 본문은 일차적으로 문학적 예술성 때문에 관심의 대상이 되는 것은 아니다. 기대하는 독자들이 제대로 읽을 때 다양한 책들이 말하지만, 성경처럼 말하는 책은 없다.[119] 성경은 거의 허세를 부리지 않지만, 성경은 그리스도와 존재론적 관계를 맺고 있다(딤후 3:16-17). 성경이 말하는 이유는 계시자이신 그리스도의 본질 때문이다.

설교자는 본문이 언명일 뿐 아니라 소환, 구체화되고 실천된 말씀, 움직이는 하나님, 소명이라는 전제를 가지고 성경에 다가간다. 설교는 성도들의 삶에서 드러나는 성과로 평가된다.

"대학 신입생인 여러분에게 분명히 말씀드리겠습니다." 어느 개강 주일에 내가 했던 말이다. "듀크 채플은 종교학과가 아닙니다. 종교학과에서는 등을 기대고 앉아 종교를 생각하지만, 여기 채플에서 우리는 종교를 실천합니다. 성(性)생활학과가 아니라 다행이죠. 우리 중 누구도 여기 오지 못했을 테니 말입니다!"

총장은 또 한 통의 경고 편지를 보냈다.

우리는 설교할 때 본문을 구체화하여 회중들이 세상에서 본문을 실행하도록 격려한다. 설교자가 설교의 실행에 대해 염려하는 이유는, 로버트 젠슨의 말처럼, 설교자는 "복음을 전하면서 성경…본문이 말하는 것과 동일한 것을 말하려고 [노력한다].…성경은 설교의 담론을 직접 통제하고," 하나님이 말씀하는 방식과 비슷한 스타일로 "하나님이 말씀하기 원하는 것을 말하기" 때문이다.[120] 어떤 설교자는 스타일과 전달 방식에 관심이 없다. 하나님의 진리는 자명하고, 화려한 장식으로 표현할 필요가 전혀 없다고 그들은 주장한다. 이런 태도는 주님의 풍부한 음역은 말할 것도 없이 성경의 문학적 창의성과 다양성의 폭을 간과한다.[121] 성경에는 내가 늘 활용할 수 있는 것보다 훨씬 다양한 문학 장치가 있다. 본문은 나의 문체적 기호나 발성 한계에 맞춰 설교를 재단하도록 허용하지 않는다.[122] 리처드 리셔의 말처럼, "우리가 언제 화를 내야 할지, 반어적이어야 할지, 웃어야 할지, 혹은 슬퍼해야 할지 본문이 알려줄 것이다."[123]

가드너 테일러는 설교 준비란 설교자가 가려고 의도하지 않은 본문과 성령께 사로잡히는 것이라고 정의한다. "설교 아이디어는 내가 결정했다기보다는…나를 위해 결정되었다. [설교 아이디어는] 모두 스스로 생성된 것이 [아니다].…설교의 많은 부분이 우리 안에서 우러나지만, 그 일부는 우리에게 임한다.…그것이 신비다."[124]

많은 청중들은 기독교의 언어가 더 이상 어떤 객관적 실재를 묘사하지 않는다고 믿기 때문에, 성경은 자신 안으로 더 깊이 내려가는 수단으로 왜곡된다.[125] 바르트는 "계시의 객관성"을 반박했다.[126] 우리는 "사물을 생각함"으로써 사고하기 때문에, 영원히 주관적인 하나님은 성경을 통해 자애롭게 우리에게 객관적으로 현존하신다. 하나님은 언제나 인간의 인지 능력의 "문 밖에 서 계신" "순수한 주체"시기 때문에, 오직 하나님이 자애롭게 말씀으로 자신을 우리에게 객관적으로 주실 때에만 우리는 하나님을 알 수 있다.[127]

> 우리는 하나님 안에서만 하나님을 대상으로 생각할 수 있다. 이것은 성령의 기적이다. 즉 우리가 도달하거나…소유하거나 우리 자신이 명명할 수 있는 어떤 것이 아니라, [하나님의] 계시 안에서 우리를 위해, 또한 우리에게, 또한 우리 안에 있는 하나님의 실재다.[28]

바르트에 의하면, 진정한 선포는 "하나님의 자기 객관화에 근거한 하나님에 대한 인간의 담론이다. 진정한 선포는 그냥 거기 존재하는 것이 아니고, 예측할 수 없고…어떤 계획에도 맞지 않으며, [하나님의] 은혜의 자유 안에만 실재한다. 이로 인해 [하나님은] 특정한 순간에 이 담론의 대상이 되기를 바라시고, [하나님의] 선한 기쁨에 따라 그렇게 된다.…[설교란] 우리의 통제 아래 결코 들어오지 않는 하나님에 대한 인간의 담론이다."[129]

나는 이런 이유로 본문에서 설교로 이동할 때 하나님의 객관성을 가장 자주 경험한다고 확신한다. 성경 본문은 내 자신의 목적에 맞게 본문을 개작하려는 나의 시도에 영향을 받지 않고, 해소될 수 없는 모든 확고한 객관성 가운데 존재하면서, 내가 피하고 싶은 문제들에 대해 말한다. 내가 본문을 선택한 것이 아니라 본문이 나를 선택했다. 나의 전제와 선입견을 놀랍게 검사한다.

9/11 테러 이후 몇 달 동안 나는 그 운명적인 화요일 다음 주일에 대학교회 목회자들이 전한 설교를 수집했다.[130] 설교의 절반은 어떤 성경 본문도 많이 인용하지 않은 채 위안을 주고 공감하는 목양적인 말씀을 전했다. 그들은 강대국 미국을 불운한 희생자로 만드는 위험에 대해 깊이 인식하지 못한 채, 회중을 불안하고 겁먹은 악의 희생자로 묘사했다.

수집한 설교 중 몇 가지는 그 주일에 지정된 성구 하나 혹은 그 이상을 설교했고, 상당수 설교자들은 성경 본문과 국가적 상황의 뜻밖의 상관 관계에 놀라움을 표했다. 성경의 독립성을 고수하는 이 설교들은 더 넓은 맥락, 심지어 영원한 맥락 안에 현재 순간을 놓고, 다른 곳에서 듣지 못한 말씀을 전했다.

그 화요일 다음 주일에, 나는 지정된 성구가 아니라 창세기 1장 1-2절을 본문으로 설교하면서, 우주를 창조하신 하나님은 인간의 악에서 하나님의 선을 이끌어 내기 위해 계속 창조하고 계신다고 강조했다. 하나님은 우리의 죄나 우리의 외교 정책 실패로 인해 패배하지 않으실 것이다. 이 고대 본문은 현재의 대참사의 한계 너머로 우리의 시선을 이끈다.[131] 나는 올바른 본문에 의해 선택되었는지 확신이 없었다. 한 예배 참석자는 나중에 "목사님께서 국가적 단합을 촉구하지 않아 실망스러웠습니다"라고 말했다. 또 다른 예배 참석자는 "목사님은 우리가 죄인의 무리라고 암시하셨습니다. 끔찍하네요. 그들은 우리가 자유롭기 때문에 우리를 미워합니다."

아마 창세기 1장 1-2절이 정말 옳았을 것이다.

독창성은 설교자의 주요 관심사일 수 없다. 우리는 본문의 종이요 옹호자이지 본문의 주인이 아니다. 여론조사 결과를 보면, 현대 그리스도인은 설교의 가치가 설교자의 성향과 청중의 판단에 있기나 한 듯, "진정성" 혹은 "진심"을 원한다.[132] 강단에서 진정성이나 진심을 보여 달라는 요구는 청중이 신성한 담론을 자기 마음대로 다듬는 또 다른 수단이다. 마치 설교가 이기적인 회중의 자기 발전을 위한 설교자의 자기 선전이나 되는 듯이 말이다. (청중이든 설교자든 언제 진정성이 없는지 어떻게 알 수 있을까?[주133] 그냥 본문을 망치지 말라고 요구하는 편이 더 낫다.)

회중의 하인이 되지 않고 성경에 사로잡혀 부담스러운 말씀의 종이 되는 것이 진정한 목회자의 자유다. 우리는 개인적 선호나 실존적 관심, 교내 관계를 보존하려는 절박함에서 말하지 않고 성경과 우리의 만남에서 받은 것을 자유롭게 전한다. 본문은 회중이 가두어 놓는 수렁에서 목회자를 끌어올려,[134] "우리는 우리를 전파하는 것이 아님"을 입증한다(고후 4:5). 사실 우리는 "이는 내 사랑하는 아들이요 내 기뻐하는 자니 너희는 그의 말을 들으라"(마 17:5)는 변화산의 음성에 순종하여 전해야 할 말을 설교한다.

  나는 많은 설교자들이 다른 어떤 사역보다 설교할 때 제약을 덜 받는다고 고백하는 이유가 이 때문이라고 확신한다. 적절한 목양적, 정서적 성향을 지녀야 한다는 요구에 부담을 느끼던 설교자는 강단에서 성경의 순수한 객관성, 즉 우리 안에서 생겨난 것이 아니라 그리스도께서 우리에게 오시는 과정을 마음껏 향유할 수 있다. 설교자나 청중의 연약함과 무관하게, 하나님이 원하시는 바를, 하나님이 원하시는 사람들에게, 하나님이 원하시는 대로 말씀하실 것이라는 확신을 지닌 설교자는 걱정 없이 회중을 향해 차분하게 마음껏 말할 수 있다. "목사관의 휘장을 걸고, 이것은 내가 반드시 여러분에게 하려고 선택한 말은 아니지만, 본문이 말씀하는 바라고 생각합니다. 최선을 다해 여러분에게 이 말씀을 전하는 것은 하나님이 내게 부여하신 책임입니다." 오순절 교회에서 여성 설교자가 먼저 인정받고 승인받았다는 사실은, 청중이 준비되었든 아니든, "하나님의 영은 어디든 원하는 곳으로 불어"(요 3:8) 강단에 있는 여성에게 임하여, 그들에게 권위를 부여하고, 그들을 통해 일하신다는 것을 보여준다.

  한 신참 설교자는 이렇게 말했다. "'나는 스물세 살인데, 내가 여기서 하는 일은 내 나이보다 두 배나 많은 사람들에게 설교하는 것' 이라고 생각했더니 두려움이 몰려왔습니다. 그때 나는 '이 책에는 지난 2천 년간 우리 가운데 어떤 사람의 경험보다 많은 하나님 경험이 담겨 있다'는 생각이 들었습니다. 나는 이 책을 설교할 겁니다."

성경 해석

역사 비평적 성경 연구는 고대 본문과 교회의 현재 실천 사이에 상당한 역사적 거리를 만들어 냈다. 문제는 성경의 관심사가 주로 역사적인 것이 아니고, 교회는 동시대의 말씀을 위해 성경에 귀 기울인다는 것이다.[135] 로버트 젠슨의 말처럼, "우리와 성경 사이에는 단순히 역사적 거리를 유지할 필요가 없다."[136] 설교자는 역사가에게 주눅들 필요가 없다. 성령은, 그게 무엇이든, 원래의 문맥에서 알려지지 않았거나 제한된 의미를 지닌 성경 구절을 취하여 지금 말씀하기를 좋아하신다.[137] 성경 비평 학자들이 역사적 간극을 과장하고 신학적 의도를 간과하라고 설교자에게 요구할 때마다, 그들은 본문이 성경이 아니기를 요구하는 것이다.

한 인기 있고 관대한 정통 설교자가 설교를 시작하면서, 부정직한 청지기 비유(눅 16:1-13)를 이해하기 힘들어 하는 사람들이 많다고 인정했다. "그런데 여러분에게 해야 할 말이 있습니다. 우리가 1세기 팔레스타인 경제에 대해 조금만 안다면 이 비유는 정말 이해하기 쉽고 분명합니다." 이 설교자는 "여기서 일어나고 있는 일"이 로마의 경제적 착취에 대한 저항이라고 설명한다. 정보가 부족한 독자가 보기에, 악당처럼 보이는 청지기는 "우리 대부분과 비슷한 중산층 인물"이고 "경제 시스템의 불의를 꿰뚫어보고 가난한 사람을 위해 일하기로 결심한 어떤 사람"인 것 같다. 예수님은 이 이야기를 통해 "관계 증진을 위해 돈을 사용하라"고 촉구하셨다.[138] 역사가들이 1세기 유대에 대해 아주 많이 알고 있다는 것은 놀랍지만, 이 설교자가 재구성한 역사적 맥락은 자칫 문제를 야기할 수도 있는 비유의 뇌관을 제거하여, 이 비유를 아마추어 경제학, 도덕적 권면, 상식적인 이야기로 만든다.

셰익스피어의 희곡을 영국 역사에 관한 정보를 얻는 귀중한 자료로 대하거나 연극의 역사적 맥락을 안다면 연극이 더 설득력 있게 전달된다고 생각하는 것은 어리석다.[139] 브레바드 차일즈가 가르치듯이, 이사야서는 고대 이스라엘의 신앙의 표현 그 이상이다. 이사야서는 하나님이 누구시고 하나님이 무슨 일을 하시는지에 대한 주장이다.[140] 이 본문은 무엇에 관한 것인가? "하나님"이라고 대답한다면, 우리는 정답에서 멀리 있지 않을 것이다. 본문의 의도는 무엇인가? 지금 여기서 하나님의 백성에게 하나님의 소유권을 주장을 하기 위해서다.

전해진 성경은 응답을 기대한다. 리처드 버넷은 이것이 바르트가 말하는 성경의 "이중적 특수성"이라고 규정한다. 바르트에 의하면, 성경 읽기는 변증법적이어야 하고, "항상 받는 것과 주는 것, 밖으로 끄집어내는 읽기와 안으로 집어넣는 읽기, 엑세지시스(exegesis)와 아이서지시스(eisegesis)의 조합이어야 한다."[141] 바르트는 부당한 아이서지시스를 경계하면서, 본문이 우리에게 말하는 것에 복종할 때에도 이 대화에서 우리의 관심과 의문을 자유롭게 표출하는 진정한 파트너가 되어야 한다고 말한다.[142]

월터 브루그만은 비처 강연에서 이렇게 말했다. "신앙 공동체의 모임은 말씀 모임이다. 우리는 기이한 종류의 말하기와 듣기를 위해 모인다. 이 모임에는 새로운 인간성을 자극할 잠재력이 있다.…이 모임의 첫 번째 파트너는 본문이다. 회중은 대부분 축소되고 약화되고 길들여진…본문에 대한 어렴풋한 기억을 가지고 모인다.…한 주 동안 우리는 하나님이 실재하지 않는 곳에서 불안한 자율성을 실천하면서, 본문[보다]…우리의 이데올로기적 전제를 과도하고 필사적으로 신뢰했다."[143]

"기괴한 종류"의 "말씀 모임"이 사도행전 12장 20-23절에 나온다. 두로와 시돈의 굶주린 백성들은 죽이고 투옥하는 끔찍한 난동을 부린 헤롯 왕에게 양식을 달라고 탄원한다. 헤롯은 우아한 왕복을 입고 왕의 연설을 하겠다고 고집한다. 굶주린 백성들은 "이것은 신의 소리요 사람의 소리가 아니다"라고 외친다. 이제 우리는 양식을 먹을 수 있을까?

헤롯은 "곧…벌레에게 먹혀 죽었다." 참담한 결과다. 하나님은 하나님처럼 소리를 내려고 시도하는 정치인에게 친절을 베풀지 않으신다.

누가는 사도행전에서 길고 중복된 설교의 세부 내용을 다시 전하기를 좋아하지만 헤롯의 연설에 대해 한 마디도 언급하지 않는다. 한 정치인의 연설을 들었다면 모든 정치인의 연설을 들은 것이다.

누가는 "하나님의 말씀이 점점 더 널리 퍼지고, 믿는 사람이 많아졌다"(행 12:24 새번역)고 간결하게 덧붙인다.[144]

이 이야기를 듣고 웃을 사람은 누구일까? 기분이 상할 사람은 누구일까?

우리는 사람들이 그리스도인답게 생각하도록 돕기 위해 설교한다. 설교자보다 더 큰 성경적 상상력을 가진 교회는 거의 없다.[145] 설교로 나아가는 길목에서 이루어지는 성경 연구는 성경 본문에 대한 고독하고 경건한 수도원의 명상이 아니다. 설교자는 이처럼 하나님과 회중의 분주하고 위험한 교차점에서 성경에 귀 기울이되, 우리의 문화적 상황과 주관성이 본문을 압도하지 않도록 기도하면서 창의적이면서도 복종하는 자세로 귀 기울인다.[146]

스탠리 하우어워스는 우리가 "그리스도인답게 말하도록" 사람들을 가르쳐야 한다고 지적한다.[147] 스티븐 파울도 동의한다. 교회 안의 많은 사람이 더 이상 성경에 귀 기울이는 데 능숙하지 못하기 때문이다.[148] 해박하고 잘 빚어진 경청 공동체는 하나님의 말씀의 충격을 감당하도록 훈련되어야 한다.[149] 맞는 말이지만, 나는 하나님이 나의 형편없는 설교보다 제대로 빚어지지 않았고 해박하지도 못한 청중들 때문에 더 이상 당황하지 않으신다는 사실에 감사한다. 가장 능숙한 회중에서도, 듣고 반응하기 위해서는 여전히 성령이 필요하다. 가장 딱하고, 훈련되지 않고, 무심하고, 무관심한 청중들 가운데서, 듣기 위해 필요한 청중들의 뇌관이 부실해도 성령은 말씀하실 수 있다.[150]

좋든 싫든, 하나님은 말씀하신다

"사무엘이 아직 여호와를 알지 못하고 여호와의 말씀도 아직 그에게 나타나지 아니한 때라"(삼상 3:7). 한밤중에 "사무엘아, 사무엘아"라고 부르는 하나님의 음성은 전문 신학 훈련을 받은 하나님의 사람의 잠을 방해하기보다 경험이 부족한 소년을 깨운다. 청년 사무엘과 장로 엘리 모두 담대하게 경청하지만, 각자에게 주신 하나님의 말씀의 내용은 전혀 다르다. 소년 사무엘은 밝은 미래에 대한 하나님의 약속을 받지만, 늙은 제사장은 참담한 심판의 말씀을 듣는다.

나는 가장 나이 많은 비처 강사로서 이렇게 묻는다. 삼위일체 하나님과 관련하여, 청년기에 그토록 활기차고 혁신적으로 말하고, 너무 어려서 거절할 수 없을 때 많은 사람을 사역자로 부르시고, 중년 이전에 가장 창의적인 여러 설교를 전하도록 자극하는 요인이 무엇일까? 나이가 들어가면서 우리가 위험을 점점 더 회피하기 때문일까? 할리데이비슨을 타고 시속 140킬로미터로 과감하게 고속도로를 질주한 것이 오래 전 일이 되었다. 초창기 설교를 돌아볼 때, 나는 하나님이 20대에 가장 자신만만한 아이디어를 주셨고, 지난 10년 동안 나는 계속 그것을 재활용하고 있다는 것을 깨닫는다.[151]

"목사님은 설교를 다시 전한 적이 있습니까?"

나는 "내 나이에 모든 설교는 재탕한 것이에요"라고 대답했다.

삼위일체 하나님은 "이리 와서, 실패하기 쉽고 세상의 성공 개념과 상충되는 불가능한 시도에 네 삶을 던져라"는 말을 듣고, 어린 사무엘처럼 "더 말씀해 주소서. 내가 듣고 있습니다"라고 대답하는 사람들의 삶에 가장 적극적으로 관여하시는가?

잠시 곁길로 샜다. 사무엘과 엘리의 이야기는 듣는 자의 특징에 관한 것이 아니라 '데우스 딕시트'의 독특한 특성에 관한 것이다.

엘리와 그의 아들 홉니와 비느하스, 주님과 말하도록 임명된 제사장은 악하다. 아버지 엘리는 늙고 무능할 뿐이다. 엘리의 아들들의 손에서 소명은 제사장의 제물을 착복하여 자신의 배를 불리는 관직으로 전락하고 말았다. 엘리는 아들들을 꾸짖지만 아무 소용이 없다. (성직자가 자녀를 잘 훈육하는 경우는 드물다.) 이름 모를 어떤 "하나님의 사람"이 엘리의 집이 문제라는 말을 전한다. 말씀을 통해 하나님은 "죽이기도 하시고 살리기도 하시며"(2:6), 엘리 가문을 젊은 예언자 사무엘로 대체하는 "새 일"을 행하신다.

엘리에게 복종하는 소년 사무엘은 무대 중앙으로 이동하여 참담한 하나님의 단언을 전한다(3:11-14). 엘리는 사무엘에게 하나님께 드릴 올바른 대답을 가르치고(9-10절), 야웨께 대답할 말을 사무엘에게 준다(9절). 사무엘은 그 말을 순종적으로 되풀이한다(10절). 하나님께 말하는 역할과 듣는 역할이 뒤바뀌고 있다(15-18절). 이제 엘리는 사무엘에게 의존하여 직접적이고 살아 있는 하나님의 말씀을 듣는다. 사무엘은 하나님의 말씀을 받지만, 엘리 가문을 저주하는 신탁을 엘리에게 전하기를 꺼린다(15-18절). 사무엘은 하나님께 해야 할 대답과 동일한 대답을 엘리에게 한다. "내가 여기 있나이다"(16절).

권력이 이동했다. 전에 순진했던 청년 사무엘에게 권력이 주어지고, 아는 게 많은 연로한 엘리는 젊은 사무엘에게 의존한다. 엘리의 집은 "영원히"(2:30) 권위를 약속받았지만, 엘리의 가족은 신성한 신뢰를 남용했다. 이제 엘리의 가족은 심판의 약속을 받는다(3:13). 사무엘은 말하고 싶지 않은 심판을 듣지만, 어쨌든 책임 있게 그 말씀을 되풀이한다. "말씀이 희귀하고" 이상은 드물지만(1절), 사무엘은 아무도 들으려고 하지 않는 예언의 말씀을 들은 뒤에 전한다(11절). 바로 자신이 사랑하는 사람들에게 일평생 불편한 진실을 전하는 일의 전조다.

야웨의 말씀은 사무엘과 함께 있다(3:19). 사무엘은 어머니의 태중 기도 덕분에 기적적으로 태어나 취약한 상황에 던져진 아이였고, 이제 야웨의 미래의 말씀을 위임받은 계시의 전달자가 된다. 모든 것은 "주님의 말씀"으로 성취되지만, 하나님의 뜻은 사무엘의 입을 통한 하나님의 도움으로 실현된다. 야웨는 훈련과 자격을 갖추지 못한 청년의 도움으로 기성 교회를 향해 말씀하기로 선택하신다.

사무엘의 말은 하나도 땅에 떨어지지 않는다(3:19). 이 이야기는 사무엘의 말이 정확히 하나님의 말씀과 같다고 말하지 않지만, 사무엘의 말과 하나님의 말씀이 너무 가까워서 엘리 가문에게 위로가 되지 못한다. (우리는 담대하게 순종하면서 말하는 젊은 예레미야를 통해 야웨의 말씀이 주어지는 렘 1:1-3을 떠올린다.)

예언자 사무엘의 소명, 엘리의 제사장 가문에 대한 심판은 영적으로 황폐한 시기에 일어났다. "여호와의 말씀이 희귀하여 이상이 흔히 보이지 않았더라"(삼상 3:1). 말씀이 희귀했던 것은 하나님이 과묵하시기 때문이었을까? 아니면 청중이 무능하기 때문이었을까? 마침내 "눈이 점점 어두워 가서 잘 보지 못하는" 늙은 제사장(2절)이 아니라 자기 이름을 부르는 음성을 듣는 젊은 사무엘을 통해 하나님은 말씀하고 그분의 말씀은 들린다. (젊은 시절에 내가 들었던 이 본문에 대한 설교에서, 설교자는 "여러분을 부르실 때 하나님은 다른 사람의 이름이 아니라 바로 여러분의 이름을 부르신다"면서 놀라워했다. 나에 대한 경고였다.)

엘리는 오랫동안 주님과 함께 살면서 주님을 위해 일했지만, 어린 "사무엘은 아직 여호와를 알지 못"했다(7절). 사무엘은 두 번째, 세 번째 부름을 받는다. (하나님의 소명에서 하나님의 부르심은 망치처럼 반복적이고 집요하다. "모세야, 모세야." "사무엘아, 사무엘아." "사울아, 사울아.")

성경의 전형대로, 엘리 이야기는 교훈이나 설명, 권면 없이 전해진다. 어린 사무엘의 판결을 듣고 "이는 여호와이시니 선하신 대로 하실 것이니라"(삼상 3:18)고 고백하는 엘리를 나는 깊이 존경한다. 하나님의 말씀이 자신과 가족에게 그와 같은 고통을 안겨줄지라도 하나님의 말씀을 받아들이는 얼마나 훌륭한 설교자인가. 하지만 가장 많은 생각을 불러일으키는 인물은 슬픔에 잠긴 늙은 엘리도, 심지어 부상하는 젊은 사무엘도 아니다. 그분은 엘리와 사무엘 모두와 대화를 나누고, 분주하게 주고받고, 약속하고, 인간 삶의 한복판으로 들어와, 말씀으로 끝맺고 시작하는 하나님이시다. 플레밍 러틀리지가 이 본문에 대한 한 설교에서 말하듯이, 모든 것은 "사무엘의 종교적 상상력이 아니라 주님이 말씀하신다"는 우리의 이해에 달려 있다.[152]

이런 사무엘과 엘리의 이야기를 읽고, 회중 앞에 서서 "주님, 일어나, 방아쇠를 당기고, 도화선에 불을 붙이소서"라고 기도할 때, 설교자는 감히 이런 하나님과 함께 일한다.

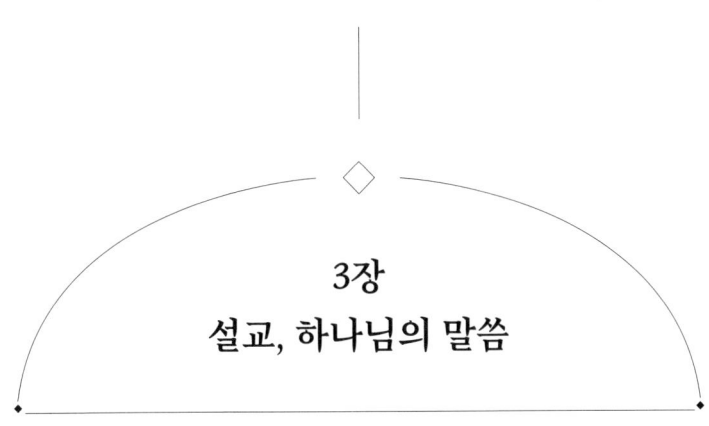

3장
설교, 하나님의 말씀

나의 첫 번째 설교는 1968년 사우스캐롤라이나주 앤더슨에서 청소년부 목사로 봉사하던 때에 있었다. 물론 나는 린든 존슨[, 아마 그의 부인 레이디 버드도]을 공격하면서 당시 진행 중이던 베트남 전쟁을 비난했다.

예배가 끝난 후 한 격분한 남성이 교회 문 앞에서 소리쳤다. "당신 같은 펑크족은 미국의 수치야. 동남아시아에서 싸우고 있는 우리 아들들을 지지하지 않는 비겁한 겁쟁이지." 그런 다음 그 남성은 대단히 험악해졌다.

나는 얼굴을 보호해야 할지, 배를 보호해야 할지, 낭심을 보호해야 할지 확신이 서지 않았다. 나는 엉거주춤 교회 안으로 돌아와 성구실까지 갔다. 강단 봉사자로 섬기는 작은 분홍색 모자를 쓴 나이든 여성이 황동 꽃병에서 꽃을 거두어들이고 있었다.

"살벌하네요!" 나는 숨을 헐떡였다. "저 남자가 나한테 한 말 들으셨어요?"

"모두 다 들었답니다." 그녀가 웃으며 말했다. "아이들이 있는 앞에서 그런 말을 쓰지 않았으면 좋겠어요. 그 그릇 좀 건네주시겠어요?"

"저 사람이 나를 때리려고 했어요! 신학교 1학년 학생이 설교를 하는데 어떻게 저렇게 화를 낼 수 있죠?"

제단 봉사원은 꽃을 들고 분주하게 손을 놀리다가 고개를 들고 말했다. "전도사님, 저 사람이 화를 낸 것은 전도사님 때문이 아니예요. 그는 분명 전도사님을 보면서 자기 아들을 떠올렸을 거예요. 둘 다 머리가 길거든요. 물론 전도사님은 문신이나 귀 피어싱은 하지 않았지만요. 토미는 동성애자이고 캘리포니아나 그 비슷한 곳에 살고 있어요. 그는 자기 삶을 바친 아들을 잃었답니다. 톰은 좋은 아버지가 되겠다는 하나님과의 약속을 지켰지만, 하나님은 톰과의 약속을 지키지 않으셨어요."

그녀는 혼자 웃었다. "누가 전도사님처럼 착한 청년에게 화를 내겠어요? 톰은 하나님이 싫은 거예요."[1]

그리스도인은 일반적인 "책의 사람들"보다 더 기이하다. 그리스도인은 하나님이 설교자를 통해 말씀하시기를 기대한다.

> 설교는 단순히 성경 문자에서, 혹은 성경 외의 시대를 초월한 영원한 직접적인 영적 조명에서 나오지 않는다…성경 말씀의 가르침을

받은 후 나오는 설교자의 말과 함께 성령이 역사하실 때, 설교는 이루어진다.[2]

1. 한 유대인으로 성육하신 하나님의 말씀, 그리스도의 계시를 듣는 것은 놀라운 일이다.

2. 성경을 읽으면서, 영감을 받았지만 지극히 인간적이던 고대의 증인들을 통해 하나님이 우리 시대에 말씀하시는 것은 경이로운 일이다.

3. 가장 주목할 만한 것은 바울 같은 설교자가 앞뒤 재지 않고 데살로니가인들에게 이렇게 말할 때다. "너희가 우리[바울과 실바, 디모데]에게 들은 바 하나님의 말씀을 받을 때에 사람의 말로 받지 아니하고 하나님의 말씀으로 받음이니 진실로 그러하도다 이 말씀이 또한 너희 믿는 자 가운데에서 역사하느니라"(살전 2:13). 바울에게서 데살로니가인들에게 전염된 "주의 말씀이 너희에게로부터 들릴" 뿐만 아니라 더 나아가 온 세상에 퍼졌다(살전 1:8). 설교에 대한 고상한 평가이고, 계시에 대한 과분한 삼중 신학이다.

설교는 우리가 삼위일체 하나님께 기대하는 언어 행위다.

옛적에 선지자들을 통하여 여러 부분과 여러 모양으로 우리 조상들에게 말씀하신 하나님이 이 모든 날 마지막에는 아들을 통하여 우리에게 말씀하셨으니 이 아들을 만유의 상속자로 세우시고 또 그로 말미암아 모든 세계를 지으셨느니라 이는 하나님의 영광의 광채시요 그 본체의 형상이시라 그의 능력의 말씀으로 만물을 붙드시며 죄를 정결하게 하는 일을 하시고 높은 곳에 계신 지극히 크신 이의 우편에 앉으셨느니라.(히 1:1-3)

이 기독론 서문 이후 히브리서가 제시하는 하나의 설교는 신약성경에서 가장 강력하고 명료한 설교 신학이다. 아들에게, 뒤이어 우리에게 주신 하나님의 말씀이 히브리서의 주제다. "하나님께서 어느 때에 천사 중 누구에게 너는 내 아들이라…하셨느냐?"(1:5). 아들은 어떻게 세상을 창조하고 유지하는가? "그의 능력의 말씀으로"다 (1:3). 신자들은 어떻게 인내하는가? "우리는 들은 것에 더욱 유념함으로 우리가 흘러 떠내려가지 않도록 함이 마땅하니라"(2:1). 그리스도의 제자들은 고대 히브리인들과 함께 부담스러운 언약의 대화에 동참한다. "그러므로 성령이 이르신 바와 같이 오늘 너희가 그의 음성을 듣거든 광야에서 시험하던 날에 거역하던 것 같이 너희 마음을 완고하게 하지 말라"(3:7). "하나님의 말씀은 살아 있고 활력이 있어 좌우에 날선 어떤 검보다도 예리하여…마음의 생각과 뜻을 판단하나니…만물이 벌거벗은 것 같이 드러나느니라"(4:12-13). 3:13에서는 신자들에게 "매일 피차 권면하라"고 촉구한다. 히브리서의 설교 전체가 "권면의 말"(13:22)인데, 이는 초기 유대교에서 설교를 가리킬 때 사용된 문구다. 히브리서에서 성경을 인용할 때 성경은 하나님의

말씀으로 낭독되는 것이 아니라 하나님 자신의 말씀으로 전해진다.[3]

히브리서의 그리스도는 메신저인 동시에 메시지다. 예수님의 가르침 사역에서 나온 말씀 인용은 전혀 없다. 죽음과 부활로 인해 예수님은 이제 가르치는 분이 되신다. 그리스도는 하나님의 대변인을 넘어 하나님의 모든 존재와 행동이시다.[4] 하나님이 "여러 부분과 여러 모양으로" 계시하셨다고 말할 때, 과거의 대변인(성경)은 폄하되지 않고 오히려 그리스도는 계시의 절정으로 찬양을 받으신다.

교회는 목격자의 증언을 통해 탄생하고(2:3), 오직 성도들이 서로 권면하기 때문에 생존한다(10:25).[5] 독학으로 배운 그리스도인은 없다. 이런저런 방법으로 누군가 기쁜 소식을 전해 주었다.

하나님을 대변하는 것은 기독교 지도자의 일이다(13:7). 권면은 구원으로 인도하고, 믿지 않는 태만한 청중을 심판으로 내몬다(2:3, 12:25). 이상한 말에 현혹되지 말라(13:8). 지도자가 하나님의 참된 말씀을 전할 때 그 말씀에 순종해야 한다(13:17). 히브리서에는 말씀을 진실하게 전하는 "깨끗한 양심"(13:18 NRSV)이 있다(13:22).

요약하면, 설교자는 인내를 호소한다(13:22). 그리스도의 재림을 기다리는 인내일까? 아니면 하나님의 말씀을 받아들이고 이해하는 인내일까? 아마 둘 다일 것이다. 하나님은 자유롭게 말씀하실 수도 있고 말씀하지 않으실 수도 있다. 청중은 하나님의 감추심과 드러내심을 견뎌야 한다. 하나님의 말씀은 우리의 요구에 좌우되지 않는다. "말씀하신 이"(12:25)에게 주의를 기울이라. 하나님에게 주의를 기울이는 것일까? 아니면 저자에게 주의를 기울이는 것일까? 아마 의도적인 모호함일 것이다. 인간을 통해 전달되는 설교에 주의를 기울이라. 하나님의 음성을 듣는 위험을 감수하라.⁶

> 목회자는 죄인이다.…그럼에도 불구하고, 청중은 목회자가 지극히 높으신 분의 종이라고 전제해야 한다. 그들은 하나님의 이름으로 말하면서, 잘하는 때도 있고 형편없는 때도 있지만, 하나님의 지시를 수행한다. 그렇다고 설교자가 교황의 무오성을 소유하고 있다는 의미는 아니다. 그들은 강단에 설 때 두려움과 떨림을 알고 있고…자기들 앞에 앉아 있는 사람들보다 더 합당하지 않은…연약한 인간이라는 사실을 알고 눌린다. 그럼에도 불구하고 설교는 여전히 하나님의 말씀이다. 그들이 선포해야 할 하나님의 말씀이 그들을 심판한다. 그럼에도 말씀은 설교할 수밖에 없도록 그들을 몰아간다.⁷

세상은 인간이 전하는 말이 그럼에도 불구하고 하나님의 말씀이 될 수 있다는 사실에 분개한다. 내가 사역에 입문한 직후 설교자는 가장 존경받는 10대 직업에서 탈락했다.⁸ 나는 듀크의 첫 번째 마틴 루터 킹 기념행사를 소집했다. 나는 수년 동안 킹 박사를 칭송하는 강연을 경청하면서, 대학에서 우리는 침례교 설교자라는 점만 제외하고 킹의 모든 업적에 대해 자유롭게 찬양할 수 있다고 투덜댔다.

킹 목사는 하나님의 말씀의 대변자라기보다는 사회 정의의 옹호자나 용기 있는 시민 지도자로 더 수월하게 통한다.

바르트는 학생들에게 세상은 종종 설교를 "서투른 공격과 뻔뻔함, 권리 침탈"로 여긴다고 시인했다. "누가 당신을 성소의 수호자요 관리자로 삼았는가?" "공인받지 못한 허풍쟁이"인 설교자는 "궁극적인 것들에 대해 정중한 침묵을 지키는 것"이 더 낫지 않을까? 바르트에 의하면, 설교자는 우리의 자격이 "우리의 자질과 증명서… 기독교 지식, 또한 무엇보다… 경험과 깨달음"에 있지 않다고 누구보다 먼저 시인한다. "[우리의 말의 근거가 되는 권위는] 결코 우리 자신의 것이 아니다."[9] 우리는 받은 것만 말하고, 우리가 받은 것은 우리의 통제 아래 있지 않다.

감독으로서 나는 어떤 사람의 머리에 안수하면서 "거룩한(聖)교회의 장로로서 하나님의 말씀을 전하고 성례를 집행하는 권위를 받으라"고 말한다. 그 뒤에 나는 그들에게 성례전 집전의 상징인 성배와 성반(聖盤)을 건네준다. 그런데 설교와 관련해서, 우리는 빈손으로 온전히 하나님을 의존한다.[10]

경험에 근거한 설교

피터 호킨스는 『리어왕』 마지막에 있는 인용문으로 비처 강연을 시작했다. "말해야 하는 것이 아니라 느끼는 것을 말하라." 피터는 비처 강연에서 청중들에게 이 인용문을 뒤집으면서, 이러한 셰익스피어의 정서가 설교가 지녀야 할 모든 것과 얼마나 상반되는지 보여주었다. 설교자의 느낌에 누가 신경을 쓰는가? 우리는 들은 바를 설교한다.

> 하나님의 말씀의 약속은…[청중의] 태도와 무관하게 [듣는 자들이] 더 이상 이 약속 없이 살지 않고 이 약속과 함께 살 수 있도록 [청중을] 완전히 새로운 상태로 이동시킨다는 것이다. 하나님의 말씀의 요구는…영향력 없이 청중 밖에 머무는 소원이나 명령이 아니다.… 하나님의 말씀은 인간의 존재를 요구하고 명령한다.…말씀을 듣는 사람은 이제…하나님의 요구 아래 있다.[11]

바르트의 신학 혁명을 촉발시킨 위기는 젊은 바르트의 학문적 신학, 즉 "자의식과 '예수 경험'과 무엇인가에 대한 담론"이 첫 교구에서 퇴색할 때 시작되었다.[12] 설교가 어려움에 처한 것은, 적절한 형식이나 스타일을 찾지 못해서가 아니라 예수님보다 우리의 '예수 경험'에 대해 얘기하면서 "무엇인가"를 설교하려고 했기 때문이다.

『교회 교의학』 제1권에서 바르트는 신학자들이 빈사 상태 "종교"의 경건한 경험과 살아 있는 계시를 교환했고, 이로써 "신학은 그 대상을 잃어버렸다"고 비판했다.[13] "종교"는 하나님과 인간의 대화라는 모험을 허황된 영적 관행으로 대체하는 값싼 신이다. 바르트는 "종교"를 "살아 계신 하나님과 함께 살 수 없으면서 하나님 없이 살 수 없는 사람들을 위해 신성을 인간화하려는 시도… 신성을 실제적인 '무언가'로 만들려는 활발하고 광범위한 시도"로 정의한다.[14] "종교"란 하나님과 우리의 대담한 만남을 대신하는 대역이다. 안식일을 지키거나, 정원을 가꾸거나, '렉티오 디비나'(lectio divina)를 실천하거나, 숙고하거나, 균형을 찾거나, 하나님이 침묵하신 지금 당신을 분주하게 만드는 무언가를 행하라. 포이어바흐는 "하나님"이라고 말할 때 단지 우리 자신을 묘사하는 것인가?라는 도전을 우리에게 제기했다. 현대 신학은 포이어바흐의 도전에 정당성을 부여하면서 인간의 하나님 경험을 탐구하기 위해 하나님의 말씀을 저버렸다고 바르트는 말했다. 설교자는 대담하게 '데우스 딕시트,' 하나님이 말씀하신 대로 말해야 한다.[15]

불가능한 가능성

가드너 테일러는 비처 강연을 시작하면서 "설교란 대담하게 "다른 사람들…앞에 서서 영원하신 하나님으로부터 메시지를 가져온다고 선언하는" "주제넘은 일"이라고 시인했다.[16]

> 설교는…인간의 말로 된 하나님의 말씀이고, 성경에 있는 하나님의 말씀이 역사적인 모든 것을 분리시키는 거리로 인해 숨겨져 있듯이, 이 목적을 성취하지 못하는 인간적인 모든 것의 총체적인 무능으로 인해 숨겨져 있다.…설교는 항상 취약했다. 설교를 통해 하나님의 말씀이 진정으로 들리고 말해져야 한다는 것은 자명하지 않다.[17]

설교는 불가능한 가능성이다. 인간의 죄성(특히 우상숭배로 향하는 우리의 성향)은, 더 나아가 십자가에 못 박히고 부활하신 하나님은 인간이 하나님을 신실하게 표현할 가능성을 배제한다. 그래서 우리는 신학을 인간학으로 대체하여 "인간에 대해 큰 소리로 말함으로써 하나님에 대해 말하려고" 헛되이 시도한다.[18]

> 기독교 교회의 영역에서 [빠져나와], 성경에 대한 교회의 언급 혹은 '데우스 딕시트'에 대한 성경의 언급에 대해 신경 쓰지 말라…그러면 하나님에 관해 이야기하기 쉽고…치명적인 '데우스 딕시트'로부터 [안전하다]. 우리 자신의 영혼, 또는 민족의 영혼, 또는 세계의 영혼 깊은 곳에서, 우리는 이제 마음으로 정말 경험할 수 있고, 우리가 신이라고 부를 수 있는 무언가를 발견하여…역설적이지 않은 방법으로…내면의 욕구를 충족시키거나 이상적인 진리를 선포하거나 이웃에게 친절하게 봉사할 수 있다.…이것을 발견한 사람은

> 행복하다…그들은 누구도 불안하게 만들지 않는 조용한 목회자가 될 수 있다.…그들은 평화롭게 자기 길을 갈 수 있다.[19]

'데우스 딕시트'에서 설교를 분리하여 청중을 달래려는 시도는 1930년대 독일에서 참담한 결과를 낳았다. 오늘날 인간 중심적 담론은 "내면의 욕구를 충족시키거나 이상적인 진리를 선포하거나 이웃에게 친절하게 봉사하는" 상당수 북미 설교의 작업 방식이다. 맙소사! "하나님에 대한 확신은 자기 확신과 함께 흥하거나 망한다"고 확신하는 설교자는 "우리 안에 하나님에 대한 관념이 존재하기 때문에 하나님은 존재한다"고 생각하면서 "경건한 경험이나 믿음"에 대해 더 쉽게 떠들 수 있다.[20]

바르트에 의하면, 인간의 경건한 내면성을 하나님을 아는 지식의 원천으로 삼을 때, 우리는 인간의 주관성이 감당할 수 있는 무게를 넘어서는 "엄청난 요구를 주체에" 얹는다. 기독교 설교자가 하는 말은 우리 자신이 아니라 하나님에 관한 진정한 지식을 전제한다.[21]

안나 카터 플로렌스는 이렇게 말한다. "몇 가지 멋진 강단 트릭과 새로운 설교 스타일로는 결코 강단을 부흥시키지 못할 것이다. 우리에게는 말씀 자체만큼이나 깊이 들어가는 신학적 지원이 필요하다. 우상숭배에 저항하는 말씀의 신학만이 설교라는 우상숭배에 저항할 것이기 때문이다."[22]

바르트는 우리의 주된 유혹은 카터가 지적한 "설교라는 우상숭배," 즉 계시에서 주어진 것 외에 다른 것을 설교 자료로 사용하는 것이라는 개혁주의의 주장을 되풀이한다.

> 하나님에 대해 대담하게 말하는 사람들은 얼마나 외로운가. 또한 많은 사람들이 다니는 넓은 길이나 심지어 우리 중에 가장 훌륭하고 고상한 사람들의 조용한 길에서 얼마나 멀리 떨어져 있는가.[23]

설교자가 외로운 이유는 세상의 매력적인 우상을 섬기는 대신 삼위일체 하나님과 함께 대담하게 설교하는 사람들을 세상이 버리기 때문이다. 사람들이 인식하지 못하는 욕구를 다루는 것은 고독한 임무다.

하나님에 대해 말하는 것은 최고의 순간에도 [사람들의] 존재나 행동과 어울리지 않는다. 하나님에 대해 말하는 것은…엄청나게 신성한 혼란이다.…하나님에 대해 말하는 사람들은 인성과 신성을 혼동하는 많은 유혹을…받아들여야 할 것이다. [그와 같은 설교자들은] 대학교나 임직을 통해 [배출되지] 않는다.[24]

계시는 다른 사건이나 경험과 불연속적이고, 인간의 마음에서 비롯되지 않는다.

> 하나님은 항상 다른 사건들과 연속성이 없는 이 은밀하고 단일한 말씀의…주체시다.…계시는 하나님을 통해 그리고 하나님으로부터 오는 하나님에 관한 지식을 의미한다. 다시 말해, 우리가 믿음으로 하나님을 안다면…[침묵하는 듯 보이는] 대상이 [말하는] 주체가 되신다. 이것은 우리 안에서 일어나는 하나님의 역사다.…현대인이 계시를 느낌이나 경험 안에 혹은…내면성 안에 두는 것은 매우 끔찍한 일이다. 단지 하나님과의 관계에서 하나님과 분리된 기관을 우리의 것으로 인정한다는 이유만으로, 단지 하나님을 하나님이 아닌 대상으로 만든다는 이유만으로…이는 계시의 부정이다. '데우스 딕시트'는 하나님 자신의 가장 적절한 실재 외에 어디서도 결코 실재가 될 수 없다.[25]

바르트는 설교하면서 항상 교회의 언어를 사용하여 하나님이라는 단어의 의미를 설명하는 과업에 즉각 뛰어 든다. 기독교 신앙에는 이른바 중립적인 변증적 논증이 전혀 필요하지 않다. 하나님을 아는 지식은 일반적인 인간의 가능성이 아니라 하나님의 선물이기 때문이다. 사람들이 이미 숭배하는 것(이성, 성, 번영, 치유, 삶의 의미, 평화, 정의, 균형, 공동체)에서 아직 숭배하지 않는 하나님으로 향하는 경사로를 만드는 변증에 참여하는 대신, 바르트는 우리가 어린 시절에 들었던 말을 기억해야 한다고 말한다. "성부와 성자와 성령의 이름으로 세례를 주노라." 우리는 어떠한 경험의 도움이 없는 상태에서 이 말을 들었지만, 하나님의 말씀을 통해 세례를 받았다.[26] 하나님이 말씀하셨다는 느낌이 없다고 해서 말씀을 들을 가능성을 부정하는 것은 아니다. "두 사람이 부부임을 선포하노라"라고 말하기 전에, 목회자는 두 사람의 과거 데이트 기록이나 성격 검사 결과를 묻지 않는다. 말씀은 약속을 통해 새로운 무언가를 창조했다. 하나님의 말씀은 우리의 경험에 대한 해설도 아니고 우리의 경험에서 비롯된 것도 아니다. 하나님의 말씀은 하나님의 말씀이 없었다면 우리가 하지 못했을 경험을 창조한다.[27]

> 성령에 대한 언급, 즉 현재 교회 안에, 또한 우리 안에 계신 하나님 자신에 대한 언급은 또한 여기서 경험하거나 생각할 수 없는 것이 우리에게 있음을 상기시켜 준다.…"마음"이 아니라 [하나님이] 그렇게 하신다는 것은…기독교 설교자의 지식과 용기, 권위다. 예언자가 아닌 우리에게도, 스랍들이 집게로 가져다가 예언자의 입술에 댄 제단 숯불이 여기 있다.[28]

그리고 자기기만의 문제도 있다. 우리가 경험 밖에 있는 어떤 의미의 수단 없이 어떤 경험을 했다는 것을 어떻게 알 수 있는가? 분명 하나님은 경험을 통해 말씀하실 수 있다. 하지만 경험 너머의 어떤 판단 수단이 없다면 우리는 경험의 의미를 판단할 수 없다.[29] 트라우마와 상처는 말을 하지 않고, 따라서 설교의 소재는 될 수 있지만 설교의 원천은 될 수 없다.³⁰ 억압과 희생의 경험도 십자가에 못 박힌 하나님의 음성에 접근하는 유리한 기회가 되지 못한다. 오히려 하나님의 음성이 우리의 경험을 진실하게 명명할 수 있게 해 준다. 내가 외부인으로 대하는 사람들이 실제로 하나님의 마음의 중심에 있다는 것을 성경을 통하지 않고 어떻게 알 수 있겠는가? 자기를 십자가에 매단 자들을 용서하시는 은혜로운 하나님에 대한 지식이 없다면, 나의 백인 특권이 낳는 여러 가지 죄를 고백할 수 없었을 것이다.

교회가 관심을 갖는 인간의 경험은 하나님이 말씀하셨고 인간은 들었다는 것이다. 플레밍 러틀리지는 창세기 18장 1-16절에 대한 고전적 설교에서, 이스라엘의 전체 이야기는 "그리고 하나님이 아브라함에게 말씀하셨다"에서 시작된다는 사실에 놀라움을 금치 못한다.

아브라함은 이런 관심에 합당한 일을 전혀 하지 않았다. 아브라함 자신은 아무것도 아니다. 그를 구별시키는 어떤 업적이나 자질에 대한 정보는 우리에게 전혀 주어지지 않는다. 아브라함은 오직 한 가지 이유 때문에 세계 무대의 최전선에 서게 된다. 주님께서…조상의 무덤과…조부모…땅…친구…생명 보험, 안전 금고 등 아브라함에게 정체성을 부여하던 모든 것[을 떠나]…미지의 먼 곳으로 가라고 [요구하셨기] 때문이다.³¹

아브라함의 친지와 친척들은 하나님이 말씀하신 사람들이고 그 말씀을 듣고 기꺼이 삶을 변화시킨 사람들이다. 로렌 위너는 설교가 타락 후 상태에서 우리가 사용하고, 남용하고, 왜곡하고, "손상시킨" 기독교 관행 중 하나라고 열거하지 않는다. 그렇기는 하나, 나는 위너처럼 훌륭한 설교자가 설교 관행을 "원래 상태로 되돌려" 설교를 인간론의 포로 상태에서 구해내라고 촉구할 것이라고 예상한다.[32] 우리는 설교의 왜곡을 회개하고 개혁하고 개선한 후, 생명을 주는 이 관행에 대한 하나님의 교정과 부활을 다행히 바랄 수 있다. 설교의 타락을 고려할 때, 우리는 "하나님의 말씀처럼 좋은 선물을 우리에게 의탁하신 분은 어떤 하나님이실까?"라고 물어야 한다.

바로 그러한 하나님이 이스라엘이나 예수님을 우리에게 주실 것이다.

소통 실패

하나님의 모든 자기 계시가 우리의 뻣뻣한 목과 막힌 귀를 통과하는 것은 아니다. 우리의 온갖 미덕에도 불구하고, 우리는 자기를 기만하는 죄인이고, 우리 안에 진리가 없는 불치의 우상숭배자다(요일 1:8).[33] 설교자는 동료 죄인들에게 "잘 들으세요! 우리가 일주일 동안 회피했던 진리가 여기 있습니다"라고 말하는 모험을 감행한다. 실패로 이어질 것이다.

> 어떤 회중은 이렇게 말할 수 있다. 우리가 어떻게…전혀 신뢰하지 않는 목회자의 말에서 하나님의 말씀을 들을 수 있는가?…더 많은 하나님의 말씀을 듣기를 기대한다면, 우리는 약하고 왜곡된 설교에서도 더 많은 하나님의 말씀을 들을 것이다. 나를 위한 것이 아무것도 없다는 진술은 종종 나는 어떤 말도 받아들일 준비가 되어 있지 않다는 뜻으로 읽어야 한다. 여기서 필요한 것은 목회자와 교인 모두의 회개다.[34]

설교의 여러 가지 실패는, 훨씬 이해하기 쉽게 만들어낸 신들 안에 하나님이 계시지 않고 그리스도 안에 계시는 데서 기인한다. 리처드 리셔의 말처럼, "설교는 하나님이 기꺼이 세상 밖으로 밀려나 십자가에 달리신다는 불가능한 메시지의 무게를 짊어진다."[35] 혹은 바르트가 표현했듯이, "하나님은 세상에서 크게 돋보이지 않지만 세상과의 관계에서는 대단히 혁명적이시다."[36] 하나님께서 십자가를 세상과 관계하는 주요 수단으로 받아들이셨을 때, 설교는 생계를 유지하기에 힘든 길이 되었다.

> 기독교 설교에서 선포되는 하나님의 말씀은 목회자가 훌륭하고 효과적인 설교를 전하지만 아무 일도 일어나지 않을 가능성을…배제하지 않는다.…모든 사람이 늘 [설교를] 듣고 간직하는…방법을 찾은 사람은 아직 아무도 없다.[37]

3장 설교 : 하나님의 말씀　　179

설교의 실패를 평가할 때 십자가와 부활을 함께 고려해야 한다. 십자가에 못 박힌 "고난 받는 하나님"에 대한 현대의 일부 해석에서 공감은 최고의 신적 속성이 되고, 하나님은 공감하지만 행동하지 않는 고난 받는 동료, 인간의 거부의 희생자가 되신다. 십자가를 인간의 거절 표시로만 생각할 경우 그리스도의 십자가가 우리의 고통을 정의하기보다는 인간의 고난이 하나님을 정의하게 되고, 서글픈 인간 역사의 막다른 골목에 하나님을 가두어 버린다. 다행히 공감은 하나님이 하실 수 있는 최고의 것이 아니다. 십자가에서 인간의 "아니오"는 하나님의 주권적인 "예"가 되었고, 하나님은 우리가 하나님의 아들을 거부했다고 해서 대화가 종결되도록 허락하지 않으셨다.[38]

어느 성 금요일 저녁에 나는 마가복음 12장 1-12절의 악한 소작인 비유에 대해 설교했다. 나는 설교를 이렇게 마쳤다.

> 우리 이방인들이 어떻게 하는지 보십시오. 하나님의 포도원에 뒤늦게 온 손님인 우리는 거들먹대면서, 마치 그곳을 소유한 것처럼 행동합니다.
>
> 하인들이 임대료를 받으러 와서 빚을 갚으라고 독촉했습니다. 우리는 빚이 얼마나 되는지 알면서, 그들을 때리고 "수치스럽게" 다루었습니다. 절망하신 하나님은 사랑하는 소중한 아들을 보내셨습니다.
>
> 오늘 정오와 오후 3시 사이에 우리는 아들에게 무슨 짓을 했는

지 않니다.

이제 어떻게 될까요?

이 폭력적이고 사실적인 이야기를 들려주신 예수님은 "포도원 주인이 어떻게 하겠느냐?"라고 물으십니다.

포도원 주인은 "포도원을 파기하고 다른 사람들에게 줄" 가능성이 높습니다. 이것은 포도원 주인의 정당한 보복이라고 할 수 있습니다.

포도원 주인이 정의에 관심이 있는지 보려면 기다려야 하지 않을까요? 우리는 하나님의 당연한 몫을 드리지 않았고, 아마 하나님은 우리에게 마땅한 것을 주지 않으실 것입니다. 누가 알겠습니까? 어둠 속에서 주일까지 기다려 봅시다.

마가에 의하면, 예수님이 이 이야기를 하신 후 종교 지도자들(나와 비슷한 모습을 하고 나처럼 말하는 사람들)은 "예수의 이 비유가 자기들을 가리켜 말씀하심인 줄 알고 잡고자" 했습니다.

이 이야기는 분명 우리에게 불리한 이야기처럼 들립니다. 우리는 이 이야기를 개인적으로 받아들이는 것이 당연합니다.

이것이 길의 마지막, 우리를 위한 하나님이 되시려는 시도의 끝이라고 하더라도 누가 하나님을 비난하겠습니까?

우리는 서글픈 이야기를 알고 있습니다. 우리에게 한 종(모세?)을 보냈지만, 우리는 율법을 어겼습니다. 그 뒤에 더 많은 종들(예언자들?)을 보냈지만 우리는 그들을 모욕하고 무시했습니다. 그 뒤에 독생자 아들이 오셨습니다. 그런데 우리는 한 목소리로 "십자가에 못 박으라!"(지난 주일에 우리가 했던 말입니다)고 대답했습니다. 이야기는 끝났습니다.

아들은 십자가를 향해 가시는 길목에서 이 비유를 말씀하십니다. 예수님의 이야기는 "우리에게 불리한" 이야기일까요? 아니면 우리에게 유리한 이야기일까요? 이것이 우리가 아들에게서 들은 최종 결론일까요?

우리는 기다리면서 살펴보아야 합니다. 사흘 후에 우리는 이 이야기가 어떻게 끝나는지 알게 될 것입니다.

다음 조치는 하나님의 손에 달려 있습니다.[39]

부활절은 설교자들에게 하나님의 십자가와 부활의 끈질긴 음성 때문에 청중들의 거절을 너무 심각하게 받아들이지 않아야 한다고 말한다. 도전적인 것이든 소심한 것이든, 청중의 "아니오"는 극적으로 반복되는 하나님의 "예"라는 괄호 안에 묶여 있다. "하나님은 모든 사람이 구원을 받…기를 원하신다"(딤전 2:4)는 그리스도의 결단에 비추어 볼 때, 청중의 거부는 잠정적인 것에 불과하다. 그리스도를 거부한 유다의 행위조차 "항상 예수님의 구원 활동과 관련이" 있다면,[40] 지난 주일 "당신이 영어권의 상위 12명의 설교자 중 한 명인가요?"라고 말했던 한 남자의 비웃음도 치명적이지 않을 수 있다.

모든 사람이 내 설교에 긍정적으로 반응하기를 바라는 것은 잘못일까? 나쁜 소식을 거부하는 것은 이해할 수 있다. 하지만 기쁜 소식을 거부한다면? 하나님이 우리를 통해 하시는 호소를 듣기를 거부하는 것(고후 5:20)은 최후의 승리를 앞두고 그리스도께서 싸우시는 기이한 반항이다. 당혹스럽고 심각하지만 궁극적으로는 그렇지 않고, 실재하나 실재하지 않고, 최종적인 결과도 아니다.[41]

나사로와 부자의 이야기(눅 16:19-31)에서 부자와 가난한 자 사이에는 커다란 틈이 있다. 설교는 이 틈도 관통한다. 부자는 비참한 상태에서 아버지 아브라함에게 자신의 부유한 형제들을 기다리고 있는 운명에 대해 경고해 달라고 간청한다. 아브라함은 모세와 예언자들이 그들에게 전했지만 효과가 없었다고 대답한다. 누군가 죽음에서 살아서 돌아온다 해도 그들은 듣지 않을 것이다(16:31).

역설적인 사실은 우리가 죽음에서 다시 살아난 어떤 사람의 증언을 듣고 있다는 것이다. 부유한 이들은 우리가 부당하게 얻은 이익이나 우리의 진짜 상황에 대한 진실을 듣기 힘들지만, 십자가에 못 박히고 부활하신 그리스도가 함께하신다면, 언젠가 낙타가 바늘귀를 통과할 때 부자의 불가능한 구원도 가능할 수 있다(마 19:26). 아브라함이 틀렸을 수도 있다. 듣지 못하는 우리의 문제가 해결되었을까? 나만큼 수입이 많은 사람들도 가난한 자에게 주신 그리스도의 불길한 소식을 듣고 받아들일 수 있다. 부활한 자들이 전하는 소식을 들음으로써 구원받은 가난한 자와 부자 사이에 틈이 있다는 소식 말이다.

"나는 그냥 당신이 하나님에 대해 하는 말이 사실이라고 믿을 수 없습니다." 가장 감동적인 설교를 들은 후 청년이 말했다. 나는 실망스러웠지만—나는 하나님과 인간의 소통을 통제할 수 있기를 열망하기 때문에—청년의 말을 바로잡아 주었다. "'나는 그냥 아직 믿을 수 없습니다'라고 말하는 편이 나아요. 계속 어깨 너머를 바라보세요. 부활절은 하나님이 선택하신 길이 내가 한 최고의 설교보다 뛰어나다고 말합니다."

바울 자신은 그리스도께서 주님이시라고 들었는데 대부분의 친구와 가족은 아무것도 듣지 못했다는 사실에 어리둥절했지만, 하나님은 신실하고, 하나님의 약속은 취소할 수 없으며, 또한 하나님은 자신이 정한 좋은 때에 하나님의 방법으로 세상을 다루실 것임을 알고 있었다(롬 11장). 설교자는 지난 주일 설교의 효과에 대해 비관적일 수 있지만, 우리는 설교의 궁극적인 효과에 대해 낙관주의를 견지할 수 있다. 하나님이 하고 싶은 말을 하실 것이다.

진실한 설교와 신실한 경청 둘 다를 낳는 것은 하나님의 몫이다. 사람들이 우리의 설교에 긍정적으로 반응하지 않는 상황은 가끔 구원(하나님의 말씀을 듣고 받아들이고 응답하는 것)이 우리의 임무가 아니라 하나님의 임무임을 경건하게 상기시킨다. 이렇게 잡다한 청중을 모으는 것은 나의 아이디어가 아니라 하나님이 의도하신 아이디어였다.

1537년 마르틴 루터는 사복음서에 대한 일련의 설교를 시작했는

데, 그 이유는 무언가 흉금을 털어놓고 싶었기 때문이 아니라 요한복음이라는 낯선 땅에 들어섰기 때문이다. 이 설교에서 루터는 자기와 함께 여행을 떠나자고 청중들을 초대한다.

> 그러므로 우리는 우리 주 그리스도의 영광과 우리 자신의 행복과 위로, 구원을 위해 그분의 복음을 생각하고… 복음을 논하고, 할 수 있는 한 지속적으로 복음을 전하자고 제안한다. 세상이 복음에 많은 관심을 보이는지 염려하지 말자. 그렇더라도 하나님의 소중한 말씀을 기쁨으로 들을 소수는 항상 있을 것이고, 그들을 위해서라도 우리는 말씀을 전해야 한다. 하나님은 설교하라고 명하시는 사람들을 주시기 때문에, 또한 반드시 이 교훈을 마음으로 받아들일 청중도 공급하고 보내주실 것이다.[42]

본문과 본문의 주님을 회중의 상황보다 더 사랑해야 한다. 고집불통의 청중은 하나님의 난제다. 루터는 마태복음에 관한 설교에서, 시금석은 "많거나 적은 사람이 믿느냐, 믿지 않느냐, 저주를 받느냐, 구원을 받느냐 여부"가 아니라 "하나님의 말씀에 대한 충실함"이라고 말했다. 그렇지만 자비 가운데 "설교하라고 명하시는 사람들을 주시는" 동일한 하나님은 "또한 이 교훈을 마음으로 받아들일 청중도 공급하고 보내주실 것"이다.[43]

설교자를 밤에 깨어 있게 만드는 불안은 사람들이 듣지 않을 것이라는 불안이 아니라 하나님이 들으신다는 불안이다.

> [설교를 힘들게 만드는 것은] 물론 불평하는 회중의 무익한 비판도 아니고, "설교가 아무 도움도 되지 않는다"는 쓸데없는 비난도 아니고, 목회자들의 안타까운 자기 비판도 아니고, 더 나아가 "나는 할 말이 없다"는 쓸데없는 고백도 아니다.…진짜 판단 기준은…말에서 말로 된 말씀으로, 그런 다음 더 좋고 더 적절한 새로운 말로 돌아가는 것이다.[44]

대부분의 비협조적인 회중은 말씀과 성경, 즉 세 번째 계시를 판단하는 두 가지 형태의 계시와 우리의 만남보다 더 중요한 재판관과 배심원이 아니다. 강단의 실랑이는 설교자의 연구실에서 벌어지는 두려운 백병전에 비하면 사소하다. 여전히 여호와를 경외하는 것이 지혜의 시작이다(시 111:10).

인격적인 설교자

필립스 브룩스는 1877년 비처 강연에서 가장 항구적인 정의를 미국 설교에 선사했다. 곧 설교는 "인격을 통한 진리"다. "인격을 통한 진리는 진짜 설교에 대한 묘사다. 진리는 단순히 입술을 통해서가 아니라 실제로 인격을 통해서, 그의 성품과 애정, 지적이고 도덕적인 전존재를 통해 와야 한다."[45]

"인격을 통한 진리"는 19세기 후반 미국에서 급성장하던 심리 과학에 부합했다. 오늘날 브룩스의 인격 설교는 승기를 잡았다. "당신은 설교자에게 무엇을 원하는가?"라는 질문을 받으면 나의 지인으로 이루어진 회중은 대부분 "성경적 충실성"이나 "신학 내용"에 앞서 "따뜻한 인격"이나 "긍휼과 보살핌"이라고 말할 것이다.[46]

여전히 인격적인 설교가 인기 있지만(인간학은 신학보다 쉽다), 우리의 주관성을 파고들거나 경험을 신뢰하거나 문화와 대화하는 것은 사역에 부적합한 자양분이다. 오직 진리만이 적절한 자양분이다. 캐롤라인 루이스는 『사역에서 여성의 능력을 발휘하는 다섯 가지 열쇠』라는 책에서 사역을 장기간 지속하려면 사역이 진리에 묶여 있어야 한다고 말한다.[47] 브룩스가 오늘의 예일대에서 강의한다면, 나는 그가 설교자의 인격에 얹은 짐보다 진리—특히 "길이요 진리요 생명"이신 분—에 대부분의 노력을 확대하기를 바란다.[48]

바르트에 의하면, 기독교 증인은 마치 길모퉁이에 서서 하늘을 가리키는 사람처럼, 항상 자기 자신으로부터 자신이 보는 것을 가리킨다. 물론 군중은 모이고, 모두가 목을 빼고 그가 보는 것을 보려고 한다. 증인의 성품이나 인격은 증인이 본 것보다 가치가 떨어진다. 신학은 설교자가 군중을 소집할 가치가 있는 무언가를 지시하는 데 도움을 준다.

> '데우스 딕시트'는…말씀이다. 성경의 전제는 하나님이 존재하신다는 것이 아니라 [하나님이] 말씀하셨다는 것이다. 우리는 하나님이 아니라…소통하는 하나님께 향한다.…성경을 거룩한 성경으로 만드는 것은 하나님에 관한 예언자와 사도들의…정확한 생각이 아니라 나-너, 인격과 인격의 만남이다.…계시를…한 인격이 말하고 다른 인격이 듣는 것으로…생각하지 않는다면, 하나님은…우리에게 계시하고 우리는 [하나님 자신의] 계시를 받는다고 생각하지 않는다면, 계시가 관여하지 않은 관중의 입장에서 이해된다면, 그것은 비계시에 상응한다.…계시를 받는다는 것은 하나님의 말씀을 듣는 것이다.[49]

하나님의 대리인

예일의 크리스챤 와이만은 듀크에서 강연하면서, 사람들은 종종 "고난이나 풍요로 인해" 하나님께 더 가까이 이끌린다고 말했다. 나중에 벌어진 토론에서 한 참가자는 "당신이 고난 받던 시기에 하나님께 가까이 가기 위해 무엇을 했나요"라고 물었다.

와이만은 "아무것도…아무것도 하지 않았습니다"라고 대답했다.[50]

교양 있는 청중들로부터 한숨 소리가 터졌다. 특권을 누리는 유능한 현대인이 받아들이기 힘든 교훈이 이것이다. 곧 우리와 하나님 사이의 의미 있는 상호 작용이 하나님께 달려 있다는 것, 혹은 바르트의 말처럼 "초림과 재림 사이에…설교에서 발생하는 모든 행동은 신성한 주체의 행동"이라는 것 말이다.[51] "설교로 전해진 말은 하나님의 말씀이다"는 제2헬베틱 신앙고백의 단언은 놀라운 주장이다.[52] 우리처럼 죄 많고 제한된 피조물은 하나님을 대변할 수 없다. 하나님만이 하나님을 대변하실 수 있고, 설교를 통해 하나님은 그렇게 하신다.

평신도들은 설교가 "하나님의 말씀"이라는 논의가 설교자의 비위를 맞추는 것이라고 간주한다. 얼마나 무지한가! 사도행전 2장 32-41절에 있는 베드로의 설교는 우리가 맞닥뜨린 설교적 도전을 잘 보여준다. 오순절에 연기가 내릴 때, "천하 각국으로부터" 와서 (2:5) 기이한 말을 하고 기이한 말을 듣는 유대인과 함께, 길거리에서 조롱하는 군중들은 마치 예수님이 여전히 자기들과 함께 있는 것처럼 행동한다고 비웃는다. 그들은 술에 취했다.

베드로는 군중을 제압한다. 우리는 술 취하지 않았소! 아직 아침 9시밖에 안 되었소.

베드로? 베드로가 어디서 등장했는지 기억하는가? 제자들이 안전한 식탁에 있었을 때 베드로는 대담하게 단언했다. "주님, 제가 주님을 변호하겠습니다. 저를 믿으세요"(눅 22:33, 의역).

무력한 하녀가 그의 입을 막았다. "당신은 그 갈릴리 사람과 함께 있지 않았나요?"

베드로는 중얼거리며 "나는 그를 정말 모르오"라고 대답했다.

이제, 누가의 사도행전에서 베드로는 설교한다. 여러분은 나사렛에서 예수님의 말씀을 인도하신 성령께서 예수님을 배신하고 부인한 자들에게도 똑같이 임하셨다고 믿지 않는가? 그렇다면 베드로의 설교를 어떻게 설명하겠는가?

이 예수를 하나님이 살리신지라 우리가 다 이 일에 증인이로다 하나님이 오른손으로 예수를 높이시매 그가 약속하신 성령을 아버지께 받아서 너희가 보고 듣는 이것을 부어 주셨느니라.…그런즉 이스라엘 온 집은 확실히 알지니 너희가 십자가에 못 박은 이 예수를 하나님이 주와 그리스도가 되게 하셨느니라.(행 2:32-33, 36)

이것은 역사상 최악의 설교 중 하나다. 말도 안 될 만큼 짧다. 예화도 없고, 문화적으로 둔감하고, 비판적이고, 지적 기초도 없고, 연관성도 없고, 거기에서 여기까지 연결되는 다리도 없다. 그런데도

그들이 이 말을 듣고 마음에 찔려 베드로와 다른 사도들에게 물어 이르되 형제들아 우리가 어찌할꼬 하거늘 베드로가 이르되 너희가 회개하여 각각 예수 그리스도의 이름으로 세례를 받고 죄 사함을 받으라 그리하면 성령의 선물을 받으리니 이 약속은 너희와 너희 자녀와 모든 먼 데 사람 곧 주 우리 하나님이 얼마든지 부르시

는 자들에게 하신 것이라 하고 또 여러 말로 확증하며 권하여 이르
되 너희가 이 패역한 세대에서 구원을 받으라 하니.(2:37-40)

판단하고 비난하는 설교다. 그런데도

그 말을 받은 사람들은 세례를 받으매 이 날에 신도의 수가 삼천이
나 더하더라.(2:41)

무려 삼천 명이나!

내 입에서 나가는 말도 이와 같이 헛되이 내게로 되돌아오지 아니
하고 나의 기뻐하는 뜻을 이루며 내가 보낸 일에 형통함이니라.(사
55:11)

나의 논지는 이렇다. 설교자가 될 때 가장 두려운 최악의 일은,
절반의 청중이 거짓말을 하고, 간통을 저지르고, 인종차별적인 카지
노 사장을 대통령으로 뽑는 것이 좋다고 여기는 부적격의 잡다한 청
중 앞에 서서 말을 해야 하는 것이 아니다. 아니, 가장 두려운 최악
의 일은 하나님이 우리의 말을 취하여 하나님의 말씀으로 삼으시는
것이다.

설교자에게는 그럴 듯한 핑계가 있다. "그들은 듣지 않는다!" 아

멘. "그들은 듣지 않는다!" 정말 맞는 말이다. 내가 저 위에서 백오십 퍼센트의 설교를 하고 있을 때 안내원은 사람들을 들것에 실어 보낸다.

게다가 토요일 전에 설교를 마무리하려고 했는데, 이 일 저 일이 연달아 터졌다. 그래서 봉투 뒷면에 몇 가지 공허한 문구를 적었다. 나는 일요일에 강단에 서서 "모래 위의 발자국," "가장 넓은 바다는 아직 항해되지 않았고, 가장 먼 여행은 아직 끝나지 않았다" 등 몇 가지 감동적인 예화를 꺼내들고서 사람들이 처음 듣는 설교이기를 기도한다. 축도하기 위해 일어난다. 끝이다.

한 남자가 문 앞에서 인사하면서 눈물을 삼키며 내 손을 꼭 잡고 말한다. "은혜로운 설교였습니다. 하나님이 정말 말씀하셨어요. 이제 직장을 그만두고 트럭을 팔아서 스페인어와 간호학을 배운 뒤 온두라스 선교사가 될 겁니다."

자신의 말이 하나님의 말씀이 될 때 설교자는 어떤 기분일까?

"자, 교육도 받지 못했고, 세련되지도 못했고, 언변도 없는 평신도여. 그건 그냥 설교일 뿐입니다! 내 말을 문자 그대로 받아들이지 마세요. 우리는 근본주의자가 아닙니다! 그냥 비유예요!"

격려와 동시에 경고가 담긴 진리는 이것이다. 우리가 믿는 하나님 때문에, 우리는 설교가 쓸모없다고 믿을 수 없다.

오순절 이후 베드로는 준비도 형편없고 전달력도 엉망인 설교를 전한다. 그런데 수천 명이 "우리는 어떻게 해야 합니까?"라고 응답했다. 하나님은 최악의 설교를 역사상 가장 효과적인 설교로 만드셨다.

설교자를 초조하게 만들기에 충분하다.

설교자에게는 설교가 효과를 낳지 못하는 현상에 대처할 수 있는 적절한 변명이 있다. 평신도는 굼뜨고, 성경의 문외한이고, 그들 중 절반은 카드를 소지한 전미총기협회 회원이다. 그들은 듣지 않는다! 많은 설교자들은 최악의 설교를 했는데도 가끔 하나님이 말씀하시는 이유를 설명할 수 있는 탄탄한 신학을 가지고 있지 않다. 그들은 듣는다.

설교자를 괴롭히는 질문이 있다.

나는 정말 한 사람의 삶에서 그 정도의 힘을 갖기 원하는가?

나는 왜 예수님이 사람들의 과중한 짐에 십자가까지 얹으시도록 방조해야 하는가?

한 듀크대 학생에게 듀크 채플 출석률이 저조하다고 한탄한 적이 있다. 그 학생은 나를 위로하려고 했다. "걱정하지 마세요. 목사님의 설교를 들은 적이 있습니다. 목사님처럼 많은 학생이 채플에 나오게 하는 건 기적입니다. 듀크는 특별한 대학교에요. 학생들은 똑똑하니다. 학생들은 채플에 와서 목사님의 설교가 자기들을 흔들어 놓으면 삶을 관리하기가 힘들 거라는 걸 알거든요."

내가 들어본 것 중에 교회에 출석하지 않는 최고의 이유다.

설교 아카데미에도 불구하고, 삼위일체 하나님이 설교에 개입하여 결정적 말씀을 하지 못하도록 막을 수 있는 절대적으로 확실하고 효과적인 방법을 발견한 사람은 아무도 없다.

트럼프가 [2007년 듀크대 졸업생, 스티븐 밀러가 준비한 본문을 읽으며] 이민에 대해 어리석은 말을 한 뒤, 한 설교자가 주일 예배 중간에 일어나 나그네 보호에 관한 레위기 19장 33절을 읽었다. 그는 해설 없이 성경을 덮고 "이것은 주님의 말씀입니다"라고만 말했고, 회중은 "하나님, 감사합니다"라고 응답했다.

부유한 두 가정이 교회를 떠났다.

"설교자에게 위험한 시대예요." 나는 침울하게 말했다.

설교자가 빈정대는 말투로 말했다. "내가 사역을 시작했을 때만 해도 복음을 전하기 위해 예술가 비슷하게 예화를 동원하고 이야기를 각색하고 주석 학자가 되어야 했어요. 요즘은 설교자가 일어서서 제대로 읽기만 하면 플로리다 사람들도 요점을 알아듣습니다. 설교자가 되기에 좋은 시대죠."

빌립은 천사의 지시를 받고 정오에 광야로 간다(행 8:26-40). 그곳에서 빌립은 에티오피아 내시를 만난다. 에티오피아 내시는 이사야서 두루마리를 손에 넣었지만 자신이 읽는 내용을 이해할 수 없었다. "'그가 도살자에게로 가는 양과 같이 끌려갔다'고 하는데, 누구에 대해 말하는 건가요? 자기 자신인가요? 아니면 다른 사람인가요?"

"우리는 예수님에 대한 얘기라고 믿습니다." 빌립이 말했다.

에티오피아 내시는 "내가 어린양의 이름으로 세례를 받는 것을 누가 막을 수 있겠습니까?"라고 묻는다.

빌립이 말했다. "아, 부정한 에티오피아 내시에게 세례를 주는 것보다 더 기쁜 일은 없지만, 물이 있어야 하는데 여기는 광야 한가운데네요."

"보세요! 여기 물이 있습니다!"

그러자 필립이 투덜거렸다. "사마리아인들에게 세례를 준다고 해서 성도들이 화를 냈습니다. 그들은 이 일로 화가 머리끝까지 치밀 겁니다!"

빌립이 아니라 하나님이 그렇게 하셨다.

우리의 말을 하나님의 말씀으로 만드는 것은 우리의 생각이기 전에 하나님의 멋진 생각이다.

바르트는 하나님이 은혜 가운데 우리의 말을 높이신다고 말했다.

요나의 경우를 보자. "너는 일어나 저 큰 성읍 니느웨로 가서 내가 너에게 명령하는 것을 그곳을 향해 외치라"(욘 3:1-4). 아사드나 김일성, 푸틴…트럼프에게 가서 전하라! 요나는 다른 방향으로 향한다. 하나님은 커다란 물고기를 보내 요나를 삼키게 하시고, 물고기는 요나를 해변에 토한다.

"알았어요, 알았어요, 가서 전할게요." 요나는 (사도행전 2장에 베드로의 설교가 나올 때까지) 가장 짧은 최악의 설교를 한다. "사십 일이 지나면 니느웨가 무너지리라!" 자, 이제 다 말했으니, 일어나 축도나 받으세요. 나는 비행기 타야 합니다. 여러분은 지옥에나 가구요.

부아가 난 요나의 고별 설교에 대한 응답으로 니느웨 사람들은 백성과 왕, 소까지 회개한다.

세상에서 가장 마지못해 순종한 선교사 요나는 죽고 싶어 한다. "나는 주님이 '모든 사람에게 부요하신' 자비로운 하나님이고(롬 10:12), 주님의 구원이 미국 국경에서 멈추지 않는다는 것을 알고 있었어요. 이미 알고 있었다구요!"

만약 하나님이 비겁하게 회피하는 나의 말을 사용해 말씀을 전하는 계기로 삼으신다면, 또한 성령이 그들을 감동시켜 마지못해 순종하는 선교사에게서 복음을 듣게 하고, 그런 다음 돌이켜 돌아오게 하신다면, 우리는 어디에 있게 될까?

하나님 나라에서 멀지 않은 곳이다.

칼케돈 선언

설교를 통해 하나님은 소통에 참여하라고 요청하시고, 설교자를 사용하여 세상을 대화로 이끄신다. 오류 없이 구성된 설교는 없다. 철저히 인간적인 설교자의 말은 사무엘, 엘리와 그의 아들들, 요나, 베드로, 마리아에게 관심을 두셨던 끈질기게 구속적인 동일한 하나님의 이름으로 전달된다. 동시에 설교는 단순한 인간의 대중 연설에 불과하지 않다. 하나님은 설교를 통해 우리가 전할 수 있는 것보다 더 많은 것을 낳으신다.

장 칼뱅은 하나님과 인간의 상호 작용이 기독교 설교라는 사실에 놀라움을 금치 못했다. "어떤 사람이 강단에 올라갈 때…그것은 하나님이 한 인간의 입을 통해 우리에게 말씀하기 위한 것이다. 평범한 인간을 메신저로 삼기로 계획하신 하나님은 자비롭게 여기, 우리 가운데 친히 임재하신다."[53]

"설교로 전해진 말씀은 하나님의 말씀이다"라는 말은 조지 헌싱어가 지칭한 "칼케돈 상상력"에 근거해 가장 잘 이해될 수 있다.[54] 바르트가 "하나님의 말씀, 그리고 경험"을 다루는 『교회 교의학』 처음부터[55], "신성과 인성의 혼동이나 혼합, 또는 하나가 다른 하나로 바뀌는 변형 없이" 하나님과 인간의 시너지가 일어난다고 말하는 마지막까지,[56] 칼케돈의 정의는 바르트의 계시관을 설명해 준다.

(그리스도의 두 본성의 불가분성을 지나치게 강조한) 아폴리나리우스와 (그리스도의 두 본성의 구별과 차별성을 강조한) 네스토리우스 추종자들 사이의 신학 논쟁 한가운데서, 칼케돈의 정의는 니케아의 정통을 기술했다. 단순화가 아닌 역설적 명료화가 칼케돈의 목표였다. 칼케돈은 동일 본질의 하나님이요 인간이신 예수님의 경이로움을 찬양한다.

> 우리 주 예수 그리스도는 신성에 있어서 완전하시고 인성에 있어서도 완전하시다. 참 하나님과 참 사람이시며…모든 일에 우리와 같으시되, 죄는 없으시다. 모든 세대 전에 아버지에게서 나셨고… 우리와 우리의 구원을 위하여 하나님의 어머니이신 동정녀 마리아

에게서 나셨다…한 분이요 동일하신 그리스도, 아들, 주, 독생자는 두 본성으로 인식되되 혼합됨이 없으시고, 변화됨이 없으시며, 분리됨이 없으시고, 분할됨이 없으시다. 이 연합으로 인해 양성의 차이가 결코 제거되지 아니하고, 오히려 각 본성의 특징이 그대로 보존되고 한 위격과 한 본체로 결합되어 있다. 두 인격으로 분할되거나 분리되지 않고, 한 분이신 동일한 아들이시다…이는 처음부터 예언자들이 그분에 대해 선포한 바요, 주 예수 그리스도께서 친히 자신에 대해 우리에게 가르치신 바이고, 교부들의 신조가 우리에게 전해준 바다.[57]

그리스도의 두 본성은 한 위격 안에 통합되어 있지만 혼동되거나 섞이지 않고, 분리되어 나뉘지도 않는다. 정녕 그리스도는 온전한 하나님이시고, 또한 동일한 위격 안에서 완전한 인간이 되셨다.

칼케돈의 논리에 대한 해석 덕분에 바르트는 신적 결정론 없이 인간의 자유를 단언할 수 있었고, 더불어 하나님의 주권을 강력하게 주장할 수 있었다. 설교에서 인간의 행위는 비대칭성과 친밀성, 온전성이라는 칼케돈의 패턴을 통해 신적인 행위와 연결된다.

> 하나님은…절대적으로 앞서시고 인간은…뒤따를 수 있을 뿐이다. 하나님의 주권적 행위와 말씀이요, [하나님의] 자유로운 통치와 심판, 구원, 계시 행위인 이 사건들은 인간의 행동과 열정, 일과 경험

이기도 하고, 그 반대이기도 하다.[58]

비대칭성 : 하나님의 말씀은 인간의 말을 앞서고, 인간의 말은 하나님의 주도권에 대한 응답으로만 뒤따를 수 있다.[59]

친밀성 : 하나님의 말씀은 분리가 아닌 통합을 통해 인간의 말과 일치할 수 있다(그 반대도 마찬가지다).

온전성 : 하나님의 말씀과 인간의 말은 공존할 수 있고, 신적인 요소와 인간적인 요소가 합쳐지거나 섞이지 않는 사귐 속에 내재할 수 있다.[60]

칼케돈의 정의와 비슷한 교부들의 공식은 성경이 그리스도를 복합적이고 역동적으로 보여주듯이 복합적이고 역동적인 그리스도 개념을 고수한다. 칼케돈은 성령의 도움 없이 인간의 이해력의 한계에 맞춰 복음을 단순화하고 축소하는 것이 우리의 임무라고 여기는 설교자를 꾸짖는다. 칼케돈은 신적/인간적 주체에 대해 정확히 논의하기 위해 하나님에 대한 우리의 생각이 최대한 창의적이 되어야 한다고 격려한다. 더 나아가 칼케돈의 상상력은 온전한 인간이요 온전한 하나님이신 그리스도가 아니라 우리의 크기에 맞게 축소된 우상에 대한 논의로 삼위일체를 요약하려는 설교자의 시도로부터 회중을 보호해 준다.

계시는 역사 속의 하나님의 행동, 즉 하나님이요 인간이신 예수 그리스도의 이야기다.[61] 만약 하나님이 우리의 공간과 시간 속에 영원한 로고스, 하나님의 아들이요 인간으로 오시지 않았다면, 우리는 하나님에 대한 논의에서 그 정도의 상상력과 논증을 동원할 필요는 없었을 것이다. 성육신은 하나님/인간이신 예수님의 인격과 사역에 근거해 하나님에 대한 우리의 주장을 검증한다. 설교자가 얼마나 자주 "하나님"을 일반 명칭으로 사용하고 얼마나 드물게 "그리스도"를 언급하느냐에 의해 설교에 결여된 윤리적 실체가 드러난다. 동시에, 인간의 심판자요 속죄이신 그리스도보다 인간의 모범이신 예수님을 더 많이 기술할 때 설교에 부족한 신학적 실체가 확인된다.[62] 기독론을 엄격하게 고수할 때 우리의 설교는 하나님을 단순한 영적 존재로, 혹은 어떤 이상적 인간으로 각색하지 않을 수 있다. 하나님은 우리가 원하는 대로 사용하도록 우리 손에 전달된 분이 아니다.

설교에서 인간의 말이 하나님의 말씀이 될 때, 아브라함과 이삭, 야곱, 마리아의 하나님은 가장 하나님다워지신다. 다시 말해, 하나님과 인간의 대화를 시작하고 지속하지 않는 하나님이 되기를 거부하신다. 하나님은 회합을 소집하고 인간을 사귐으로 불러, 우리를 그리스도의 역사에 포함시키기 위해 인간의 언어로 말씀하신다. 그리스도는 하나님의 플랜 A가 실패한 뒤 등장한 플랜 B가 아니다. 그리스도는 우리 없는 하나님이 되지 않겠다는 하나님의 영원한 자기 결단이다. 인간과 하나님의 상호 작용은, 비대칭적이지만 하나님이 축소되거나 인간과 융합되지 않고, 하나님 자신과 인간을 더할 나위 없이 친밀하게 연결하는 성육신의 신비에 의해 결정된다.

한 이름 없는 하녀가 하나님이 임명하신 수제자, "반석"이 그리스도를 유별나게 부인했음을 폭로한다. 비웃는 군중을 향해 설교하는 베드로는 인간의 뻔뻔함뿐 아니라 하나님의 섭리도 보여준다. 그는 여전히 주님을 부인했던 자다. 칼케돈의 논리는 성경 곳곳에 스며들어 있다.

설교는 칼케돈의 경이로움에 동참한다. 하나님의 말씀이 된 인간의 말, 다시 반복된 기적과 신비의 베들레헴, 흠 많은 지극히 인간적인 가정에 태어난 아기의 모습으로 성육하신 하나님, 신성의 축소 없이 유아로 줄어든 무한, 우리와 함께 계신 하나님, 한 유대인으로 자신을 재정의하시는 하나님 말이다.[63] 따라서 바르트는 신성과 인성의 결합이 하나님의 선택에 의한 "이중 작인"이라고 서슴없이 말한다. 하나님은 사귐을 위해 우리를 선택하시기 때문에, "이중 작인"으로 인해 하나님의 말씀과 인간의 말은 동시에 발생하여 미분화된 실제적 연합으로 공존한다.

뜻밖에도 초기의 바르트는 [아마 우리가 『로마서』를 통해 그를 처음 만났기 때문에] 초월 신학자, 하나님과 인간의 상반된 거리의 신학자로 알려졌다. 바르트 신학의 반복되는 중심인 "칼케돈 패턴"으로 인해 바르트는 우리가 "실제로 불 속에 손을 넣고"[64] 생각할 수 없는 것을 생각해야 한다고 말할 수 있다. 즉 하나님과 인간의 말은 비대칭적이지만 또한 전적으로 친밀하고, 하나님의 주권의 온전성이나 인간의 참 자유를 희생하지 않는다.[65]

바르트는 『교의학 개요』에서 믿음이란 하나님이 우리를 "은혜의 말씀을 자유롭게 듣도록" 만드는 사건이라고 정의한다.[66] 믿음은 "전적으로 하나님의 일이요⋯전적으로 인간의 일이고⋯완전한 노예화요⋯완전한 해방"으로 변증법적으로 묘사되어야 한다. 믿음은 어디서 오는가? "[믿음이] 하나님의 말씀으로 깨어나듯이, [믿음은] 하나님의 말씀으로 자라고 살아난다."[67] 하나님에 의해 시작된 인간의 믿음(반응하는 들음)은 하나님의 말씀의 원을 완성한다. 듣지 않은 말, 받아들이지 않은 말은 말일 수 없다. 계시에 대한 우리의 "예"는 반응적이고 반사적일 뿐이지만, 하나님의 계시의 "예"의 중요한 확증이다. 예수 그리스도 안에서 이루어지는 하나님의 구원 사역에도 여전히 인간이 해야 할 일이 있다. 곧 경청하고, 듣고, 응답하는 것이다. 우리의 "예"는 그리스도 안에서 우리를 위해 세상을 변화시키는 하나님의 "예"에 종속되어 있지만(고후 1:20), 하나님의 구원 사역이 헛되지 않다는 필연적인 확증이다. 칼케돈 신앙은 설교를 양방향의 교환으로 설명한다. "예수 그리스도 안에서 말씀하신 하나님의 위대한 '예'는 [인간]을 향한 하나님의 방향 전환과 하나님을 향한 [인간]의 방향 전환을 모두 포함한다."[68] 하나님이 말씀하셨고, 우리는 들었고, 따라서 우리는 믿는다.

> 창조와 성육신에서처럼 [하나님의 말씀이 그대로 받아들여질 때마다], 여기서도 우리는 그 존재론적, 지적 기초가 오직 하나님의 자유와

> 위엄에 있는 한 사건, 즉 기적을 경험한다.⁶⁹

설교자는 교인들이 "오늘 정말 은혜로운 설교였습니다" 또는 "전에는 이해하지 못했는데 이제 이해가 됩니다"라고 말할 때 특별한 기쁨을 느낀다. 하나님은 우리를 통해 하나님의 백성에게 말씀하실 뿐만 아니라 그들의 응답을 이끌어내는 데도 성공하셨다. 칼케돈 상상력의 실현이다.⁷⁰

> [믿음은] 단순히 의롭다함을 받고 믿는 문제일 수 없다. 믿음과 더불어…회개와 순종, 그리스도인다운 삶의 필요성이 제기된다. 우리에게 던져진 질문 아래 우리 자신을 두지 않고서 우리는 하나님의 대답을 받아들일 수 없다. 우리는 [하나님의] 권위를 받아들이지 않고서 하나님을 인정할 수 없다. 우리는 행동하지 않고서 하나님과의 관계에서 지식을 가질 수 없다.⁷¹

독립적이고 자율적인 인간의 믿음(펠라기우스주의)은 존재하지 않는다. 우리는 죄인이고 유한하고 연약할 뿐만 아니라(물론 우리는 분명 그렇다) 믿음 그 이상을 위해 창조되었기 때문이다. 우리는 하나님과의 사귐과 대화를 위해 만들어졌다. 이 대화에 적합한 선천적인 인간의 능력은 우리에게 없다. "하나님의 말씀은 인간 존재에 부여된 가능성에 전혀 의존하지 않는다"는 말은 "하나님의 말씀은 인간 존재에 필수적이거나 그 안에 내재된 것이 아니라 하나님의 말씀 자체 안에 있다. 인간 존재와 그 가능성은 어떤 의미에서도 하나님의 말씀을 선행할 수 없고 뒤따르기만 한다"는 뜻이다.[72] 설교는 온전한 인간이요 온전한 하나님이신 분이 진정으로 우리와 대화하기로 결심하셨다는 칼케돈의 확신에 의해 살아난다.

소명

그래도 우리는 하나님의 은혜로 듣는다. 제자도는 우리가 하나님과 인간의 대화 영역으로 이끌렸다는 확증이다. 인간의 본성은 그 한계에도 불구하고 하나님의 초대 아래 있다. 하나님은 그리스도 안에서 하나님 자신과 우리를 뗄 수 없도록 묶으셨고, 우리는 하나님께 묶여 있는 자유, 곧 우리가 마땅히 되어야 할 존재의 기쁨을 발견할 수 있다. 우리는 세상을 위한 하나님의 위대한 개선 작업에서 작은 역할을 부여받았다. 교회는 그리스도께서 세상에 계시기 위해 선택한 눈에 보이는 육체적 모습이고, 설교가 헛되지 않다는 확증이다(고전 15:14).

    하나님의 말씀은 대부분 호격 양식이기 때문에 설교는 연설 이상이어야 한다. 설교는 소환이다. 월터 브루그만은 소명이 설교의 결정적 요소라고 말한다. "하나님의 결단에서 인간의 행위로 넘어오는 과업의 이양은 설교자에게 결정적인 순간이다. 설교자는 결국 하나님에 관한 담론에서 소환과 책임, 소명, 위험에 관한 인간의 담론으로 전환해야 한다."[73] 하나님의 말씀은 집결하라는 부름을 듣고 "예"라고 대답한 사람들에 의해 구체화되고, 실행되고, 구현되기를 모색한다.

따라서 설교자는 전령, 전달자일 뿐만 아니라 신병 모집자, 소집하는 사람, 그리스도께서 증인으로 파송하기 위해 자기 백성을 모으는 주요 수단이다. "모든 것이 하나님께로서 났으며 그가 그리스도로 말미암아 우리를 자기와 화목하게 하시고 또 우리에게 화목하게 하는 직분을 주셨으니 곧 하나님께서 그리스도 안에 계시사 세상을 자기와 화목하게 하시며 그들의 죄를 그들에게 돌리지 아니하시고 화목하게 하는 말씀을 우리에게 부탁하셨느니라"(고후 5:18-19). 온전한 인간이요 온전한 하나님이신 그리스도는 우리를 하나님께 가까이 데려가셨을 뿐만 아니라 우리를 파송하신다. 구원과 소명은 "화목하게 하는 말씀"을 전하도록 위임받은 사람들 안에서 뗄 수 없도록 연결되어 있다. 하나님의 "누가 우리를 위하여 갈꼬?"를 뒤따라 나오는 인간의 "내가 여기 있나이다"는 칼케돈 양식 배후에 있는 소명적 의도를 보여준다(사 6:8).

최근 팬데믹이 한창일 때, 나의 학생 중 하나인 노스캐롤라이나 동부에 있는 작은 아프리카계 미국인 교회 목사는 (휴대폰으로) 창세기 50장 20절을 본문으로, 자기 교회에 소속된 트럭 운전사와 식료

품 가게 점원, 의료 서비스 제공자, 환경미화원에게 설교했다.

몇 주 전까지 여러분은 식료품을 진열하거나 변기를 청소하고 있었을 것입니다. 하지만 예수님은 그 악한 바이러스를 선하게 사용하셔서, 코로나19에 감염되는 것보다 예수님을 실망시키는 것을 더 두려워하는 사람들이 이 지역 사회에 산재해 있다는 것을 알리는 증인으로 여러분을 부르셨습니다. 여러분은 "먹고 살기 위해 일하러 갔다"고 말했을 수도 있습니다. 하지만 예수님은 여러분이 "나는 증인이 되기 위해 일하러 간다"고 말씀하기를 바라십니다. 여러분은 이제 이 마을에 있는 하나님의 비밀 요원입니다. 사람들이 여러분에게 감사하거나 왜 여러분이 이 일을 하는지 묻거든 예수님 때문이라고 말하세요! "대화를 나누고 싶으세요?"

하나님은 바이러스를 사용하여 다시 설교자를 사용하시고, 성경 본문을 사용하고, 세상을 구원하기 위해 세례 받은 사람들을 사용하신다.

내가 가르치는 목사 안수자 입문 수업에서 신학생들이 작성해야 하는 첫 번째 논문은 "하나님은 당신이 여기 듀크 신학교에 있는 이유가 무엇이라고 설명하시는가"다. 10년 동안의 논문에서 명확하고 극적인 하나님의 소명을 받았다고 말하는 학생은 극소수에 불과하다. 나머지는 목회자나 술집에서 만난 이름 모를 사람, 할머니, 버스

옆자리에 앉은 낯선 사람이 그들에게 해 준 말이 훨씬 모호하면서도 분명한 소명이었다고 언급한다. 설교자들은 대부분 어떻게 하나님의 말씀을 전하라는 소명을 받았을까? 다른 사람들의 말을 통해서다. 칼케돈이 확증하는 바다.

하나님의 말씀인 인간의 말

칼케돈의 상상력을 발휘한다면, 성경 계시를 안정화(고정화?)하고 단순화(요약?)하려는 그릇된 시도에서 벗어날 수 있었을 것이다. 벤저민 워필드의 언어적 영감 구술 이론은 근대성의 공격에 맞서 성경을 옹호할 때, 성경은 순전한 하나님의 말씀이라고 주장하면서 성경의 인성을 부정했다. 워필드는 성경이 "사람을 통해 전달된 하나님의 말씀은 사실 인간의 어떤 혼합물도 섞이지 않은 순수한 하나님의 말씀이라고 가능한 한 가장 힘주어 단언한다"고 과장된 진술을 했다.[74] 그렇지 않다. 계시의 세 가지 형태 중 하나인 성경은 신인양성이되, 인성과 신성의 곤경은 없다. 바울이 서신을 통해 말할 때, 그것은 위격적 결합에 가까워서, 두 음성, 즉 바울의 음성과 성령의 음성이 동시에 말하는 것이다.[75]

    미국 복음주의자들은 역동적이고 기독론적인 성경관 때문에 바르트를 받아들이지 않았다.[76] 그들은 성경이 믿을 만한 명제적 계시,

진리의 보고, 신적 대리자의 과거와 현재의 행동이 아니라 하나님이 과거에 하신 말씀의 텍스트 결과물을 포함하고 있기 때문에 하나님의 말씀이라고 주장함으로써 성경을 강화하려고 했다.[77] 이신론이다.

역사 비평가들은 신앙고백의 축적물에서 추출된 역사적으로 검증 가능한 핵심, 마태와 마가 같은 설교자들에 의한 신앙고백의 왜곡에서 벗어나 "실제 일어난 일"을 발견했다고 생각했다. 역사주의다.

불가지론자요 무신론자인 바트 어만은 서툴고 부주의한 필사본 전승으로 인해 성경 본문이 "훼손되었다"고 불평하면서, 필사본에서 "수천 개"의 모순과 오류, 그리스도인들이 신성하다고 주장하지만 당혹스러울 만큼 인간적인 성경에서 "수십 가지" 갈등과 모순을 흔쾌히 지적한다. "당신은 정말 그처럼 흠 많은 인간의 산물에 당신의 믿음을 맡기고 싶은가?"[78]라고 어만은 묻는다.

칼케돈의 상상력을 선물로 받은 이들은 이 "비종교적인 종교학 교수"에게 이렇게 반문한다. 우리는 왜 인간에 의해 오염되지 않은 성육하신 하나님을 추구하는가? 누가 흠 많은 인간을 포용하기를 거부하는 신과 어울리려고 하겠는가? 그리스도인들이 본문을 숭배한다면, 어만의 도전은 심각했을 것이다. 우리 교회 회중은 매주 (모순과 오류로 가득한) 지극히 인간적인 내가 지극히 인간적인 본문을 숙고한 다음 하나님에 관한 순전한 진리를 전달한다고 믿는다. 그들은 칼케돈의 정의에 대해 들어본 적이 없는 데도 이것이 하나님이 일하시는 방식이라고 확신한다.

성경이 진리의 독립적인 잔유물 보관소로 묘사될 때 성경의 인간적인 말들과 살아계신 하나님의 역동적인 자기 계시는 분리되고 만다. 바르트에게 계시는 생명 없는 퇴적물이 아니라, 주권적인 하나님의 역동적이고 자유로운 자기 계시다. 하나님의 신성한 자유는 그리스도와 성경, 설교를 통한 하나님의 가려진 드러남에서 가장 분명하다. 하나님의 말씀은 우리와 함께 계시는 하나님, 우리 너머에 계신 하나님, 미지의 존재로 알려진 하나님이다. "하나님의 말씀은 그분의 계시 안에 있는 하나님 자신이다."[79] "하나님의 말씀은 하나님 자신과 동일하다."[80]

> 여호와여…주께서 내가 앉고 일어섬을 아시고 멀리서도 나의 생각을 밝히 아시오며 나의 모든 길과 내가 눕는 것을 살펴 보셨으므로 나의 모든 행위를 익히 아시오니 여호와여 내 혀의 말을 알지 못하시는 것이 하나도 없으시니이다 주께서 나의 앞뒤를 둘러싸시고 내게 안수하셨나이다…내가 주의 영을 떠나 어디로 가며 주의 앞에서 어디로 피하리이까.(시 139:1-7)

삼위일체 하나님은 자신을 계시하기로, 대화에 참여하기로—우리의 요구에 의해서가 아니라—결심하셨기 때문에, 하나님은 성경과 설교에도 제한받지 않으신다. 발람의 나귀를 통해 주신 하나님의 말씀이 애용되는 사례다(민 22:21-39). 베드로전서 3:1은 아내가 "말로 말미암지 않고" 남편에게 전해야 한다고 촉구한다. 불타는 떨기나무가 모세에게 말한다. 음식과 떡, 잔을 통해 "[너희는] 주의 죽으심을 그가 오실 때까지 전한다"(고전 11:26).[81]

> 우리는 "기독교 설교"라는 용어를 강단의 설교나 목회자의 사역에만 국한하지 않고, 무엇이든 우리 모두가 자기 방에서 조용히 자신에게 "설교하는" 모든 것을 포함한다.…오늘날 하나님의 말씀인 기독교의 설교는…하나님에 대한 인간의 말의 지배가 아니라 하나님의 말씀에 대한 봉사요 하나님의 말씀에 대한 섬김이다.[82]

성육신

한스 폰 발타사르에 의하면, 성경과 설교는 칼케돈이 규명한 성육신의 경이로움의 두 측면이다. "말씀이신 하나님은 [인간이] 되기 위해 육신의 몸을 취하셨다.…그분은 동시에 음절로 구성된 실체, 성경… 언어적 발화를 취하셨다."[83]

설교는 성령에 의한 예수님의 동정녀 잉태와 같이 기적적으로 "역사"한다. 마리아의 태에서 일어난 예수님의 기적적인 잉태나 십자가에 못 박힌 예수님의 부활은, 설교와 동일한 규모는 아니더라도 비슷한 등급의 경이로움이다. 먼 곳에서 오시는 하나님, 우리가 잉태하지도 않은 무언가가 우리 안에서 태어나는 것, 밖으로부터 열린 문, 죽음에서 살아난 생명, 가능해진 새로운 세계, 다시 부활절이다. 설교는 우리의 흠 많은 인성을 온전히 포용하시는 하나님, 인간의 모습을 취하신 하나님, 성령으로 덮인 유한한 말, 하나님에게까지 높여진 인류, 다시 반복된 베들레헴이다. 물론 마리아가 들었듯이 여전히 "비방을 받는 표적"이지만 말이다(눅 2:34).

> 성령에 의한 잉태 및 동정녀 탄생의 기적과 관련하여 우리는…그것을 기적으로 받아들여야 한다.…기적이란 우리가 거부할 수밖에 없거나, 터무니없는 불가능한 일이라고 선언할 수밖에 없거나, 믿을 수밖에 없는 사건이다. 무엇이든 이 양자택일을 약화시키거나 제거하는 것은 기적 개념을 훼손한다.…설명된 기적은 분명 더 이상 기적이 아니다.…우리가 보통 합리주의자들 가운데서 발견하는 것보다 훨씬 정교하게 기적을 설명하더라도, 기적을 설명하려는 이들은 단지 거부와 믿음 사이에서 결정을 내리고 싶지 않다는 것을 보여준다.…성육신의 눈높이에서 볼 때…기적은 제쳐두거나 희석될 수 없다. "성령으로 잉태됨"이 없다면, 우리는 무언가 다르지만 들어본 적 없는 임신과 다르지 않은 것을 마주하게 될 것이다.[84]

바르트는 자유주의 신학의 방식대로 기적을 당혹스러운 것으로 다루기보다는, 성육신을 하나님의 기적적인 행위로 경축하고 기뻐한다. 그리스도의 잉태와 계시는 하나님이 만드신 기적이기 때문에, 성육신은 가려지고 감추어진 객관적인 역사 속 사건이다.[85]

> [요한계시록의] 한 면이 "죽은 자 가운데서 사흘 만에 다시 살아나셨다"로 압축될 수 있듯이, 다른 한 면은 "성령으로 잉태되셨다"로 압축될 수 있다. 기적적인 잉태는 하나님-인간이 계시의 객관적 가능성이라고 말하고, 부활은 [동일한 것을] 말해준다. 기적적인 잉태는 은폐된 계시이고, 부활도 [동일하다].…기적적인 잉태는 그분의 부활을 통해 자신을 드러내고, 보여주고, 알린다…처음의 기적과 마지막의 기적.…기적은 기적을 인식하게 한다.[86]

본회퍼는 이렇게 말한다. "선포된 말씀은 인간의 본성을 지니신 그리스도다. 이 말씀은…세상 죄를 짊어지고 성육하신 분이다.…설교 말씀은 다른 어떤 것이 아니라 [인간성을] 수용하려고 한다. 설교 말씀은 온전한 인간의 본성을 품기를 원한다."[87] 전능하신 하나님이 우리가 이해할 수 있는 방식으로 말씀하는 것은 성육신적 사건이다. 즉 하나님은 육신을 입는 위험을 감수하시고, "인간의 온전한 본성"을 취하시고, 우리의 치명적인 진리 외면에 과감하게 관여하신다. 그리스도께서 설교하지 않으셨다면, 그분을 십자가에 못 박을 이유가 있었을까? 그리스도께서 침묵을 지켰다면, 우리 안에서 최악의 것을 끄집어내셨을까?

주께서 나의 앞뒤를 둘러싸시고 내게 안수하셨나이다 이 지식이 내게 너무 기이하니 높아서 내가 능히 미치지 못하나이다.(시 139:5-7)

설교는 하나님의 은혜로 하나님의 말씀이 될 수 있는 인간의 활동이다. 완벽하게 구상된 설교도 없지만, 그렇다고 우리의 통제권 안으로 넘어오는 설교도 없다. 설교자는 "질그릇에 담긴 보화"를 지니고 있다(고후 4:7). 하나님의 말씀은 계시된 것인 동시에 신비롭고, 드러난 동시에 가려져 있다. 우리가 듣는 것은 자명하지 않고, 분명하고 직접적인 경우가 드물고, 설교자와 회중 모두의 인간적 한계에 의해 제약을 받지만, 동시에 우리가 말할 수 있는 것보다 더 많은 것을 전달한다.

설교자는 비판적 자기 인식, 즉 평생 동안 자기 성찰과 자기 발견에 참여하여 우리의 말이 어떻게 말씀을 오염시키는지 더 잘 알 수 있는 능력을 얻기 위해 기도한다. 나는 이따금 나의 인간적 노력과 자기 연민, 자기 정당화, 여러 가지 동기가 뒤섞인 방어적 설교를 한다. 말은 진리에 이르는 길일뿐만 아니라 기만과 오해를 낳는 주요한 수단이기도 하다. 내가 전한 많은 설교가 끝난 후 예수님은 분명 "아버지, 저를 용서해 주소서. 자기가 무슨 짓을 하는지 모르나이다"라고 기도하셨을 것이다.

교육 수준이 높은 부유한 회중에게 설교하기 위해 성구실을 나설 때 주최측 목사는 이렇게 경고했다. "이것만 기억하세요. 오늘 아침 목사님이 설교할 청중의 절반은 보편적 의료보험이 정부의 공짜 선물이라고 생각합니다." 나는 침을 꿀꺽 삼켰다.

그는 이어서 말했다. "목사님을 알기 때문에 하는 말인데, 하나님이 사랑하시는 악인들을 때리고 싶은 유혹을 뿌리치셔야 합니다."

어떤 청중이 내가 열심히 전한 말씀을 받아들이지 못한다면, 아마 그가 듣지 못하는 이유는 청중의 한계 때문이 아니라 하나님의 백성을 거짓과 오류에서 지키는 하나님의 자애로운 보호하심 때문일 것이다. 내가 아는 방식대로 멋지게 설교한 후, 한 평신도 청중의 설교 후 논평에 놀란 적이 있다(내가 왜 칼케돈을 추종했던가?) "설교에서 다루는 내용 자체는 좋았습니다. 그런데 왜 이 비유의 마지막 세 절은 무시하셨나요? 뭔가 불쾌한 내용이었나요?"

온전한 하나님이요 온전한 인간이신 그리스도는, 여러분이 그들을 담당한 목사가 아니라면 왜 그들의 설교자가 되어서는 안 되는지 그 이유를 설명해 주실 것이다. 그리스도의 백성의 흠 없는 온전한 인성—그들의 조용한 절망과 간절한 갈망, 그들의 상처와 두려움—에 매일 감동 받는 사람이 "여호와께로부터 받은 말씀이 있느냐?"(렘 37:17)는 질문에 가장 잘 대답할 수 있다. 바울은 고린도교회가 더 단단한 영양분을 섭취할 수 없었기 때문에 이유식을 먹였다고 인간적으로 말했다(고전 3:2). 동시에, 기적적인 선행을 실천하는 평범한 교인들의 확고한 충성에 정기적으로 허를 찔릴 때 "너희는 그리스도의 몸이요 지체의 각 부분이라"(고전 12:27)고 진심을 담아 설교할 수 있다.

성서일과를 읽다가 재혼 문제를 다루는 예수님의 말씀을 설교할 마음이 생긴다(마 19:3-12). 예수님의 분명한 가르침에 귀 기울이는 동안, 마침내 용기를 발휘하여 학대받는 결혼 생활에서 벗어난 사라 존스의 얼굴이 떠오른다.

바울은 로마서 1장 18-26절을 들이밀면서 사람들의 불경건함에 일침을 가하라고 요청한다. 나는 마침내 용기를 발휘하여 자신의 성 정체성을 솔직하게 밝힌 토비 스미스에게 상처를 입히지 않으면서 바울이 말한 것(말하지 않은 것)을 언급할 수 있는 방법을 찾지 못한다. 나는 목회 상담 수업에서 그의 부모 앞에서 그를 지지하겠다고 약속했다. 분명 바울도 이해할 것이다.

어느 주일에 나는 앨라배마 시골 교회로 달려갔다. 예레미야와 나는 근동에서 미국의 모험주의에 반대하는 감동적인 설교를 쏟아냈다. 그들은 나의 개탄을 놀라울 만큼 잘 견디고 있다는 생각이 들었다.

나중에, 예언자처럼 고상하게 퇴장하면서 나는 "군복무 중인 자녀들"이라고 적힌 게시판 옆을 지나갔다. 십여 명의 청년들이 나를 쏘아보았다. 주최측 목사는 이렇게 설명했다. "그들 중에 애국심 때문에 군복을 입은 사람은 없습니다. 아버지가 너무 완고하거나 이 마을의 취업 전망이 형편없을 때, 군대는 한 계단 올라가는 길이죠."

그들의 목회자가 아니라면 예레미야를 설교해서는 안 된다고 말하면서, 나는 서둘러 안전한 주교관저로 돌아왔다.

하나님, 내 안과 회중의 상황에서 최악을 이끌어내 '에트 페카토르'(et peccator)가 최고의 '시뮬 유스티스'(simul justis)를 얻는 본문을 아는 은혜를 허락하소서['Simul justus et peccator'는 '죄인인 동시에 의인'이라는 의미다—역주]. 주님, 세례 요한을 본받기를 거절하고 주님을 가리키기보다 주님을 교정하려고 할 때 나를 견책하소서. 설교하기 전에 공동체의 고백 기도로 회중을 인도하게 하신 주님, 감사합니다.

나의 죄 때문입니다.(mea culpa)

가령 그리스도께서 어머니를 미워하라고 말씀하신 흥미로운 성서일과(눅 14:26)을 읽어 보라. 괄약근이 조여 오는 소리를 들을 수 있다. 그때 나는 일어나서 열변을 토한다. "진정하세요. 예수님은 우리가 사용하는 의미로 '미워하다'는 단어를 사용하지 않으셨습니다. 예수님이 신학 교육의 혜택을 받으셨다면 아마 이렇게 말씀하셨을 겁니다. 이를테면, 음, 나이든 여성을 적절한 위치에 두라는 뜻이었을 겁니다."

단순히 설교자가 되지 말고, 그들을 예수님으로부터 보호하는 사람이 되라!

"예수님의 취지는 '가서 가진 것을 다 팔아 가난한 자들에게 주라'는 것이 아닙니다. 그건 경제적으로 무책임한 일이 될 겁니다. 마음을 놓으세요. 여러분에 대해서 하신 말씀이 아니거든요."

그런 부류의 사람들을 제자로 부르신 예수님의 판단에 의문을 제기하라!

나는 목사가 되고 첫해에 했던 설교 폴더를 죽 훑어보았다. 주어진 성경 본문이 무엇이든 나는 대부분 당시 베트남 전쟁을 맹폭하면서 닉슨 대통령을 비난하고 있는 것을 깨달았다. 영리한 딕은 내 설교를 전혀 듣지 않았다.

청소년기에 겪은 권위 문제와 예언자로서 자기 스타일을 고수하려는 욕망 때문에 나는 강단에서 복음을 막무가내로 밀어붙였다!

복음이 유대인과 이방인의 경계를 뛰어넘고 그리스도의 강권으로 베드로가 로마 백부장의 집에 들어갔을 때, 이교도 고넬료는 어리둥절했다. 고넬료는 감사하면서 베드로의 발 앞에 엎드렸다. (이 이교도 군인들은 약간의 기회가 주어지면 무엇이든 숭배할 것이다.) 베드로는 고넬료를 바닥에서 일으켜 세운다. "일어서라 나도 사람이라"(행 10:26).

설교자가 이따금 회중에게, 그리고 자기 자신에게 시인하는 것도 나쁜 행동이 아니다!

하나님은 인간의 말이라는 신체 기능을 통해 세상에 계시하신다. 칼케돈 신앙에서 볼 때, 적절한 휴식과 운동은 설교자에게 신학적, 도덕적 문제다. 몸(*soma*)과 정신(*psyche*)은 함께 간다. 우리는 목소리를 잘 관리하는 청지기가 되어야 한다. 테레사 브라운의 책은 그 방법을 보여줄 수 있다.[88] 설교자는 천사나 육체에서 이탈한 영이 아니다. 우리는 "여러분과 같은 인간"이다.[89]

칼케돈적 설교

바르트는 이상적인 설교란 우리가 하나님을 바라볼 수 있는 투명한 유리창과 같다고 말한 적이 있다.[90] 하지만 바르트의 투명성 은유는 칼케돈의 상상력에 비추어 볼 때 무너진다. 설교에서 하나님은 우리의 인성을 없애지 않고 오히려 그것을 사용하고, 성취하고, 징발하신다. 예수님은 단지 십자가에서 고난을 당하고 죽는 듯 보이지 않으셨다(가현설 이단). 그분은 육신의 피를 흘리고 죽으셨다. 그리스도 안에서 인성과 신성을 분리하고 나면 성육하신 하나님을 가질 수 없는 것처럼, 설교의 수사적 겉껍질은 벗겨낼 수 없다. 설교의 디자인과 형식, 배열, 구조에 대해 고민할 때, 전달과 표현 방식에 대해 고민할 때, 혹은 일상 생활에서 예화를 찾을 때, 설교자는 사소한 것에 집착하고 있는 것이 아니다. 물론 바르트는 후기 설교 강의에서 예화를 깎아내렸지만 말이다.[91] 설교는 구체적이지 않은 고상한 영적 관념도 아니고, 모호하고 무시간적이고 추상적인 것도 아니며, 아무개가 무명의 특정 인물에게 하는 감동적인 대중 연설도 아니다. 설교의 구조는 예수님이 나사렛 출신의 유대인이라는 사실만큼이나 설교의 의미에서 더 이상 부수적인 것이 아니다.

    바울은 긴급한 주제에 맞게 말투를 조정하면서 자신의 신학 메시지와 일치하는 어리석은 선포 스타일을 선택했다고 말한다.

형제들아 내가 너희에게 나아가 하나님의 증거를 전할 때에 말과 지혜의 아름다운 것으로 아니하였나니 내가 너희 중에서 예수 그리스도와 그가 십자가에 못 박히신 것 외에는 아무 것도 알지 아니하기로 작정하였음이라 내가 너희 가운데 거할 때에 약하고 두려워하고 심히 떨었노라 내 말과 내 전도함이 설득력 있는 지혜의 말로 하지 아니하고 다만 성령의 나타나심과 능력으로 하여 너희 믿음이 사람의 지혜에 있지 아니하고 다만 하나님의 능력에 있게 하려 하였노라.(고전 2:1-5)

바울의 말은 기독교 설교의 특수성에 대한 최초의 명시적 진술이고, 신약 성경에서 설교자의 시선이 복음 선포에서 벗어나 수사적 전략에 대한 논의로 향하는 동시에 수사학을 사용하지 않았노라고 줄곧 자랑하는 유일한 곳이라고 할 수 있다.

심지어 십자가가 말할 수 있다면, 성육하신 하나님이 설교자의 인성을 활용하여 하나님과 인간의 소통을 가능하게 하신다고 기대하는 게 합리적이다. 나는 하나님이 더듬거리는 불안정한 목소리를 사용하여 훌륭한 결과를 낳으시는 것을 보았고, 자기 백성에게 존경받던 부드러운 남자를 "하나님에 대해 논하는 치열한 싸움"에 사용하시는 것을 보았다.

내가 아는 한 설교자는 "할머니와 나누던 대화를 떠오르게 하는" 설교 덕분에 "우리가 들어본 최고의 설교자"라는 찬사를 받았다.

"우리 손자는 똑 부러지게 말한답니다." 어떤 사람이 젊은 설교자의 거친 설교를 옹호하며 말했다. "짜증나서 죽을 지경이죠. 그래도 교회는 내가 젊은이들의 말을 들을 수 있는 유일한 곳이예요."

신학생 시절에 나는 남부 억양이 신경 쓰였고, 많은 예일대 학생이 나의 캐롤라이나 사투리를 조롱했다. 그때 빌 뮬은 나에게 카세트테이프 세트를 주면서 "이 사람들은 금세기에 최고의 찬사를 받는 설교자들이야"라고 말했다. 해리 에머슨 포스딕의 목소리는 우스울 정도로 고음이었다. 윌리엄 슬론 코핀은 사실상 혀 짧은 소리를 냈다. 하포드 루콕은 거슬리지만 꽂히는 말투로 말하면서, 매번 문장 끝에서 피치를 높였다.

나는 뮬의 의도를 간파했다. 하나님은 유별나고 불안정한 설교를 사용하여 청중의 주의를 끄실 수 있다.

"남부인 특유의 서민적인 소탈함 때문에 당신은 강단에서 무슨 일이든 할 수 있다." 나의 비평가 중 하나가 말했다. 혹은 그의 대꾸는 의도치 않은 칼케돈식 칭찬이었을까?

여성 목회자는 설교할 때 일정 정도의 능력 부여와 자유를 경험한다고 한다. 여성들이 개신교 교단에서 임직을 받았을 때, 그들은 즉시 두각을 나타냈다. 이는 부분적으로 여성들에게 주어진 권위가 세상이 능력을 부여하는 방식이 아니라 신학적인 권위 부여인 데서 기인한다.[92]

설교자는 일어서서 쩌렁쩌렁한 목소리로 "여호와께서 이같이 말씀하신다!"고 선포하고, 또한 젊은 이사야와 함께 "화로다 나여 망하게 되었도다 나는 입술이 부정한 사람이요 나는 입술이 부정한 백성 중에 거주하노라"(사 6:5)고 고백한다. 예수 그리스도의 진리를 표현할 때 우리는 하나님의 진리를 받았다고 담대히 믿고, 또한 진리는 주어진 것이지 결코 우리에게서 비롯된 것이 아니라고 겸손히 인정해야 한다. 설교자가 "이것은 그냥 내 생각일 뿐이고, 내 제안일 뿐이니 여러분이 원하는 대로 받아들이거나 버리십시오"라면서, 칼케돈의 긴장을 성급하게 누그러뜨리는 것을 들으면 안타깝다.[93] 설교에서 표현되는 거짓 겸손은 때로 말씀에 대한 순종적인 섬김에 삶을 쏟기를 거부하는 도도한 오만을 감춘다.

설교자는 진리를 말하라는 소명에서 벗어나는 한 방편으로 자신의 유한함에 호소할 수 없다. 온화하게 전달될 때에도 설교는 칼케돈의 선언을 벗어나지 않는다. 예수님은 십자가에 못 박힌 유대인이지만 여전히 주님이시다. 우리는 예수님을 설교하기 때문에 예배에서 하는 말은 그분을 십자가에 못 박은 세상에 의해 거부당할 수 있다. 예수님에 대해 얘기할 때 그분에 대해 듣고 싶어 하지 않는 이들로부터 상처받지 않도록 보장하는 방법을 발견한 사람은 아무도 없다. 설교자는 예수님이 경고하셨듯(눅 9:23) 매일은 아니더라도 적어도 매주 아침 11시 30분경에는 "십자가를 지고" 설교한다.

다른 한편, 설교에 긴장이 없고 인간의 한계가 전혀 없는 것처럼 말하는 설교자의 말을 들을 때도 안타깝다. 설교자에게 빈손 들고 성령님을 의존하지 않아도 되는 자유를 주는 확실하고 간단한 효과적인 방법은 없다. 성령만이 우리에게 "아바! 아버지!"라는 부르짖음을 주실 수 있다(롬 8:15-16). 하나님의 말씀은 설교자가 중재 없이 직접 받아 동의를 강요하는 안정적인 소유물이 결코 아니다. 임직은 인간의 약점을 제거하지 않는다. 부활하신 그리스도도, 용서하는 아버지도 없고, 하나님이 역사하시도록 성령을 일깨우지도 않는 강단의 말씀은 말씀이 아니다.

    나는 설교할 때 문장 끝에 "어" 또는 "음"이라고 말하는 습관을 고치고 싶다. 그렇지만 나의 불운한 습관은 형편없는 남부 억양에다 갈라진 고음의 거친 목소리로 '데우스 딕시트,' 진리를 말하는 긴장을 보여주는 증거일 수도 있다. 설교자의 말은—어색한 공백이나 중단, 부적절한 수식어, 허접한 결론이나 우물쭈물함이란 찾아볼 수 없는 세련되고 완벽한 웅변술 없이—어수선할 수 있다. 우리는 하나님이 우리에게 최종 결론을 주지 않았고, 하나님께만 속한 직접적인 계시를 우리 손에 주시지 않았다는 것을 알고 있다. 우리는 세례 요한처럼 십자가에 달린 하나님의 구원의 끔찍한 경이로움을 가리킬 수 있을 뿐, 그것을 소유하거나 통제할 수 없는 증인이다.

    그렇기는 하나, 칼케돈 신앙은 우리의 목소리는 퇴색하고, 긴장으로 인해 거칠고 약해지고, 교회 벽에서 튕겨져 나와 사라지지만, 주님의 말씀은 영원히 지속된다는 위안을 준다(사 4:8, 벧전 1:25). 길고 가늘고 앙상한 설교의 손가락은 메시아를 가리킬 수 있지만, 설교의 실체요 방편이신 그리스도를 결코 대체할 수 없다.[94] 내 목소리는 두 번째 줄에 앉은 청중에게 가까스로 닿지 않지만, 하나님의 목소리는 온 세상으로 퍼져 나간다(롬 10:18). 그리스도를 십자가에 못 박고 무덤에 봉인해도, 그분은 여전히 결정적인 말씀을 하실 것이다. "보라 하나님의 장막이 사람들과 함께 있으매 하나님이 그들과 함께 계시리니 그들은 하나님의 백성이 되고 하나님은 친히 그들과 함께 계실 것이라"(계 21:3).

온전한 인간이요 온전한 하나님만이 내가 버밍엄의 화해자 교회―노숙자들과 함께하는 교회―에서 참여했던/참관했던 사건을 만들어내실 수 있다. 화해자 교회에서 처음 설교했을 때, '예배로 부르심' 이후 거리에서 모여든 회중을 응시하다가 내가 준비한 설교가 어리석은 실책이라는 것을 깨달았다. 나는 준비한 설교를 던져버리고 기도했다. 주님, 무언가 주세요. 저는 여기서 쓰러져 죽어가고 있습니다. 주님, 주실 게 있지 않나요? 이런 정신없는 기도를 자주 드리지만, 이런 기도가 응답받는 일은 거의 없다. 때로 주님은 설교자가 공적으로 "심령이 가난해지는" 경험을 하게 하셔서 인격을 연단하신다. 그런데 그날, 성령은 내 앞에 모인 거리의 불쌍한 회중과 더불어 나에게 말씀을 먹이셨다.

"여러분과 함께 하는 것이 항상 축복입니다." 나는 이렇게 시작했다. "오늘 아침에는 이런 질문이 있습니다. 예수님은 생계를 위해 무슨 일을 하셨나요? 어떤 직업에 종사하셨나요?" 나 혼자 생각해낸 질문이 결코 아니었다.

침묵이 흘렀다. 한 동안 주님이 큰 코를 다치신 게 아닐까 하는 의문이 들었다. 마침내 누군가가 조심스럽게 말했다. "목수요?"

"좋은 추측입니다. 다만 아버지 요셉은 목수였지만 예수님이 목공소에서 일손을 도왔다는 기록은 없습니다."

"설교자요?" 또 다른 사람이 조심스럽게 말했다.

"맞아요! 그분은 설교자셨어요. 하지만 그 시절에 사람들은 월급과 연금을 많이 주어야 설교자를 뽑을 수 있다는 것을 아직 몰랐습니다. 예수님은 설교로 생활비를 벌 수 없었을 겁니다." 대체 내가 어떻게 이런 생각을 하게 되었을까?

"예수님께도 아파트가 있었나요?" 누군가 외쳤다.

"좋은 질문이네요!" 내가 말했다. "예수님이 일하셨다는 내용은 없지만, 알다시피 '여우도 밤에 들어갈 구멍이 있으나 인자는 머리 둘 곳이 없으셨죠.'"

멋지네요, 주님.

"사실 예수님은 실직한 노숙자셨습니다. 그래서 예수님은 그렇게 많은 저녁 식사 초대를 수락하셨고, 심지어 싫어하는 집에도 가셨어요. 예수님은 허기지셨고 갈 곳이 없으셨습니다." 너무 직설적인가?

앞줄에 앉아 있던 누군가가 외쳤다. "그래도 괜찮아요, 예수님! 나도 직업이 없어요! 그래도 괜찮아요!" 회중에서 박수가 터져 나왔다. "그래도 괜찮아요!"

"예수님처럼 직업도 없고, 집도 없고, 아무것도 없어요!" 밴드가 연주를 시작하자 통로에서 춤추던 여성이 외쳤다. 회중으로부터 뜨거운 박수와 환호가 쏟아졌다.

나는 긴장감과 불편함을 느꼈다. 주님께서 설교를 내 손에서 떼어내, 누군가의 도움이 없었다면 이 회중과 함께 가지 않았을 어딘가로 우리를 이끌고 계셨다.

몇 분 동안 시끌벅적한 후, 나는 조용히 하라고 회중을 향해 손을 흔들었다. "제 취지를 이해하셨군요. 그리스도인들은 한 실직한(북소리) 노숙자('아멘!') 유대인('와우!')이 하나님이 어떤 분이고 무슨 일을 하고 계신지 알려주는 진리의 본체라고 믿습니다. 머리 둘 곳 없이('전능하신 하나님') 배고파 본 적이 없다면(심벌즈를 두드린다), 여러분은 예수님을 오해할 가능성이 높습니다. 나는 여러분에게 예수님을 설명해 줄 수 있는 훌륭한 설교자가 아닙니다."

나는 유쾌한 소음보다 큰 소리로 외쳤다. "그러니까 내 말은 예일대와 에모리대 학위가 있어도, 내가 그리스어로 이 내용을 읽을 수 있어도, 여러분 중에는 감독인 나보다 예수님과 더 가까운 분이 있다는 뜻입니다!" 춤과 함성이 다시 시작되었다. 나는 이 일에 책임이 없습니다.

예배가 끝난 후 나는 인도를 걷다가 근처 고속도로 고가도로 밑에서 몇몇 신자들을 만났다. 그들은 철제 드럼통 안에 연기가 자욱

한 불 주위에서 몸을 녹이고 있었다. 내가 다가갔을 때 한 여성이 외쳤다. "당신들은 하나님에 대해 제대로 몰라요. 여기 우리에게 진실을 말해준 목사님예요!"

나는 설교에 대해 이런 반응을 받을 자격이 없습니다.

바르트는 계시란 "사건," 파악하거나 담을 수 없고 오직 받을 수만 있는 기적적이고 순간적인 하나님의 선물이라고 가르쳤다. 바르트는 또한 교회를 "사건," 복음이 폭발하면서 형성된 분화구라고 불렀다. 교회는 제도나 영원한 조직, 지속적인 공동체가 아니다. 말씀이 그렇게 할 때마다 교회는 생겨난다.[95]

가을 학기 첫 주일, 10시 30분에 나는 누가 나타날지 궁금해 하며 초조하게 듀크 채플 계단을 서성이곤 했다. 수많은 제도적 장치가 대학 채플에서 무너지는 것을 보면서 나는 하나님이 각 세대마다 교회를 형성하신다는 것을 배웠다. 사건이요 순전한 은혜다.

하지만 복잡다단한 교회의 특성이 교회가 연약하다는 뜻은 아니다. 설교자는 회복력 있는 말씀과의 대화를 통해 각 세대마다 교회가 새롭게 창조되는 것을 맨 앞자리에서 지켜본다.

사도적 말씀 위에 세워진 교회는 결코 확정된 요소가 아니다. 교회는 하나님의 부르심에 의해 실재가 되어야 한다. 임직은…임직을 통해 임직 받은 이들이 하나님의 말씀을 듣는 한도 내에서 하나님의 부르심을 가리키는 나침반이다. 물론 임직 받은 이들은 하나님의 말씀을 끊임없이 새롭게 듣고…사도적 말씀에 의해 반복적으로 새롭게 세워져야 한다. 교회는 이 사도적 말씀을 하나님의 말씀으로 말하고 듣는 사건 속에서만 존재할 수 있다. 따라서 교회는 초대로만, 교회를 지향하는 기다림으로만 존재하는 기관이다. 교회에서 우리는 항상 교회라는 사건으로 가는 길 위에 있다. 따라서 개인들의 발돋움인 사역은 하나님의 부르심에 의해 반복적으로 실재가 되어야 하는 행동이다. 임직은…임직 받은 사람이 임직을 통해 하나님의 말씀을 듣는 범위 내에서 하나님의 부르심을 가리키는 나침반이다. 물론 임직 받은 이들은 하나님의 말씀을 끊임없이 새롭게 듣고…사도적 말씀에 의해 반복적으로 새롭게 세워져야 한다.[96]

어쩌면 우리는 인생에서 힘든 시기를 보내고 있고, 우리의 설교는 성경 주해보다 개인적인 문제에 대한 반응에서 더 큰 영향을 받을 수 있다. 아마 우리는 잘못된 이유나 부적절한 동기로, 어린 시절에 성장했던 과정이나 어떤 트라우마에 대한 반응으로, 또는 하나님이 나처럼 재능 있는 사람을 그들 같이 낙오한 회중과 함께 두셨다는 분노로 설교를 할 수도 있다.

염려하지 말자. 십자가를 승리의 표식으로 바꾸신 지략 있는 구속의 하나님은 우리를 어떻게 사용하실지 아신다. 우리의 의구심으로 인해 하나님의 소명이 훼손되지 않아야 한다. 칼케돈 신앙에 따르면, 우리가 지난 주일 설교에서 한 말이 단지 인간적 외침인지 아니면 하나님의 영감 받은 말씀인지 깊이 고뇌할 필요가 없다. 우리는 맨 마지막에 알게 될 것이다. 칼케돈의 상상력이 정의한 성육하신 하나님은 인성과 신성을 엄격하게 분리할 이유가 없다고 보신다.

설교에서 하나님은 자신을 낮추시고 우리의 인성을 그 모든 가치에 맞게 사용하신다. 하나님은 내가 아는 한 저명한 설교자의 수줍음을 사용하여 청중에게 매력을 발산하면서 복음을 전하신다. 또한 "나는 무슨 싸움이든 참여하고 싶다"고 고백하는 한 여성은 "대면하는 듯한 직설적인" 강단 스타일로 인해 그리스도인 학생 수련회에서 인기 있는 설교자가 되었다. 그녀의 설교는 나를 주눅 들게 만들지만(그녀는 크로스핏 운동을 한다), 청년들은 그녀의 설교에 열광한다. "조지아의 풋볼 선수로 뛰었던 하나님과 비슷한 음성으로 말한다"는 평을 듣는 110킬로그램, 192센티미터 몸매에 중저음의 목소리를 가진 친구도 있다. 강단에서의 성공 비결에 대해 물었을 때, "내가 재혼한 뒤 알코올 중독에서 회복되고 있다는 사실을 알게 된 후, 사람들은 내가 예수님에 대해 하는 말을 믿기 시작했다"고 대답한 목회자를 여러분에게 소개해 줄 수도 있다.

하나님은 우리의 인성을 온전히 사용하시고 또한 주님으로 온전히 임재하시면서 우리가 할 수 없는 일을 행하시고, 우리의 말을 넘어서서 말씀하신다. 우리는 설교를 인간만이 성취할 수 있는 일로 제한하지 않아야 한다. 가끔 나는 서로 상충된 성경 본문에 대한 성찰로 정말 훌륭한 딜레마 상황을 준비했지만, 설교를 어떻게 끝내야 할지 알지 못해 그냥 설교를 끝맺곤 한다. 나머지는 주님이 하셔야 한다. 마가의 갑작스런 마무리는 설교자의 임무가 전하고 선포하는 것이지 모든 것을 원만하게 마무리하는 것이 아님을 상기시켜 준다. 우리는 주일에 복음을 말한다. 나머지 한 주 동안 복음을 실천하는 것은 세례 시에 부여된 청중의 임무다.

설교는 인간의 일인가? 하나님의 일인가? 우리와 하나님 사이의 관계는 의도와 내용, 방법과 수단에 있어서 철저히 성육신적이기 때문에, 멀리 동떨어져 있다고 여기던 하나님이 한 인간의 목소리를 통해 들려질 때 설교는 성육신의 공적인 실증이 될 수 있다.

그 중심이 그리스도 주님이시기 때문에, 설교는 유비나 지원군을 찾는 데 어려움을 겪을 수 있다. 세상의 여러 합리성은 그리스도로 인해 유용성을 상실했다. 그렇기는 하나, 그리스도 때문에 인간의 언어는 신성한 영향력의 영역 속에 있고, 따라서 우리는 인간적 현상에 대한 통찰을 무시하거나 세속적인 지식의 원천을 묵살하면 안 된다. 인간의 어떤 것도 그리스도의 구속 사역의 범위를 벗어날 수 없다. 하나님은 (아마도) 문화인류학이나 대중문화, (아니면) 경제학을 통해 말씀하실 수도 있다. 물론 이 모든 것은 세 가지 형태의 계시를 근거로 판단되어야 하지만 말이다.

비칼케돈적인 부적절한 방식으로 설교가 영성화될 경우, 훌륭한 말은 헬륨으로 채워져 회중 위를 떠다닌다. 해방과 환대, 공동체, 연대, 성육신과 같은 단어들이 강단에서 쏟아져 나올 때, 단지 그 순간의 상투적 문구를 입에 담았을 뿐인데도 설교자는 실제로 무언가 중요한 내용을 말했다는 착각에 빠진다. "영적 형성"이나 "더 심오한 목적 의식"을 언급하고 회중의 시선이 따분해지는 것을 지켜보라. 설교는 고상한 유행에 관한 허황된 얘기라는 회중의 의구심은 더 강화될 것이다.

나는 최근에 한 설교자가, 마치 회중 안에서 실제로 일어나고 있는 일을 얘기하고 있기나 한 듯 "우리는 가난한 사람들에게 계속 급진적인 환대를 베풀어야 한다"고 말하는 것을 들었다. 그의 어법은, 우리가 어떤 말을 하면 실제로 행동으로 옮긴 것이라는 착각을 강화시키는 감상주의적 상투어다.

한 목사는 "오늘 아침 우리는 큰 불안을 느끼면서 깊고 은밀한 상처를 안고 있는 사람들로 모였습니다"라는 말로 설교를 시작했다. 거의가 백인인 부유한 회중을 둘러보니 그들의 모습은 훌륭해 보였다. 이렇듯 과시적이고 자기 연민에 빠진 말로 회중을 지칭하는 대가는 무엇일까? 많은 사람들이 불안하고(많은 재산을 가진 사람들은 불안해하는 경향이 있다) 상처를 입었더라도(당신의 상처는 나의 상처보다 더 흥미롭다), 그들은 상처 입은 사람들의 모임 그 이상이다. 그들은 높은 곳에서 오는 하나님의 말씀을 들을 뿐만 아니라 세상에서 그 말씀을 실천해야 하는 제자로 소집되었다. 예수님은 우리를 증인으로 부르시기 전에 우리가 치유되거나, 정신적으로 건강해지거나, 고통과 아픔이 사라질 때까지 기다리지 않으신다. 간혹 설교가 잘 안 풀릴 때

겪는 고뇌 때문에 허리가 아플 때 겪는 고통이 줄어들기도 한다.

하나님은 예수 그리스도께 저항하는 고가의 효과적인 방어책을 많이 구비한 이웃(상대적으로 부유한 특권층의 백인, 교육 수준이 높은 민주적인 북미인)에게 복음을 전해야 하는 불만에서 벗어날 수 있는 자유를 나에게 주신다. 하지만 예수님은 자신이 말씀하실 사람들을 선별하는 역할은 나에게 맡기지 않으신다.

속이는 설교자와 변질된 회중에게 주는 칼케돈의 희망은 이것이다. 곧 말씀은 육신이 되어 우리 가운데 거하면서, 우리 스스로 결코 할 수 없는 말을 하셨다.[97]

침묵할 유혹

좋은 것이든 나쁜 것이든, 하나님은 가끔 우리가 듣고 싶지 않은 말을 하시기 때문에, 침묵을 경건 다음으로 칭송하는 것은 납득이 간다. 설교자는 수다쟁이 하나님께서 교회가 부정의 유혹에 굴복하지 않도록 보장하는 한 가지 방법이다.

소경 바디매오는 "다윗의 자손 예수여 나를 불쌍히 여기소서"라고 외치면서(막 10:47) 대담하게 예수님과 대화를 시작한다. 군중은 바디매오를 침묵시키고, 복종과 침묵 속에 그를 가두려고 한다(48절). (5장 뒤에 군중은 예수님의 입을 막기 위해 "십자가에 못 박으라!"고 외칠 것이다.) 바디매오는 굽히지 않고 예수님을 "더욱 크게"(48절) 부른다. 예수님은 듣고 치유하고 "네 믿음이 너를 구원하였다"(52절)고 선포하신다. "그가 곧 보게 되어 예수를 길에서 따르니라"(52절).

바디매오는 침묵을 요구하는 군중의 소리를 무시하고 외친다. 뒤이어 군중은 바디매오에게 "그가 너를 부르신다"고 말한다. 이제 치유된 바디매오는 "예수를 길에서 따랐다."[98] 이것이 대담한 설교의 길이다. (회중에게 봉사하는) 설교자는 하나님을 부르고, 회중과 목회자는 그리스도께서 "너를 부르신다"는 사실을 서로 상기시키고, 그 결과 우리의 존재는 예수님의 길을 따르도록 부름 받는다. 처음부터 끝까지 소명이다.

마이스터 에크하르트는 "침묵만큼 하나님을 닮은 피조물은 없다"[99]고 선언하면서, 설교자들에게 "침묵하라. 그리고 하나님에 대해 말을 많이 하지 말라. 말이 많으면…거짓말을 하고 죄를 짓는 것이기 때문이다"라고 가르쳤다.[100] 로버트 사라 추기경은 아무것도 말하지 않는 것의 거룩함에 대해 할 말이 많아서, 현대 사회를 "심각하고 우려스러운 질병의 증상"인 억압적인 "소음의 독재"라고 칭한다.[101] "고독과 침묵은…하나님이 거하시는 곳이다. [하나님의] 침묵으로 자신을 둘러싸신다."[102]

침묵이 스스로 말하도록 추기경이 그냥 두지 않았다는 사실이 역설적이지 않은가?

"시온을 위하여 잠잠하지 아니하리라"(사 62:1)는 설교자의 금언이다. 소외된 자의 발언으로 불편해진 군중의 위협 앞에서도, 하나님에 관해 침묵하는 것은 시온에게 과분한 호사다. 사실, 인터넷으로 연결된 세상에서 침묵은 선물일 수 있다. 침묵은 말하자면 "자신의 생각을 들을 수 있는" 공간을 준다. 하지만 침묵은 삼위일체 하나님에 대해 생각하기에는 부적절하다.

요한계시록의 연설과 기도, 예언, 음악의 불협화음 한가운데서 "일곱째 인을 떼실 때에 하늘에 반 시간쯤 침묵이 있었다"(계 8:1). 경외감이나 두려움, 경이로움의 침묵이었을까? 우리는 모른다. 침묵은 말을 통해서만 드러난다.

에버하르트 융엘은 "하나님은 말로 인해 죽음에 이를 것이고…하나님에 관해 언급하려는 바로 그 말들 때문에 침묵하시게 될 것"이라고 우려한다.[103] 침묵은 "모든 종교가 찬양하는 것"이라고 데일 앨리슨은 주장한다. "어쩌면 우리는 하나님을 살해했고…결국 침묵을 제거함으로써 간접적으로 [하나님을] 폐기했는지 모른다. 인위적인 소음은 자연의 하나님과 [하나님] 자신이 부여하신 사랑의 침묵으로부터 [우리를 떼어놓는] 부정한 예전이 되었다."[104] 자연은 언제부터 침묵했을까? 사랑은 말이 없을까?

1997년 비처 강연에서 바버라 브라운 테일러는 많은 사람이 "음성어를 완전히 경멸하지는 않더라도 의심하게 되었다"고 설교자들에게 경고했다. 그녀에 따르면, 설교의 어려움은 "하나님 자신의 침묵으로 인해 더 심화된다. 하나님이 사람들에게 직접 말씀하신다면 설교자는 은퇴할 수도 있다. 그래서 성직자는 자신들이 하나님의 과묵하심을 해결하기 위해 고용되었다고 생각한다."[105]

바버라 브라운 테일러는 하나님의 침묵이 주요한 목회적 도전이라고 말한다. 우리가 하나님께 부르짖는 이유는 성경이 "신실한 자는 자녀, 만나, 땅, 건강 등 구하는 것을 받는다"고 말씀하기 때문이다. "그 연장선에서, 구하는 것을 받지 못한 사람은 신실하지 않다.…그들이 신실하다면, 하나님은 그들에게 말씀하실 것이다. '구하는 이마다 받을 것이요 찾는 이는 찾아낼 것이요 두드리는 이에게는 열릴 것이니라'"(눅 11:10). "이것은 하나님의 침묵에 드리운 비난이다."[106]

루트비히 비트겐슈타인의 금언 "우리는 말할 수 없는 것을 침묵으로 넘겨야 한다"는 종종 하나님을 침묵하게 만드는 타당한 이유로 사용된다. 하나님은 언어화의 한계 너머에 있는 신비이기 때문에 하나님에 관한 모든 담론은 흐릿하다. 하나님은 우리에게 내려와 말씀하시거나 우리가 올라가 말하기에는 너무 높으시다.

하지만 에버하르트 융엘이 지적했듯이, 부정 신학은 오직 인간의 한계에 근거해서만 하나님을 정의하고, 하나님을 표현할 수 없고, 알 수 없고, 따라서 생각할 수 없는 분으로 부정적으로만 묘사하는데, 이는 이스라엘의 하나님의 반대다. 하나님의 계시를 소극적인 부정의 방법으로, 생각할 수 없고 말할 수 없는 분으로 정의하는 것은 하나님을 부정하는 것이요 무신론의 전주곡인 신비주의다.[107] 칼케돈의 상상력은 부정 신학을 거부한다. 하나님은 나사렛 출신의 유대인으로 자신을 적극적으로 계시하셨고, 우리와 하나님 사이의 침묵을 영원히 깨뜨리셨다.

하나님의 말씀에 대한 칼케돈의 성육신 신학이 부재할 경우, 형이상학적 사변만이 하나님을 논하는 유일한 방법이 된다.[108] 이로 인해 우리의 "수다"로 하나님을 "침묵시킴"으로써 하나님의 "말없는 침묵," 하나님을 논의에서 배제하는 결과를 낳는다고 융엘은 말한다. 지나친 겸손과 감상주의, 다른 신들의 대체로 인해 하나님이라는 단어는 계속 사용되지만, 어떤 면에서 화자이신 하나님은 배제된다. 우리는 사유를 통해 하나님을 알 수 없고 따라서 말할 수 없다는 철학적 주장으로 인해 하나님은 침묵당하고, 너무 멀어서 말로 자신의 정체를 표현할 수 없는 분으로 비인격화된다.[109]

설교자가 "말로 하나님을 죽음에 이르게 했다"고 비난했을 때, 융엘은 부정의 이신론을 촉구하기보다는 하나님에 관한 무의미한 형이상학적 담론을 공격하고 있었다. 하나님은 말씀으로 세상과 우리를 만드신다. 그런 다음 신학은 하나님의 근원적인 말씀을 "본떠서 말한다." 따라서 융엘은 바르트적인 칼케돈의 주제로 돌아가, "연인이 자기 소통적 사랑으로 인해…힘을 빼앗기지 않는 것과 마찬가지로" 하나님은 인간의 설교로 인해 축소되거나 비하되지 않으신다고 말한다.[110]

니콜라스 라쉬의 말처럼, "언어의 부족함을 바로잡는 최선의 치료는 언어의 부족함을 고백하면서" 계속 이야기하는 것이다.[111] 설교자는 거의 매주 말하기 힘든 것을 말하고, 말을 한 후에는 우리가 더 분명하고 더 충실하게 말할 수 있었다는 것을 인정해야 하는 경험이 무엇인지 알고 있다. 설교는 그 목적을 완전히 달성하지 못하는 모순적인 생활 방식이지만, 우리의 말의 한계를 과감하게 고백하는 동시에 대담하게 표현하는 것은 하나님이 주신 하나님께 나아가는 길이다. 존 헨리 뉴먼 추기경의 말처럼, 하나님에 대해 논하는 길은 말하지 않는 것이 아니라 반복적인 "말하기와 말하지 않음"을 통해서다.[112]

바울은 결혼과 처녀에 관한 회중의 질문 때문에 주요 주제에서 벗어날 때, 주님에게 직접 받은 말씀이 없다고 시인한다(고전 7:12, 25). 하나님이 주신 말의 한계에 대한 허심탄회한 고백은 존경할 만하다. 그렇기는 하나, 바울은 계시가 없음을 인정한 후 곧이어 자신이 잘 알지 못하는 주제에 대해 한 마디 보탠다. 고린도 성도들이여, 받아들여도 좋고 거부해도 좋다.

아드리엔 리치는 "침묵과 부재를 혼동하지 말라"고 말한다.[113] 그렇기는 하나, 자신을 드러내는 구체적 실체가 없는 "존재"는 어디에 있을까? 침묵 속에서도 말이 부재한 것은 아니다. 우리가 말하지 않을 때에도 말에서 벗어나 숨을 곳은 없다. "우리에게 기도를 가르쳐 주소서"라는 요청을 받았을 때, 제자들을 사랑하신 예수님은 제자들을 침묵 속에 둘 경우 그들에게 임할 수도 있는 말을 신뢰하기보다 그들에게 말씀을 주셨다.

신비주의적인 회피

부정의 설명은 하나님을 비사교적인 분, 이스라엘을 이집트에서 불러내고 십자가에 못 박힌 그리스도를 죽음에서 살리신 분이 아닌 다른 신으로 만든다.[114] "신비주의"는 부정 신학 즉 보이지 않는 교회를 그리스도의 몸으로 인식할 수 없게 만드는 최근의 시도에 휘둘리는 현대 영성에 대한 바르트의 비판일 것이다. 신비주의는 설교에 거의 기여하는 바가 없는 "회피의 길"이다.[115]

> 설교는 성경에 기초하고 성경은 계시에 기초한다. 그러므로 항상…[설교에서] 하나님을 아는 지식은…계시의 관계 속에 있는 지식이다.…따라서 (신비주의에서 지나치게 강조하는) 하나님의 불가해성에 대한 모든 인식에도 불구하고 혹은 그 인식 때문에, 설교는 하나님의 본질에 대해 말하지 않을 수 없다.[116]

하나님은 이해 불가능하고 따라서 표현 불가능하다는 개념—바르트는 이 개념을 "교양 있는 무지"라고 일축했다—은 "인간의 자기 거부와 인간의 자기 고양 사이에 매우 양면적으로" 존재한다."[117]

> 하나님의 불가해성은…기독교 설교의 결정적인 요소로 그 배후에 있다. 선포되거나 전제된 하나님의 본질에 관심을 둔 설교는 말할

> 뿐만 아니라 침묵을 지켜야 하고, 정의할 뿐만 아니라 감추어야 하고, 긍정할 뿐만 아니라 부정해야 하고, 앞으로 나아갈 뿐만 아니라 뒤로 물러서야 한다.[118]

모든 신비주의적 부정의 방법, '비아 네가티바'(Via Negativa)는 육신으로 부활하여 끈질기게 계시하는 그리스도의 객관성에 의해 차단된다. 설교자는 신학적으로 긍정적이고, 부정의 길에 대해 의구심을 품는다. 다른 사람이 우리에게 얘기하지 않으면 관계를 맺을 수 없고, 우리가 말하지 않으면 다른 사람이 우리를 알 수 없듯이, 침묵하는 하나님은 사랑의 하나님이 아니시다.

억압적 침묵

할 말이 아무것도 없는 사람들의 침묵, 트라우마를 겪은 후 망연자실한 절망의 침묵, 재난을 겪은 후의 싸늘한 침묵, 권력을 향해 진실을 말하는 사람들에게 물린 재갈은 침묵에 대한 명백한 찬양을 비판한다.[119] 고통 중에 있는 사람에게 손을 내밀지 않은 이유에 대해 우리교회 성도들이 가장 흔하게 내놓는 이유는 "무슨 말을 해야 할지 몰랐다"는 것이다. 인종차별을 반대하는 설교를 하도록 목회자를 독려할 때, 목회자가 공개적으로 말하지 않는 주된 변명은 "틀린 말을

할까 두려워 아무 말도 하지 않는다"는 것이다.[120]

침묵에 대한 레이첼 뮤어스의 신학적 탐구는 '데우스 딕시트'에 대한 옹호가 남성적 특권의 표현일 수 있음을 시사한다. "하나님을 화자로 인정하는 신학으로 돌아가려는 시도는 페미니즘 신학의…여러 측면과 불편한 관계에 있다. 이른바 하나님의 침묵은 결국 남성의 권위를 신비화하는 목소리의 오랫동안 기다려온 침묵이라고 할 수 있지 않을까? 여성의 목소리, 또한 말하지 못하는 주변부의 수많은 사람들의 목소리를 침묵시켰던 남성의 목소리 말이다."[121]

뮤어스의 논박에 따르면, "남성의 권위를 신비화하는 목소리"에 맞서는 방어 수단인 하나님의 침묵은, "하나님의 말씀은 인간의 말과 경쟁한다"는 (비칼케돈적 주장을) 암시하고, "세계를 형성하는" 하나님의 말씀의 "특징"이 "하나님께 응답할 수 있는 자유를 포함하여 모든 피조물의 자유의 기초"임을 보지 못한다.[122] 말은 억압적일 수 있고 침묵도 마찬가지다. 설교에서 하나님은 인간의 말과 경쟁하기보다 존중하신다.

뮤어스에 의하면, "하나님 앞에서 인간의 수동성과 들음의 연관성은 지정된 화자의 권력이 듣는 사람을 [지배하는] 권위의 패턴을 강화"하는데, 이는 삼위일체 하나님의 반대다. 여성은 자기를 잊고 수동적으로 듣는다고 보는 문화적 경향은 기독교적 신관의 필수적인 부분이 결코 아니다.[123] 그녀는 다음과 같은 본회퍼의 말을 인용한다. "그리스도인들은 경청의 사역이 참으로 위대한 경청자이신 분에 의해 맡겨졌고 자신들이 그분의 사역에 동참하고 있다는 사실을 잊었다. 우리는 하나님의 말씀을 말할 수 있기 위해 하나님께 귀 기울여야 한다."[124] 우리에게 귀 기울이시는 하나님께 귀 기울일 때, 침묵하는 자들은 자신의 목소리를 발견한다.

예전에서 침묵의 시간은 하나님의 말씀에 대한 수용성을 양성하는 시간이어야 한다. 하지만 잘못 경청하는 사람은 예전의 침묵을 개인의 갈망으로 빈 공간을 채우는 또 다른 기회로 사용할 수 있다. 성공회 예전에서 침묵의 시간은 예외일 수 있다. 성공회 예전에서 공동 기도서는 성경적 사고로 가득 차 있어서 침묵의 순간은 우리의 주관성을 깊이 파고드는 것 그 이상일 수 있다.

설교자로서 나의 특권은 나보다 약한 사람들이 경청하는 동안 말하는 유리한 위치에 나를 둔다. 하나님께서 권리를 박탈당한 사람에게 기쁜 소식을 전하기 위해 심지어 나와 같은 특권을 가진 사람을 통해 말씀하여 침묵하는 이들이 말하게 하신다는 사실이야말로 더 큰 기적이다.

시편 103편에 관한 설교에서, 우리를 "파멸"(pit, 4절)에서 구속하시는 하나님에 대해 이야기하면서, 나는 소녀 시절에 친척에게 성폭행을 당했고, 그 순간 깊고 어둡고 끝없는 "구덩이"(pit)를 들여다보았다는 버지니아 울프의 설명을 지나가는 말로 언급했다.

다음 주에 네 명의 여성이 자신의 성폭행 경험에 대해 얘기하기로 약속했다.

한 여성이 말했다. "나는 수년간 상담을 받아왔습니다. 그런데 교회 석조 벽에 부딪혀 이리저리 튕기다가 뇌리 속에서 되울리는 설교자의 말이 상담 치료보다 훨씬 효과적이었어요."

하나님이 말씀하시기를 말세에 내가 내 영을 모든 육체에 부어 주리니 너희의 자녀들은 예언할 것이요 너희의 젊은이들은 환상을 보고 너희의 늙은이들은 꿈을 꾸리라 그 때에 내가 내 영을 내 남종과 여종들에게 부어 주리니 그들이 예언할 것이요.(행 2:17-18)

내가 보호받는 안전한 위치에서 "할 말이 없습니다" 혹은 "여러분의 구원은 내 책임이 아닙니다" 혹은 "나는 복음을 깊이 생각하면서 대부분의 생애를 보내는 특권을 누렸지만, 여러분에게 복음을 전하는 데는 시간을 허비하지 않겠습니다"라고 말할 때, 특권은 최악의 상황에 처한다.

나는 법적으로 몰염치한 백인 우월주의적인 문화에서 자랐다. 나는 사우스캐롤라이나 주법에 따라 백인은 앞좌석에 앉고 유색 인종은 뒷좌석에 앉습니다라는 표지판이 붙은 버스를 매일 탔다. 누구도 그 표지판에 의문을 제기하지 않았고, 특히 주일에 내게 설교했던 사람들은 더 그랬다.

대학에서 나는 당시 격화되던 베트남 전쟁에 맞서 저항하는 "전쟁에 반대하는 그리스도인" 학생 수련회에 참석했다. 한 심야 예배

중에 사우스캐롤라이나 시골에서 온 아프리카계 미국인 감리교 설교자가 말했다. 그는 목소리도 낭랑하지 않았고, 몇 가지 문법적 오류를 범했다. 설교란 학생 급진주의자들이 토요일 이 시간에 결코 원하지 않던 일이었다.

기억나는 재담이 있다. "나는 여러분이 한 번도 들어본 적 없는 것에 대해 얘기하려고 합니다. 바로 죄입니다. 아마 여러분은 다음 문장이 섹스에 관한 것이라고 생각하겠지요. 하지만 성적인 죄는 나의 관심사가 아닙니다. 나는 여러분이 남부에서 태어나면서부터 물려받은 죄에 대해 이야기하고 있습니다. 이 아시아 전쟁보다 훨씬 심각한 죄에 대해 말하고 있습니다. 바로 흑과 백으로 구분하는 죄, 여러분의 부모님이 여러분이 듣지 않기를 바라는 죄입니다. 다행히 부모님은 오늘 밤 여기 안 계시네요."

뒤이어 수련회 강사는 "여러분이 태어나면서부터 굴복한" 죄에 대해, "여러분이 얼마나 똑똑하냐가 아니라 단지 피부색 때문에" 우리에게 주어진 행운의 특권을 우리가 어떻게 누리는지 맹공을 퍼부었다. 그는 오렌지버그 학살 사건을 회고하면서 사우스캐롤라이나 주지사를 조롱했고, "여러분이 사랑하는 할머니와 할아버지를 포함하여 더 많이 알고 있지만 이 악마를 어떻게 내쫓을지 모르는 사람들의" 방어적 태도에 대해 지적했다.

그런 다음 강사는 잠시 멈춘 뒤, 소나무 강단 뒤에서 나와 주먹으로 성만찬상을 내리치며 말했다. "우리는 계속 거짓말을 하면서 부인할 필요가 없습니다. 예수 그리스도께서 죄인을, 오직 죄인을 구원하신다는 기쁜 소식이 있으니 말입니다. 다른 인종에 대해 거짓말을 하면서 죄를 짓는 사람들이 있습니다. (잘 들으세요!) '나는 이 전쟁에 반대하기 때문에, 나는 결백하다. 용서는 필요 없다'라고 말하는 죄를 짓는 사람도 있습니다. 우리에게 용서가 필요하지 않다면, 예수 그리스도께서 우리에게 주실 수 있는 것은 아무것도 없습니다. 예수 그리스도는 죄인을 구원하십니다!"

나는 그의 설교를 듣고, 태어났을 때보다 더 나은 존재가 되어 어깨에서 짐을 내려놓았다. 하나님이 내 삶을 징발하신다는 새로운 느낌이었다. 그날의 설교자가 나의 구원에 대해 어느 정도 책임을 지고 폭압적인 침묵에 굴복하기를 거부한 데 대해 하나님께 감사드린다.

물론 편파적인 침묵은 성경에서 낯설지 않다. "하나님은 무질서의 하나님이 아니시요 오직 화평의 하나님이시니라 모든 성도가 교회에서 함과 같이 여자는 교회에서 잠잠하라 그들에게는 말하는 것을 허락함이 없나니 율법에 이른 것 같이 오직 복종할 것이요 만일 무엇을 배우려거든 집에서 자기 남편에게 물을지니 여자가 교회에서 말하는 것은 부끄러운 것이라"(고전 14:33-35). "여자가 가르치는 것과 남자를 주관하는 것을 허락하지 아니하노니 오직 조용할지니라"(딤전 2:12). 이정도로 치명적인 구절은 드물다.

바울 선생, 갈라디아서 3장 28절은 잊은 거요? "너희는 유대인이나 헬라인이나 종이나 자유인이나 남자나 여자나 다 그리스도 예수 안에서 하나이니라."

바울은 모든 그리스도인의 간증을 막은 것에 대해 후회했을까?[125] 평신도가 나의 신학적 모순점에 대해 또한 성경의 증언이 나의 설교와 어떻게 불일치하는지 지적할 때, 강단에서 최종적으로 선포한 나의 입장은 불안정해진다. 따라서 동료 그리스도인들의 간증은 내가 전에 말로만 고백했던 신앙에 생명을 불어넣는 데 도움이 되었다. 결국 바울에게도 그런 일이 있었을 것이다.

2016년 프란치스코 교황은 런던에서 개최된 에큐메니칼 회의 후, 여성 안수 주제는 영원히 침묵해야 한다고 주장했다.[126] 교황이라고 할지라도, 하나님이 선택하신 대변인을 침묵하게 만드는 것은 주제넘은 일이다.

2018년 UMC 총회에서 성적 지향에 근거하여 설교자를 선정하는 투표를 진행했을 때, 나는 "성소수자가 설교하도록 끈질기게 부르시는 하나님을 어떻게 침묵시키겠는가?"라고 물었다.

시편 기자는 이렇게 말한다. "내가 입을 열지 아니할 때에 종일 신음하므로 내 뼈가 쇠하였도다.…내가 이르기를 내 허물을 여호와께 자복하리라…하였더니 곧 주께서 내 죄악을 사하셨나이다"(시 32:3, 5).

월터 브루그만은 1967년 4월 15일 뉴욕 리버사이드 교회에서 전한 마틴 루터 킹 목사의 설교, "베트남을 넘어: 침묵을 깨야할 때"를 회고하면서 "침묵을 방해한" 설교자들을 칭찬한다. 킹 목사는 추종자들의 외면을 무릅쓰고 미국의 전쟁 정책에 반대했고, 더 나아가 난처한 인종 문제에서 주의를 돌리는 동시에 정부의 정책과 인종 차별의 연관성을 지적했다. 브루그만은 "침묵을 깨는 것은 언제나 사회 주변부에서 발생하는 경향이 있는 대안적 담론이고, 현재의 권력 배치에 대한 항거요 사회적 상상력의 지배 방식에 대한 항거다"라고 말한다.[127]

브루그만은 설교자란 어떤 것에 대해 말하지 않으려는 인간의 유혹에 저항한다는 사실을 알고 있다.

> 소외와 침묵당한 분노는 대화 부재와 말의 상실…침묵으로 축소된 삶이라는 주요한 특징을 공통으로 가지고 있다. 신학적 침묵이 있는 곳에서 인간의 삶은 시들고 죽는다.…그 두려운 침묵 앞에서 설교자는 사귐을 허용하는 말을 개시하고, 반복하고, 읽고, 실현하기에 이른다.…말, 오직 말만이 하나님과 인간 피조물을 하나로 묶는다. 설교의 임무는 사람들로 하여금 비대해진 자아의 소외된 침묵에서 벗어나, 또한 비대해진 하나님에 대한 부정과 분노의 침묵에서 벗어나 진지하고 위험하고 전복적인 언약적 대화로 인도하는 것이다.…말이 파괴된 곳에서 사귐은 불가능하다.…이러한 축소 한가운데서 설교자는 대화와 소통, 사귐의 세계를 여는 방식으로 말하도록 요청받는다.[128]

"진실로 주는 스스로 숨어 계시는 하나님이시니이다"(사 45:15). 부정 신학의 증거 본문이다. 이사야서의 진리는 일반적인 원칙인가? 아니면 하나님께서 예언자가 알지 못하는 방식으로 거기 존재하시는 특정 상황에 대한 언급인가? 하나님에 대한 부정의 진술은 예수님을 피해간다. 그런 설교자에게는 사색이나 과묵함이 거의 없다.[129] 물론 예수님은 "곤욕을 당하여 괴로울 때에도 그의 입을 열지 아니하였"지만(사 53:7), 예수님이 기도와 고독의 순간 때문에 십자가에 못 박히신 것은 아니었을 것이다.[130]

예수님은 사람들에게 침묵하라고 거의 명령하시지 않고, 그렇게 명령하실 때 그 명령은 양면적이다. 예수님은 제자들에게 "너희는 따로 한적한 곳에 가…라"고 말씀하신 적이 있다(막 6:31). 하지만 군중이 한적한 곳에 있는 예수님을 찾아낸 후 그분이 가장 먼저 하신 일은 무엇인가? 예수님은 긍휼히 여기고 가르치기 시작하신다(6:34). 때로 예수님은 자신이 치유한 사람들에게 "아무에게도 말하지 말라"(마 8:4)고 말씀하시지만, 그 이유는 밝히지 않으신다. 베드로의 신앙 고백(마 16:20) 후와 변화산 사건(마 17:1-13)을 제외하고, 예수님은 제자들에게 침묵하라고 명령하신 적이 거의 없다. 내 짐작에 예수님은 설교할 시간을 더 많이 원하신다. 특히 예수님은 폭풍과 바람, 귀신들에게 조용히 하라고 명령하신다. 우리는 예수님이 드물게 조용히 하라고 충고하신 이유를 추측할 수 있지만, 말을 통해서만 추측할 수 있다.

친구 제이슨 미첼리는 암으로 투병하면서 하나님께 무슨 말을 해야 할지 몰랐을 때, 그냥 시편으로 기도했다고 한다.[131] 말재간꾼인 제이슨에게 할 말이 없었을 때 하나님은 말씀을 주셨고, 하나님은 침묵의 상처를 그렇게 이겨내도록 결정하신 것이다. 많은 목회 상담의 중요한 목표는 인간의 고뇌를 말로 표현하는 것, 다른 사람에게 말하기 힘든 것을 말함으로써 고통을 공개하도록 돕는 것이다. 구원은 독백에서 벗어나는 구출이고, 하나님과 자신의 관계를 설명할 말을 강제로 찾는 저주로부터 벗어나는 구원이다.

마가복음은 "흰옷을 입은" 인물이 무덤에 있던 여인들에게 "가서 말하라"고 명령하는 것으로 끝난다. 여인들은 "무서웠기" 때문에 침묵한다(막 16:8). 결국 여인들은 용기를 내서 말을 했을 것이다. 이해하기 힘든 예상 밖의 하나님의 행동 앞에서 두려워하며 침묵하고 싶어 하는 설교자들에게 주는 격려다. 당국자들이 예수님께 제자들을 조용히 시키라고 지시했을 때, 그분은 "만일 이 사람들이 침묵하면 돌들이 소리 지르리라"(눅 19:40)고 대답하셨다. 여기에 우리의 희망이 있다. 하나님은 말씀하실 것이고, 어떤 방법으로든 대화를 재개하실 것이다.

감상적인 설교

우리 교회 가족의 복음 설교는 부정신학이나 무신론, 근본주의, 역사 비평이 아니라 과도한 감상주의로 인해 위험에 처해 있다. 감상주의는 악과 죄에 종속된 인간의 노예화를 부정하고, 복음을 진지한 인간의 노력에 대한 환상이나 인간의 선한 능력에 대한 근거 없는 긍정적 감정으로 축소시킨다. 감상주의는 우리가 무언가 말하고, 깊은 한숨을 내쉬고, 공감의 눈물을 흘린다면 우리는 무언가 했다는 착각이다.[132] 감상주의는 정의 없는 사랑, 배상 없는 용서, 속죄 없는 성육신, 소명 없는 구원, 심판이나 책망 없는 주님의 은혜로운 말씀이 가능하다는 위장이다. 거룩한 혁신이 없더라도 우리는 지금 이대로 괜찮다. 경건하지 않은 자를 의롭다고 하시는 하나님(롬 4:5)에 대해 이야기하기보다 고집스러우나 무죄한 우리가 스스로의 힘으로 경건을 향해 나아간다고 자랑한다.[133] 요컨대, 하나님을 침묵하게 만들면 감상주의는 우리에게 남는 전부다.

쇠렌 키르케고르는 덴마크 교회가 결혼과 가정을 부흥시키는 것이 예수님의 선교라도 되는 듯 "가정 생활에 관한 온화한 말"에 감상적으로 안주한다고 꾸짖었다. 가족에 대한 감상주의적 미화는 뒤바뀐 자기애이고, 구원으로 대체된 "평범함"—"역겹고…안락한 소시민적 단란함"—이다.[134]

조지 플로이드와 아흐마드 아베리, 브레오나 테일러 사건에 "애도 예배"로 부적절하게 대응한 대다수 백인 회중은 분노한 거리의 행동을 교회 안의 슬픈 감정으로 대체했다. 그들은 구슬픈 탄식 시편보다 부자와 권력자들이 무력한 자들에게 행사하는 폭력을 처벌하시는 하나님에 대해 말하는 시편을 두려움으로 노래했어야 한다. 감상주의는 복음의 일시적 대체물이다. 집단 살인? 촛불을 나눠주고, 철야를 하고, 어둠 속에서 팔짱을 끼고, "공동체는 이런 때에 뭉쳐야 한다"고 선포하라.

인종 차별? "누군가 다른 인종을 찾아 대화를 나눠보라. 그 사람의 경험의 깊이를 발견하라. 그들 안에서 계신 그리스도를 보라. 당신은 복을 받을 것이다."

기독교의 본질? "모든 것은 '네 이웃을 네 몸과 같이 사랑하라'로 간추려진다. 믿음에 대해서는 염려하지 말라. 기독교는 실천이다."

죽음? "그녀는 우리의 기억 속에 살아 있을 것이다."

팬데믹? "우리는 이 일로 인해 더 나은 사람이 될 것이다."

주류 교회의 쇠퇴? UMC의 사명은 "세상의 변혁을 위한 제자 삼기"다. 다만 교회를 운영하거나, 교회 재정을 지출하거나, 목회자를 훈련하는 방식에는 변화가 없다. "제자 삼기"에 실패하거나(교인 감소는 전설적인 수준이고, 우리는 여전히 백인 중산층이다) 세상의 "변혁"을 위해 일하지 못하거나(지난 총회에서 우리는 세상을 향해 말하기 위해 애 쓰다가 넘어졌다) 둘 중 하나다.

최근에 들은 말에 의하면, 한 감독은 안수 후보자에게 "당신에게는 목회자의 마음이 있는가?"라는 질문을 던진다고 한다. 내가 제안하는 질문은 "당신에게는 신학자의 두뇌와 운동가의 현명한 입이 있는가?"다.

감상적 효과를 위해 언어를 사용하고, 특히 교회에서 낙담하는 말을 듣지 않는다면, 교회는 값싼 감정적 흥분을 위해 가장 귀중한 자산, 즉 진실한 말씀을 빼앗긴다. 어떤 설교는 설교자의 "가장 깊고 가장 진실한 내면의 개인적 삶과 경험"을 공개하는 것으로 변질되었다고 주장했을 때, 바르트가 염두에 두었던 것이 바로 감상주의다. 진실보다는 심금을 울리는 설교.[135] 값싼 예수.

주님은 어린이를 환영하셨지만, 어린이가 설교에 들어오는 순간 설교는 진부해진다. 강단에서 눈물을 쏟는 감정적인 설교를 하고픈 유혹을 받는가? 릴리안 다니엘의 설교를 몇 번 들어보라. 머리가 아플 수 있지만, 아침이 되면 정신이 맑아질 것이다.[136]

자녀에 관한 멋진 이야기를 피하는 것보다 더 나은 것이 감상적이지 않은 성경 말씀이다. 성경은 우리의 책무가 정서적으로 굶주린 외로운 사람들로 하여금 자신의 더 깊은 감정과 접촉하게 하는 것이 아님을 상기시킨다. 우리는 그들에게 삼위일체라는 실재와 대면시켜야 한다. "기독교 설교자의 경건한 말과 대조적으로…계시를 통해 말해진 대로 또한 성경이 증언하는 대로 하나님의 말씀의 권위를 [확장할 때]" 신학은 세워진다.[137]

성경에 엄격하게 주목할 때 감상주의는 당연히 무시되지만, 하나님의 계시하는 손 아래서 치명적인 바이러스조차 계시의 기회가 될 수 있다. 한 정직한 설교자는 이렇게 고백했다. "코로나 바이러스는 한 주 만에 6개월의 설교를 망쳐놓았다. 친절한 소년소녀가 되어야 한다는 사소한 권고는 코로나19 앞에서 작동하지 않는다."[138]

팬데믹 처음 몇 주 동안 내가 들은 많은 온라인 설교는, 친절과 사회적 연대(사회적 거리두기), 공감을 호소하는 감상을 부추겼다. 마치 그것이 우리가 제공할 수 있는 최선인 듯 말이다. 창문에 곰 인형을 놓아두라. 서로 거리를 유지함으로써 이웃을 사랑하라. (스탠드업 코미디도 같은 말을 하고 있었다.) 그리고 성서일과에서 사순절 5번째 주일인 3월 29일, 예수님은 십자가로 향하는 여정에서 잠시 시간을 내어 성전의 종말(막 13장), 즉 우리가 알고 있던 종교의 종말이 바이러스가 아닌 주님으로 인한 것이라고 예고하셨다. 돌 위에 돌이 하나도 남지 않을 것이다. 성전이 우리 밑에 무너진 때에, 우리는 희망과 영감을 얻기 위해 어디로 갈 것인가?

질병통제예방센터가 우리를 구원하지 못한다면 누가 구원할 수 있을까? 이러한 순간에 감상적인 문구는 어리석어 보인다. 불안이 압도한다. 우리가 군중으로부터 고립되어, 안전을 빼앗기고, 마음 훈훈한 격언에 불만을 느낀다면, 이는 마가복음 13장이 말한 것과 같았다. 예수 그리스도께서 하나님과 하나님이 하시는 일에 대한 온전한 진리가 아니라면, 우리에게 희망은 없다.

예수님은 그냥 팬데믹으로 종말론을 덧칠하는 기회로 삼아, 우리

중 누구도 원하지 않는 무덤덤한 설교를 전하셨을 것이다.

그 때에 그 환난 후 해가 어두워지며 달이 빛을 내지 아니하며 별들이 하늘에서 떨어지며 하늘에 있는 권능들이 흔들리리라 그 때에 인자가 구름을 타고 큰 권능과 영광으로 오는 것을 사람들이 보리라 또 그 때에 그가 천사들을 보내어 자기가 택하신 자들을 땅 끝으로부터 하늘 끝까지 사방에서 모으리라(막 13:24-27).

비감상적인 교회

감상주의로는 예수님이 자기 주위에 모으신 경건하지 않은 사람들의 무리를 설명할 수 없다. 예수님은 설교자가 회중과 잠재적으로 논쟁적인 관계 속에 존재하는 이유시다. 교회는 왕의 선포를 듣기 위해 하나님에 의해 소집된 그리스도의 몸이지만, 전도가 효과적이라면 교회에는 말씀으로 공격받는 모든 인간 모임에서 발생하는 동일한 이해 부족과 비겁함, 불신, 반역으로 가득할 것이다. 유의하자. 설교자는 자기 마음에서 먼저 맞닥뜨린 말씀에 대한 저항을 회중 가운데서 맞닥뜨린다.

많은 목회 리더십 서적은 목회자가 회중의 신뢰를 얻어야 참으로 인도할 수 있다고 말한다. 내가 우려하는 바는, 목회자를 신뢰하기 위해 무엇을 해야 하는지 아는 인식이 대부분의 회중에 부족하다는 점이다. 신뢰성에 대한 회중의 요구는 목회자가 설교할 수 있는 내용을 관리하고 제한하려는 또 다른 회중의 시도에 불과할까? 회중은 목회자가 "사랑으로 진리를 말한다"(엡 4:15, 새번역)고 신뢰해야 한다고 바울은 암시한다. 하지만 회중을 향한 나의 "사랑"은 단지 은밀한 자기애, 내가 필요하기를 바라는 욕구, 단순히 나를 고용한 사람들에 대한 의존의 표현에 불과할까? "나는 교인들을 사랑한다"는 말은 때로 "나는 나를 사랑하고 나를 더 사랑하기 위한 수단으로 교인들을 사용하고 싶다"는 뜻이다. 회중은 "사랑으로 행하는 것이라면, 목사님의 지적이나 비판을 받아도 상관없다"고 말한다. 진리를 말하는 나의 진짜 동기를 나나 그들이 어떻게 알 수 있을까?[139]

하나님이 교인들을 사랑하시는 것보다 덜 고통스럽게 그들을 사랑하는 나를 용서하소서.

회중의 사랑은 감상주의로 변질되기 쉬운 목회자의 타고난 공감을 악용하여 설교자에게 침묵을 강요할 수 있다. 회중은 목회자의 긍휼에 대해 상을 주고 진리에 대해 처벌한다. 교인들을 사랑하는 것은 잘못이 아니고, 목회자는 그리스도의 이름으로 그들을 사랑하도록 부름 받았다. 거짓말의 문화에서 공감은 복음의 적이 될 수 있다. 예수 그리스도는 길과 생명이실 뿐만 아니라 진리이시기 때문에, 당연히 설교자도 가끔 파면된다.

그렇지만 하나님의 은혜로 설교자는 감히 자신이 사랑하는 사람들을 고통스럽게 하고, 그로 인해 교인들에게 고통을 당하는 위험을 감수한다.

우리의 모든 미덕에도 불구하고, 예수님을 어떻게 판결할지 물었을 때 우리는 만장일치로 "십자가에 못 박으라!"라고 투표했다는 사실을 잊지 말자.

오브리 스피어스는 "포스트모던 설교"란 "성경과 회중 사이의 경계를 지우고, [따라서] 참여적 대화를 통해 의미가 생성되는" 설교라고 규정한다.[140] 그리스도와 성경이라는 두 가지 형태의 계시가 너무 위협적일 때, "참여적 대화"가 우리가 가진 전부가 되고, 성경을 경청하려는 회중과 종종 회중을 심판하고 회중을 향해 주장하는 성경 사이의 경계는 사라진다. 나는 오늘날의 회중과 하나님의 말씀 사이의 간극을 좁히는 것이 나의 임무라고 생각하면서 사역을 시작했다. 그런데 이제 나는 그 간극을 벌리는 것이 나의 임무라고 생각한다. 하나님의 길은 우리의 길이 아니고 우리의 생각은 하나님의 생각이 아니다(사 55:8).

설교는 교회의 고유한 말이다. 물론 설교는 교회에 부여된 권한이 아니고 교회에 의존하지 않고, 따라서 교회에 유익을 끼치기 위해 교회에 맞설 수도 있다. 설교는 회중으로부터 파생되지 않는다. 설교자는 교회의 고유한 소명인 말씀에 대한 기쁜 복종에 충실하기 위해 교회의 갈등과 저항, 거부를 감수해야 한다. 회중에 대한 목회적 돌봄(노년층 방문, 구급차 따라가기, 기도 목록 작성, 설교보다 훨씬 쉬운 손 잡

아주기)이 기독교 사역을 사실상 압도하던 시대에, 바르트는 성직자가 교인에게 제공하는 가장 애정 어린 섬김은 말씀에 근거한 설교라는 사실을 상기시킨다.

따라서 누군가 "목사님이 설교에서 한 말에 상처를 받았습니다. 물론 목사님은 다른 사람에게 상처를 주고 싶지 않았겠지만요"라고 불평할 때, 여러분은 이렇게 말할 수 있다. "성도님도 나처럼 약하고 잘 속이는 것 같군요. 그래서 예수님이 성도님을 제자로 여기신다는 사실이 더 놀랍습니다. 성도님을 부른 것은 내가 아닙니다. 내가 교회를 모았다면 더 차별 대우를 했을 겁니다! 예수님이 하신 일이죠! 부르심에는 고통이 따릅니다."

십자가에 못 박는 자들로부터 예수님을 보호하려고 시도하면서, 우리는 사람들의 개인적 양심 안에 예수님을 집어넣고, 예수님을 인격적이고 유용하고 공감하는 분으로 만들고, 이렇게 해서 그분의 정치적 의도를 제거해 버린다.[141] 내면의 영적인 "느낌"과 접촉하고, 교인들의 자기 연민에 영합하고, 우리의 끝없는 욕구가 하나님에 상응하는 것처럼 설교하라.[142]

"모든 [설교자가] [하나님의 말씀을 전할] 수 있는 것은 아니다.…모든 [설교자가] 하나님의 말씀을 들은 것은 아니다"[143]라고 바르트는 말한다. 오늘날의 많은 목회자는 설교자라기보다는 목회자—회중을 돌보는 사람, 관리자, 조직의 지도자—일 뿐이다. 즉 들었기 때문에 설교해야 하는 사람이 아니다.

선교적 설교

일찍이 1935년에 바르트는 "우리가 알고 있던 형태의 기독교"는 종말을 맞고 있다고 썼다.¹⁴⁴ 『교회 교의학』 끝 부분에서, 바르트는 "기독교적인 서구는 더 이상 존재하지 않는다"라고 반복해서 말했다.¹⁴⁵

   나는 "불신자들 가운데서 고결하게 살라"는 베드로의 명령에 순종하면서 듀크 채플에서 20년 동안 설교했다. 그냥 설교하는 교수인 교목이 되기 위해 고용된 나는 하나님과 대학 사이의 계속되는 논쟁에 휘말리게 되었고, 그리스도를 알지도 못하고 원하지도 않는 문화에서 그리스도를 증거하는 선교사가 되었다. 내 설교는 해방되었다.¹⁴⁶ 설교가 더 이상 기독교적인 서구라는 환상을 강화하거나 미국 민주주의의 발전을 돕거나 부르주아를 영적으로 북돋우지 못하더라도, 나는 다른 데서 언급하지 않은 것을 자유롭게 설교할 수 있다. 바로 복음 말이다.

   특권을 빼앗기고 주변부로 밀려난 북미의 기독교 설교는 본의 아니게 신약 성경의 선교적인 뿌리로 되돌아갔다. 이런 때에 설교하는 것은 큰 기쁨이다. 문화적 현상 유지 관리자로 봉사하는 것보다 훨씬 재미있다. 우리가 한때 즐겼던 소품이 없더라도, 이제 우리는 전적으로 하나님께 의존하여, 세상에서 하나님의 말씀에 대한 교회의 역사적 주장의 진실성을 검증하고, '데우스 딕시트'의 힘을 마음껏 시험한다. 우리는 한때 소유했다고 생각하던 문화의 선교사다.¹⁴⁷

프레드 크래독은 비처 강연에서 기독교 세계에는 그리스도에 관한 정보가 부족하지 않다는 키르케고르의 주장을 되풀이했다.[148] 이 주장은 설교가 이미 그리스도를 알고 있는 사람들에게 국한된 경우에만 해당한다. 귀납적 설교는 복음을 알지만 더 이상 복음에 감동받지 않는 사람들의 차가운 마음에 복음을 불러일으키려고 시도하면서, "그리스도인"과 "미국인"이 동의어라는 콘스탄티누스의 환상을 보존한다.[149]

탈콘스탄티누스적 선교 상황에서, 설교자는 복음과 문화의 간극을 강조하고, 유대인에게서 오는 구원이 우리 이방인에게까지 오는 역설을 인정하고, 청중들이 "하나님"이라고 말할 때 무슨 뜻인지 모른다는 것을 알고 있다.[150] 선교적 설교는 회고적이기보다는 직설적, 형성적이고, 나면서부터 듣지 못한 소식을 불어넣는 것이다.[151] 선교적 설교는 청중으로 하여금 자신이 거주하는 문화와 연결되기보다는 새 하늘과 새 땅, 즉 월스트리트가 아니라 예수 그리스도가 주님이신 그곳을 인식하도록 초대한다.

앨라배마에 있는 한 목사는 버밍엄의 빈곤 지역을 성실하게 섬겼다. 그의 목사관은 여러 차례 약탈당했다. 동네 마약상이 가족을 위협하기도 했다.

"이곳에서 벗어날 수 있게 해 보겠습니다. 6년은 너무 길어요. 더 안전한 곳에 있는 교회를 찾아볼게요." 내가 말했다.

목사는 이렇게 대답했다. "감독님, 고맙지만 나는 당신과 다릅니다. 시적 감각도 없고 멋진 예화도 생각해 내지 못해요. 내가 할 수 있는 전부는 사람들에게 본문을 준 뒤 나머지는 하나님께 맡기는 것입니다. 나는 단지 막다른 골목에 몰려 추락하는 사람들, 희망 없이 밧줄 끝에 매달린 사람들에게만 설교할 수 있습니다. 나는 절박하지 않은 사람에게 복음을 유용하게 만들 만큼 훌륭한 설교자가 아닙니다."

나의 여러 설교가 실패하는 이유는 길 잃고 죽어가는 사람들을 위한 기쁜 소식을 자기 만족을 추구하지만 불만을 느끼는 중상류층의 한계에 맞춰 다듬으려고 시도하기 때문일까?

물론 설교가 사람들을 달래야 할 때도 있었다. 선교 상황에서 우리는 그냥 기독교 세계의 편안한 동맹에 이의를 제기하는 기쁜 소식을 가능한 한 선명하게 전한다. 예수님의 이야기를 제대로 전하면, 낙담하여 죽어가고 있는 사람들은 자신들이 들은 기쁜 소식을 쉽게 알아차릴 수 있다. 나머지는 잃어버린 자들을 사랑하시는 그리스도께서 하실 것이다.

주변부로 밀린 비주류 교회를 향해 설교하는 다문화적이고 선교적인 상황에서 설교자는 신약 성경을 마치 처음 듣는 것처럼 다시 들을 수 있는 올바른 마음가짐을 가질 수 있다. 교회가 목숨을 걸고 싸웠을 때, 바울 같은 초기 기독교 설교자들은 기쁜 소식을 널리 알려진 다른 상식으로 축소하지 않았다. 오히려 그들은 그리스도와 제국 사이의 뚜렷한 차이점을 세심하게 설명했다. 선교학자 데이비드

보쉬는 "세상과의 선교적 만남"을 통해 복음이 모든 경계를 뛰어넘어 새로운 도전에 직면하는 동안 교회는 다른 사람들과 그리스도인들 자신이 믿음을 이해할 수 있도록 "신학화할 수밖에 없음"을 보여 준다.[152]

신실한 설교는 단지 성만찬 주위에 모인 그리스도 전문가 집단 안에서 이루어지는 교구 내 설교에 안주하거나 그쳐서는 안 된다. 1739년 봄, 조지 휫필드는 설교를 들으러 오는 군중이 너무 많아서 도움이 필요하다는 편지를 존 웨슬리에게 보냈다. 그의 목소리는 운집한 군중에게 닿을 수 없었다. 성공회에 속한 옥스퍼드 교수 웨슬리는 휫필드가 자기에게 정통을 벗어난 야외 설교에 참여해 달라고 요청했다는 사실에 겁을 먹었다. 친구들은 가지 말라고 웨슬리를 설득했다. 영국은 여전히 크롬웰의 반란으로 불안했고, 대규모 대중 집회에서의 연설은 금지되어 있었다.

3월 31일 토요일에, 웨슬리는 뜻을 굽히고 브리스톨로 가서 "더 초라해지는 데 복종"하고 야외 설교를 하러 걸어갔다. 다음 날 웨슬리는 산상수훈을 강해하면서 예수님이 여러 회당을 활용할 수 있었는 데도 야외에서 가장 위대한 설교를 하셨다고 언급했다. 웨슬리는 "나는 교회 안에 있지 않은 영혼을 구원하는 것은 죄라고 생각했다"고 회고했다. 선교란 복음이 경계를 넘어, 하나님께서 하나님의 백성을 되찾고 계신다는 소식을 아직 듣지 못한 사람들에게 말과 행동을 통해 공개적으로 알리는 것이다. 그리스도를 위해 스스로 바보가 되지 않으려는 설교자의 편견을 복음이 뛰어넘을 때, 간혹 선교는 시작된다(고전 4:10).

코로나19로 인해 인터넷 설교자가 되었을 때 "더 초라해질" 기회가 나에게 찾아왔다. 컴퓨터 카메라에 대고 말하는 것은 (야외에 서서 설교하겠다는 웨슬리의 훌륭한 생각보다 더욱) 나의 설교 개념에 맞지 않지만, 몇 주 동안 1년 치 설교보다 훨씬 많은 회중에게 설교했다. 내가 받은 대부분의 반응은 "정확히 말해서 나는 그리스도인이 아니지만…"이라고 자신을 소개하는 사람들로부터 나온 것이다.

나는 기울어가는 도심지 교회에서 1년 동안 설교하면서 교회의 생존을 위해 약간의 희망과 전략을 제시하려고 했다. 그런데 가장 기억에 남는 선포 경험은, 토요일 밤 대담하게 우리 교회에서 두 블록도 떨어지지 않은 "드래그 퀸 빙고"에 나갔을 때 발생했다. 교회에서 깊은 상처를 받은 사람들에게 복음을 전하려고 시도하면서, 내가 그들과의 대화를 편하게 여기든 아니든 예수님은 이미 모든 사람과 대화하고 계신다는 사실이 떠올랐다.[153]

바르트는 '미시오 데이'(하나님의 선교)를 강조하여 선교학을 변화시켰다. 선교는 하나님이 말씀하고 행하시는 것이다. 성부께서 성자를 보내시고 성부와 성자가 성령을 보내시듯이, 하나님은 우리를 보내신다. 선교는 교회의 전유물이 아니다. 교회는 하나님의 선교— 하나님의 세계를 회복하고 재창조하기 위해 성령의 능력으로 그리스도 안에서 행하셨고 행하고 계신 일에 대한 소식을 갖고 세상에

오시는 하나님의 침입―를 전하는 사도적(보냄 받은) 증인으로 존재한다.[154]

교회가 한때 소유했다고 여기던 문화 속에서 자신이 선교사가 되어 있음을 깨닫고 각성한 설교자에게, 위대한 선교 신학자 레슬리 뉴비긴은 가장 큰 도움이 되었다. 우리의 도전은 도시의 비판적인 세속성이 아니라 정부 보조금을 받는 맹렬한 이교주의다.[155] 뉴비긴의 가장 사려 깊은 해석자 중 하나인 조지 헌스버거에 따르면, 선교적 설교는 "유통되고 있는 현실 인식과 상충되는 것을 믿도록 사람들을 초대하고, 환영하고, 격려한다. 선교적 설교는 자신의 문화에 대한 가정과 복음 사이의 내적 대화에 참여하고, 지속적인 회심이 습관으로 자리 잡은 공동체를 양성한다."[156]

혹은 바르트가 말했듯이,

> 예수님은 권력의 정복자시다. 우리가 그분의 제자들이라면 우리는 필연적으로 이 사실의 증인이다.…이 사실은 예수님의 승리 선언으로 세상에서 입증되어야 한다. 이 권력 아래서 탄식하는 세상은 그들의 주권이 무너졌다는 사실을 듣고 받아들이고 기뻐해야 한다. 하지만 이 선언은 내면적으로만 자유로운 사람들의 존재를 통해서는 이루어질 수 없다. 이 메시지를 받아들이려면, 세상은 적어도 일어난 일에 대한 표식이나 표징을 보고 들어야 한다. 하나님이 예수님 안에서 만드신 단절은 역사가 되어야 한다. 이것은 예수님

이 제자들을 부르신 이유다.[157]

이미 기독교적이라고 생각하는 문화에서, "나는 설교를 듣기보다 보고 싶다" 또한 "항상 복음을 전파하라. 필요할 경우 말을 사용하라"와 같은 문구는 납득이 간다. 앨라배마에서 태어날 만큼 운이 좋은 사람에게 설교를 할 필요가 있을까? 복음을 들어본 적이 있는 사람들이 들어보지 못한 다른 사람에게 전하기를 거절하면서, "내 관점을 강요하려는 시도는 내가 보기에 제국주의적이다"라고 주장하는 것은 기껏해야 서구의 특권이다. 선교학자 라민 사네가 질문했듯이, 누가 북미 그리스도인들에게 예수님은 우리의 소유물이고 다른 사람들은 자신들의 상황의 진실을 알 자격이 없다고 말했는가?[158] 그리스도는 아니시다.

우리 교회처럼 빈약한 북미 교회의 설교는 짐바브웨나 온두라스, 한국 같은 곳의 젊은 교회에게서 받은 성령 충만한 기독론 중심의 설교를 통해 새로워질 수 있을 것이다.[159] 서구의 오만함에 위축되지 않은 선교사를 통해, 복음을 전하는 자라고 여겼던 우리 자신이 복음을 받는 자가 된다.

예를 들어, 서구 식민지 개척자들에게서 기독교를 받아들인 아프리카 그리스도들은 "우리는 당신들이 예수님에 대해 한 말은 받아들이지만 왜곡된 식민 통치는 거부한다"고 말하면서, 유럽 제국주의의 왜곡으로부터 복음을 해방시켰다. 이제 그들은 식민지 개척자들에게 더 깊고 오순절적이고 확신에 찬 형태로 복음을 돌려주고, 빈사 상태에 있는 서구의 자유주의적 한계에서 복음을 해방시킨다.

내향적인 사람들은 귀담아 듣자! 뉴비긴의 주장에 의하면, "기쁜 소식을 전하는 것을 대신할 대체물은 존재하지 않고, 존재할 수도 없다. 예수님의 이야기를…전하는 활동인 전도는 새로운 실재를 행동으로 보여주는 필수불가결한 표현이다."[160] 우리는 정신적이고 도덕적인 혁신, '메타노이아' 없이 예수 그리스도가 주님이시라는 이 진리에 이를 수 없다. 켄다 크리지 딘의 말처럼, 누군가가 그리스도에 대해 말하고 다른 사람이 들을 때마다 이것은 그리스도의 변혁적 진리의 공적인 표현이다.[161]

"그냥 사람들에게 음식을 나눠주세요." 무료 급식소 담당자가 잔소리를 했다. "당신은 설교하기 위해 여기 있는 게 아닙니다. 그냥 사람들과 함께 하세요. 이것은 성육신 사역입니다." 나는 담당자도 노숙자도 두려워할 필요가 없다고 안심시켰다. 우리는 주류 개신교인이라, 예수님이 우리를 이곳에 보내지 않았다면 추운 날씨에 노숙자들과 함께 도로에 서 있지 않았을 거라는 진실을 말하는 위험을 감수하기보다는 굶주린 사람들에게 파스타 한 접시를 건네줄 것이라고 말이다. 그들이 실직하고, 굶주리고, 주거 환경이 열악한 이유는 하나님 때문이 아니라고 누군가 말해야 한다. 더럼은 우리가 창조한 것이지 하나님이 창조하신 것이 아니다.

"무언가 먹을 것이 있나요?"라는 질문은 굶주린 사람들만의 질문이 아닐 수 있다. 하나님은 굶주린 사람들이 "주님께로부터 받은 말씀이 있습니까?"(렘 37:17)라고 묻도록 유도하고 계실 수도 있다.

예수님은 자신을 예언자의 약속을 성취하는 "세상의 빛"이라고 부르신다. "내가 또 너를 이방의 빛으로 삼아 나의 구원을 베풀어서 땅 끝까지 이르게 하리라"(사 49:6b). 다른 곳에서 예수님은 오합지졸의 제자 그룹을 향해 대담하게 그들을 세상의 빛, 잘못된 것에 대한 하나님의 대답이라고 부르신다. 어떻게 그럴 수 있는가? "너희가⋯ 예루살렘과 온 유대와 사마리아와 땅 끝까지 이르러 내 증인이 되리라"(행 1:8). 어떻게 그럴 수 있는가? "어느 동네에 들어가든지 너희를 영접하거든 너희 앞에 차려놓는 것을 먹고 거기 있는 병자들을 고치고 또 말하기를 하나님의 나라가 너희에게 가까이 왔다 하라"(눅 10:8-9).

예수님은 귀신에게 괴롭힘을 당해 미치광이가 된 채로 마을에서 쫓겨나, 무덤 사이에서 벌거벗고 살아가던 한 남자를 치유하신다(막 5:1-20). 예수님은 괴롭히는 귀신들을 돼지 떼로 쫓아내시고, 그 남자는 올바른 정신을 갖게 된다. 감격한 남자는 예수님을 따라가서 제자가 되고 싶다고 간청한다. "[그러나 예수는] 허락하지 아니하시고 그에게 이르시되 [옷을 갖춰 입고] 집으로 돌아가 주께서 네게 어떻게 큰 일을 행하사 너를 불쌍히 여기신 것을 네 가족[네 질병 때문에 너를 내쫓은 사람들]에게 알리라 하시니 그가 가서 예수께서 자기에게 어떻게 큰 일 행하셨는지를 [어떠한 설교 훈련도 없이] 데가볼리에 전파하니 모든 사람이 놀랍게 여기더라"(막 5:19-20). 오직 예수님만이 같은 날 귀신을 쫓아내고, 바로 그를 설교하도록 임명한 뒤 선교사로 파송하셨다. 자기 자신을 화평케 하는 사람, 화해자, 예의를 실천하는 사람, 상처 치유자, 인지 부조화의 치유자로 여기는 설교자에게 선교적 상황은 위협이다.[162] 탈기독교 세계에서 청중은 회심과 중독 치료, 방향 전환, 충성으로 소환된다.[163] 프랭크 토마스는 위험한 설교에서 우리는 개인적인 관점을 제시하지 않는다고 강조한다. 우리는 중무장한 자본주의 경제에서 가장 숭배하는 신에게 도전하고 있다. 난관을 예상하자.[164] 설교자는 과학적 합리주의자의 제한된 사고 방식을 통해 예수님의 육체적 부활을 번역할 수 없기 때문에, 북미 문화는 교회의 가장 어려운 난관이라고 뉴비긴은 말했다.[165] 아무도 설교를 거부하지 않는다면, 선교사는 자신이 하나님을 잘못 표현한 것은 아닌지 걱정한다.

"우리 교회는 어느 때보다 분열되어 있고, 보수와 진보가 서로 전쟁을 벌이고 있습니다. 어떻게 하면 사람들을 하나로 만들 수 있을까요?" 설교자가 물었다.

나는 이렇게 말했다. "오늘날 미국에서 교회가 분열되고 갈등하고 불안하지 않다면, 우리는 전도에 실패할 수도 있습니다. 교회가 논쟁을 벌이는 이유는 예수님이 그들을 전부 원하시기 때문이예요."[166]

복음은 실제 사건에 대한 소식이고, 이미 일어난 역사적 사건에 대한 선언이다. 복음은 실재다. 뉴비긴은 설교를 "대화"로 보는 몇몇 설교학자들의 규정을 비판했다. 그리스인으로부터 물려받은 "대화"는 세계 종교에서 낯설고, 따라서 그리스 철학 전통에 속하지 않는 사람들에게 설교하거나 부활과 같은 충격적인 사건을 알리는 데는 부적합하다.[167] 마음이 맞는 쌍방의 주고받음이라는 설교 개념은 우리가 부르주아로 태어났기 때문에 이미 복음화되었다는 콘스탄티누스의 허구에 근거해 있다.[168]

종교 사상에 대한 강의도, 더 나은 삶을 위한 조언도, "더 좋은 천사들"을 향한 호소도 아닌 설교는 "예수님이 갈릴리에 오셔서 하나님 나라를 설교하고 선포하고 전파하셨을 때 성취되기 시작한 일을 계속 이어간다"라고 뉴비긴은 말했다.[169] "우리는 성육하고, 십자가에 못 박히고, 통치하시는 그리스도가 하나님의 능력이요 하나님의 지혜라고 설교한다. 다시 말해, 능력과 지혜 가운데 우리를 향해 돌이키고(회개) 그 운동에 동참하도록(소명) 초대하는 하나님의 통치다."[170]

선교는 우리가 너무 쉽게 잊고 있는 바 기독교 신앙이 은혜요 선물이라는 특성을 상기시킨다. 즉 그리스도는 다른 사람의 손을 통해 받아들여져야 한다. 그리스도인의 삶은 "구원은 유대인에게서 난다"(요 4:22)는 사실을 받아들이고 감사하는 훈련이다. 누군가 어느 시점에 선교의 일환으로 설립하지 않은 교회는 존재하지 않는다. (그리고 다른 회중을 개척하지 않는 회중은 아직 "교회"가 아니다.) 대담하게 예수님에 대해 말해야 할 만큼 예수님을 사랑한 어떤 사람이 있었다. 복음 설교자는 돌아가신 할머니나 C. S. 루이스 또는 선교단체 출신의 꽉 막힌 동료 학생이었을 수도 있다. 그리스도인은 홀로 만들어지지 않는다. 모든 사람은 예수 그리스도의 진리를 전하기 위해 하나님이 보내신 어떤 "선교사"에게서 복음을 받았다는 사실에 근거해서 믿는다.[171]

나는 신학생들에게 "여러분은 그리스도인이 아니던 때를 기억하나요?"라고 묻는다. 절반 이하만 손을 든다. "누군가 여러분에게 전도하던 기억이 없다면, 여러분은 지금 불이익을 받고 있는 겁니다." 개인 구원에 대한 나르시시즘적 자기 관심에서 벗어난 우리는 하나님이 세상에서 정권 교체를 이루셨다고 증거한다. 그리스도인은 우리 자신이 아니라 세상의 구원을 위해 복음을 받아들인다.[172] '하나님의 선교' 때문에, 문화와 인종, 이념, 국가의 경계를 넘어(즉, 선교) 대담하게 그리스도를 따르기보다 온화한 교제를 나누는 것은 교회 이하의 존재가 되는 것이다. 상처와 필요, 불안을 강조하는 치유 설교는 회중을 수동적인 청중과 불운한 희생자로 만들고, 과감한 선교사와 전도자가 되도록 회중을 준비시키기보다 항변을 탄식으로 바꾸어 놓는다. 그들이 하나님이 주신 목소리를 찾아야 하는 이유는, 단순히 자신의 상처를 드러내기 위해서가 아니라—그들은 훈련하지 않고서도 이미 그렇게 하고 있다—사람들에게 고통을 주어 말씀에 이용하는 것은 예수님의 생각이 전혀 아니라고 세상을 향해 증거하기 위해서다. 바울은 "육체의 가시"에서 구원해 달라고 기도했지만

(고후 12:7-9), 또한 하나님이 계속 기도를 거절하시더라도 자신이 여전히 설교하라는 명령 아래 있음을 알았다.

"우리는 사랑과 배려심이 아주 많은 회중입니다. 한 사람이 힘든 시간을 겪고 있을 때, 우리는 서로를 지지해 줍니다."

미안하지만, 그것으로는 충분하지 않다.

"팬데믹은 작은 교회를 약화시켰습니다." 목사가 말했다. "우리는 무너졌고, 아무도 남아서 파편을 주우려고 하지 않았어요. 나는 남은 사역 기간을 여기서 지낼 거라고 생각했습니다. 하나님은 코로나 바이러스를 통해 나를 전도자가 되게 하셨답니다. 이 마을에서 훌륭한 설교를 간절히 듣고 싶어 하지만 그것을 알지 못하는 사람이 누구인지 보자구요."

"누구든 너희 말을 듣는 자는 곧 내 말을 듣는 것"이라고 말씀하셨을 때(눅 10:16), 예수님은 성직자가 아니라 모든 제자들에게 말씀하고 계셨다. 교회의 사역은 "증거"이고, 증거는 "기독교 공동체가 제공해야 하는 것의 총합"이라고 바르트는 말했다.[173] 교회는 경계선이 아니라 중심, 곧 그리스도에 의해 정의된다. 교회는 하나님의 영역의 한계를 알 수 없다. 하나님이 우리에게 오시는 것을 목격한 우리는 그 응답으로 세상을 향해 이제 '프로 노비스'(*pro nobis*)로 알려진 하나님을 증거한다.[174] 뉴비긴에 의하면, "그리스도인의 큰 기쁨은 우리가 이 소식을 받았다는 것이다. 그리스도인의 큰 책임은 우리가 이 소식을 세상에 전해야 한다는 것이다."[175]

"그러나 너희는 택하신 족속이요 왕 같은 제사장들…이니…이는 너희를 어두운 데서 불러 내어 그의 기이한 빛에 들어가게 하신 이의 아름다운 덕을 선포하게 하려 하심이라"(벧전 2:9, 저자의 강조).

라민 사네는 기독교가 창시자의 언어가 아닌 다른 언어로 전파되는 유일한 신앙이라고 지적한다.[176] 말씀을 전파하기로 단호하게 결심한 교회는 예수님을 전하기 위해 예수님의 언어를 버렸다. 우리는 그리스도인이 되기 위해 외향적인 사람이 될 필요는 없지만 외향성은 도움이 된다. 고등학교 프랑스어 성적이 좋지 못했다면 유감이다. 선교사는 다른 사람들이 들을 수 있도록, 새로운 언어를 토착어로 습득하는 데 사역 전체를 할애한다.

설교자는 모세와 더불어 모든 하나님의 백성이 예언자가 되기를 바란다(민 11:29). 우리의 임무는 성도들이 설교하도록 가르치는 것이다(엡 4:12-16). [프리실라 포프-레비슨의 『전도의 모델』은 그 방법을 보여줄 수 있다.[177]] 나는 점점 줄어드는 도심지 교회를 위한 부활절 설교에서 새 예루살렘은 엄청나게 거대하여 대략 인도와 동일한 크기이고(계 21:16), 흰옷을 입고 보좌 주위를 행진하는 성도들은 "각 나라…에서 [온] 아무도 능히 셀 수 없는 큰 무리"(계 7:9)라고 언급했다. 그런 이유로 예수님은 부활절에 얼마나 많은 사람이 교회에 모이든 만족하지 않으신다. 나는 밖으로 나가 아직 복음을 들어보지 못한 사람에게 복음을 전하라고 회중을 향해 도전하면서, 복음을 전하는 데 도움이 필요할 경우 전화하라고 말했다. 나는 네 통의 전화를 받았고,

교회는 한 명의 새로운 회심자를 얻었다. 나는 성도들에게 의기소침하지 말라고 말했다. 나의 첫 설교도 밋밋했기 때문이다. 전도는 어딘가에서 시작되어야 한다.

구태의연하고 타협적이며 온갖 결점을 지닌 가련한 교회는 부활하신 그리스도께서 죄인들을 위해 무엇을 하실 수 있는지 보여주는 핵심 증거다.[178] 우리는 "미전도 종족에게 복음을 전하거나" "세상을 그리스도께 인도하려는" 더 큰 결단을 이루기 위해 더 "선교적인" 설교를 전할 필요는 없다. 우리는 현대 서구 이교도들이 이미 믿는 것과 막연히 비슷하게 들리도록 도와주는 전도와 선교 신학이 등장하기를 기다리지 않는다. 우리에게 필요한 것은 말씀하시는 하나님, '데우스 딕시트,' 소식을 만드실 뿐만 아니라 전파하시는 구세주다. 우리가 소유한 바로 그 하나님, 혹은 더 나은 표현으로, 우리를 소유하신 바로 그 하나님은 우리를 대담하고 무모한 선교의 일부로 삼기로 결심하셨다.[179]

한 세기 전의 영국 설교자이자 비처 강연자였던 P. T. 포사이스는 이렇게 말했다.

역사 속의 위대한 설교자는…교회다. 또한 개별 설교자의 첫 번째 임무는 교회로 하여금 전하게 하는 것…교회에 복음을 설교하여 교회와 함께 세상에 복음을 설교하는 것이다.…다시 말해, [설교자는] 교회를 위한 성례가 되어야 하고, 교회와 함께 [설교자는] 세상을

위한 선교사가 되어야 한다.[180]

바르트는 "모든 그리스도인은 선교사이고, 새로운 증인을 모집하는 징병관"이라고 말한다. "우리 회중이 이것을 인식하지 못하면 그들은 선교적인 회중일 수 없고, 따라서 그들은 진정한 그리스도인일 수 없다."[181] 설교자는 교회에 복음을 선포하여 "성도들을 사역을 위해 구비시키고"(엡 4:11-12) 온 회중을 선교적인 설교자로 만든다.[182]

내가 마음에 각인한 첫 번째 성경 구절은 요한복음 3장 16절이었다. "하나님이 교회와 교회 안에 있는 나와 같은 사람들을 이처럼 사랑하사" 아니다! "하나님이 세상을 이처럼 사랑하사 독생자를 주셨으니…누구든지"다. 그런 이유로 설교는 교회에 국한되기보다는 세계적이어야 하고, 교회는 하나님의 담론을 담기에 너무 작은 영역이고, 증인은 어디서든, 어떤 상황이든, 누구에게나 계속 전해야 한다.

예수 그리스도의 사도는 선교사가 될 수 있을 뿐만 아니라 선교사가 되어야 한다.…그것은 단순히 하나님의 말씀을 선포하는 형식적 필요성이나 이 말씀을 다른 이들에게 나누어주려는 인도주의적 사랑이 아니다.…결정적 요소는 말씀 자체의 구체적인 내용이다. 예수 그리스도와 인간의 삶에 관한…진리는…어디든 이 진리가 아직 알려지지 않은 곳에 자동적으로 전하도록…몰아간다. 진공 속으로 밀려드는 공기나 아래로 흐르는 물 혹은 더 많은 연료를 향해 타오르는 불과 같다. [인간의 삶은] 하나님의 심판의 표징 아래 있다. 이것은 단지 종교적인 견해가 아니다. 이것은 모든 사람에게 적용되는 보편적 진리다.…이것은 모든 경계를 뛰어넘는다. 이것은 인간의 어떤 통찰보다 훨씬 시급하고 구속력이 있고…열정적으로 받아들여진다. 이 진리는 기독교 선교 배후에 있는 원동력이다.…이 진리는 모든 장벽을 부순다.[183]

우리 자신 혹은 정사와 권세가 하나님의 말씀에 맞서 세운 장벽─무관심이나 저항, 신무신론, 구태의연하고 허황된 감상주의, 소심한 침묵의 유혹, 우리 자신의 굳은 마음─은 심각하다. 하지만 결정적인 말씀을 하기로 결심하신 하나님을 이길 수 있는 것은 아무것도 없다. 하나님이 끝났다고 말씀하실 때까지 대화는 끝나지 않는다. 이것은 설교자의 최고의 희망이다. 그래서 우리는 기꺼이 다음 주일에 일어나 계단을 오르고, 목을 가다듬고, 노트를 뒤적이고, 대담하게 침묵을 깨고, 본문과 설교를 연결하는 줄타기를 하면서, 회중이 스스로 말할 수 없는 소식을 전하는 위험을 감수한다. "하나님은 이렇게 말씀하셨습니다."

설교자는 대담하다.

주

서론

1. Karl Barth, *The Göttingen Dogmatics: Instruction in the Christian Religion*, vol. I, ed. Hannelotte Reiffen, trans. Geoffrey W. Bromiley (Grand Rapids: Eerdmans, 1990), 265. 이후로 *GD*로 표기됨. 나의 번역문은 Barth, *Unterricht in der christlichen Religion* 1, 1924, ed. Hannelotte Reiffen (Zürich: Theologischer Verlag Zürich, 1985)에서 가져온 것이다.
2. "신학은 설교자가 마땅한 만큼 설교를 어렵게 느끼기 위해 필요하다." Gerhard Ebeling, *God and Faith*, trans. James W. Leitch (London: SCM, 1963), 424.
3. 월터 브루그만의 1989년 비처 강연의 부제는 "선포를 위한 대담한 설교"(Daring Speech for Proclamation)였다. "해석 행위인 설교는 우리 시대에 부담스럽고 대담하고 위험하다." Walter Brueggemann, *Finally Comes the Poet: Daring Speech for Proclamation* (Minneapolis: Fortress, 1989), ix. 『마침내 시인이 온다』(성서유니온선교회).
4. Barth, *GD*, 31.
5. 바르트는 장 칼뱅에게서 '대담함'을 가져왔을까? 칼뱅의 말에 의하면, 설교자는 "하나님의 말씀으로 모든 것을 대담하고 용기 있게 행하고, 세상의 모든 권세와 영광과 지혜와 고귀함이 그분의 위엄에 굴복하고 순종하게 하고…명령하고…그리스도의 가정을 세우고 사탄의 가정을 무너뜨리고, 양을 먹이고 늑대를 내쫓고, 가르칠 만한 자에게 가르침과 권면을 주고, 거역하고 완고한 자를 고발하고 책망하고 정복하고, 묶고 풀고, 마지막으로 필요할 경우 벼락과 번개를 내리지만, 모든 일을 하나님의 말씀 안

에서 행한다." Calvin, *Institutes of the Christian Religion*, 2:1156-57 (4.8.9). 『기독교 강요』(복있는사람).
6. Barth, GD, 47.
7. "성경과 설교, 설교자를 통해 말씀하시는 하나님에 대한 대다수 현대 설교학의 침묵"은 설교학이 학문적 존경을 얻기 위해 신학을 포기하고 수사적 행위로서의 설교에 집중하면서 "말씀하시는 하나님에 관한 논의"가 묵살된 19세기에 시작되었다. 14. James F. Kay, "Preacher as Messenger of Hope," in *Slow of Speech and Unclean Lips: Contemporary Images of Preaching Identity*, ed. Robert Stephen Reid (Eugene, OR: Cascade Books, 2010), 13-34.
8. "Women and the Pulpit: An Interview with Leonora Tubbs Tisdale," *Reflection: Yale Divinity School*, Fall (2019): 29.
9. 하나님께 적용된 '음성'은 성경에 325번 이상 나온다.
10. Barth, *GD*, 201.

1장 그리스도, 하나님의 말씀하심

1. 니콜라스 월터스토프는 바르트가 "성경 자체에서 사소한 역할을 하는 개념, 즉 하나님은 자신을 계시하신다는 개념을 채택하여 자신의 신학의 주요 주제로 삼는다"고 불평한다. Nicholas Wolterstorff, *The God We Worship: An Exploration of Liturgical Theology* (Grand Rapids: Eerdmans, 2015).
2. Karl Barth, *Church Dogmatics*, vol. II, part 2, ed. G. W. Bromiley and T. F. Torrance (Edinburgh: T & T Clark, 1975), 121. 이후로 *Church Dogmatics*는 CD로 표기된다. 『교회 교의학』(대한기독교서회).
3. 레지날드 풀러에 의하면, 설교자는 "두 개의 극ㅡ본문과 현대 상황ㅡ에 관심을 둔다…. [설교자는] 이 두 극 사이에 다리를 놓는다." *The Use of the Bible in Preaching* (Philadelphia: Fortress, 1981), 41. 이것은 바르트가 개탄하는 바 19세기에 본문에서 설교로 넘어가는 분기점이다.
4. Karl Barth, *Witness to the Word: A Commentary on John I*, ed. Walther Fürst, trans. Geoffrey W. Bromiley (Grand Rapids: Eerdmans, 1986), 66.
5. 어떤 것도 하나님의 자유로운 말씀을 대체하도록 허용될 수 없다. 「바르멘 선언」은

설교의 자유에 대한 선언인 정치적 항의다. 바르트는 독일 그리스도인이 히틀러보다 복음에 더 큰 위협이라고 생각했다. Karl Barth, *Community, State, and the Church*, trans. G. Ronald Howe (Garden City, NY: Anchor, 1960)를 보라. 또한
William H. Willimon, *How Odd of God: Chosen for the Curious Vocation of Preaching* (Louisville: Westminster John Knox, 2015), 90-91도 보라.

6. Barth, *CD*, II/1, 150.
7. "하나님의 말씀에 대한 조직신학의 관심 부족은 성경의 탁월성에 비추어 볼 때, 특히 말씀하는 이스라엘의 하나님과 벙어리 이교도 우상 사이의 성경의 대조에 비추어 볼 때 놀라운 현상이다…거짓 신들은 아무 말도 하지 못한다. 하지만 야웨는 말씀하신다!" Kevin J. Vanhoozer, "Triune Discourse," in *Trinitarian Theology for the Church: Scripture, Community, Worship*, ed. Daniel J. Treier and David Lauber (Downers Grove, IL: InterVarsity, 2009), 52.
8. "하나님에 대한 모든 담론이 주관성으로 환원되는 시대에, 신학은 어떻게 예수님 안에서 나타난 [하나님의] 계시를 이해할 수 있게 만들고 그 참된 주장을 입증할 수 있을까?" Wolfhart Pannenberg, *Systematic Theology*, vol. 1, trans. G. W. Bromiley (Edinburgh: T & T Clark, 1991), 128.
9. 나의 주장은 이렇다. 현대 소설에서 설교자가 조롱을 받는 이유는 그들이 현대 사회가 침묵하고 싶어 하는 문제들에 대해 고집스럽게 이야기하기 때문이다. Douglas Alan Walrath, *Displacing the Divine: The Minister in the Mirror of American Fiction* (New York: Columbia University Press, 1993)를 보라.
10. Immanuel Kant, "What Is Enlightenment?" [1784] *in The Enlightenment: A Comprehensive Anthology*, ed. Peter Gay (New York: Simon and Schuster, 1973), 384-389.
11. William Giraldi, *American Audacity: In Defense of Literary Daring* (New York: Norton, 2018), xix.
12. Stanley Hauerwas, with Robert J. Dean, *Minding the Web: Making Theological Connections* (Eugene, OR: Cascade, 2018), 102.
13. Marilynne Robinson, *Lila* (New York: Picador, 2014), 44.

14. Ludwig Feuerbach, *The Essence of Christianity*, trans. George Eliot (New York: Harper & Row, 1957), 63. 『기독교의 본질』(한길사).
15. Karl Barth, *Barth in Conversation*, vol. 3, 1964-1968, ed. Eberhard Busch (Louisville: Westminster John Knox, 2019), ebook, 95.
16. 바르트는 설교해야 하는 것과 설교할 수 없는 것 사이의 해소할 수 없는 변증법적 긴장을 계속 강조했다. Barth, "The Word of God and the Task of Ministry," in *The Word of God and the Word of Man* (Boston and Chicago: Hodder & Stoughton, 1928), 183-217를 보라.
17. Barth, *CD*, I/1, 116.
18. Cleophus J. LaRue, *I Believe I'll Testify: The Art of African American Preaching* (Louisville: Westminster John Knox, 2011), xiii.
19. 마르틴 루터는 베드로전서 3:19-22이 "모호한 구절"이고 "따라서 나는 베드로가 무엇을 의미하는지 확실히 알 수 없다"고 인정하면서, 이 본문을 일종의 비유라고 보았다. 그리스도는 지옥에서 "마귀의 감옥에 갇혀 있는" 자들에게도 설교하실 정도로 구원하려는 결심이 매우 강하셨다. Luther, *Commentary on the Epistles of Peter and Jude*, ed. Paul W. Bennehoff, trans. John Nichols Lenker (Grand Rapids: Kregel, 1982), 168-169.
20. Barth, GD, 14, 저자의 번역. 크리스 커리에 의하면, "하나님의 삼중적 말씀은 칼 바르트의 신학 기획 전체에 있어서…또한 교회에 대한 그의 비전의 핵심 요소다. 그런데도 바르트 연구 분야에서는 무시되었고 현대 교회론자들에 의해 거부되었다." Currie의 연구는 바르트 신학에서 하나님의 말씀으로서의 설교에 대해 우리가 소유한 최고의 연구이고, 본서의 원동력이다. Thomas Christian Currie, *The Only Sacrament Left to Us: The Threefold Word of God in the Theology and Ecclesiology of Karl Barth* (Eugene, OR: Pickwick, 2015), ix.
21. 바르트는 『로마서 주석』에서, 루터와 칼뱅의 뒤를 이어, 성경이 하나부터 열까지 말씀, "예수 그리스도"라는 것을 보여주었다. 바르트는 구약 성경이란 "구약에서 이스라엘이라는 이름 아래 감추어져 있었고, 신약에서 자기 이름으로 계시된 이름, 예수 그리스도"라고 보았다. *CD*, I/2, 720.
22. 요한은 그리스도를 "로고스"라고 다시 언급하는 않는다. 그럴 필요가 없다. 말씀은

요한복음 14장의 길고 풍성한 "고별 설교" 같이 퍼부어진다.

23. 나중에 바르트는 『교회 교의학』에서 "삼중적 형태의 하나님의 말씀"에 대해 논하면서, 성육하신 그리스도의 말씀이 아니라 선포, 즉 "설교된 하나님의 말씀"으로 시작함으로써(CD, I/1, 88) 현재에 있는 하나님의 말씀을 강조한다. 이 전략은 주목할 만하지만, 삼중적 형태가 나열되는 방식에 있어서 서열이나 종속성은 전혀 암시되지 않는다. 바르트에 의하면, "우리는 계시와 성경과 선포를 신성한 위격인 성부와 성자와 성령의 이름으로 대체할 수 있고, 그 반대도 마찬가지다. 전자와 마찬가지로 후자의 경우에도 우리는 동일한 기본적 확정성과 상호관계를 만나게 될 것이다"(CD, I/1, 121).

24. 강의 경력 초기에 바르트는 칼케돈의 용어로 하나님의 삼중적 말씀을 전개하면서, 계시가 지닌 차별성 속의 통일성은 "혼동되거나 분리되지 않고," 서로 구별되는 "통일성 안의 삼위일체, 삼위일체 안의 통일성"—세 가지 방식으로 나타난 한 하나님—이라고 설명한다. GD, 14-15. 칼케돈에 대해서는 Christopher A. Beeley, *The Unity of Christ: Continuity and Conflict in Patristic Tradition* (New Haven, CT: Yale University Press, 2013)이 유용하다.

25. Barth, CD, I/2, part 1. 원저자의 강조.

26. "계시는…우리에게 향하신…하나님의 삶 그 이상도 그 이하도 아니다"
    Barth, CD, I/2, 483.

27. 성경은 "예수 그리스도"라고 말하는 살아 계신 하나님의 말씀이다. 구약 성경에서도 우리는 "구약에서 이스라엘이라는 이름 아래 감추어져 있었고, 신약에서 자기 이름으로 계시된 이름, 예수 그리스도"를 만난다. Barth, CD, I/2, 720.

28. "성경은 예수님에 관한 것이다.…예수님은 줄곧 하나님의 계획이셨다." Sam Wells, *Speaking the Truth: Preaching in a Pluralistic Culture* (Nashville: Abingdon Press, 2008), 40.

29. Will Willimon, "Evangelicals Get Real," April 2020, "Peculiar Prophet," https://willwillimon.com/2020/04/27/evangelicals-get-real/.

30. 골로새서 1:27과 2:2의 의미는 제외하고.

31. 누구도 *concilium*(교회가 승인한 가르침) 혹은 *magisterium*(교회의 선언)을 제안하지 않았다.

32. 바르트는 "'선언'[Ankündigung]이라는 단어가 '선포'[Verkündigung]보다 유리하다. 여기서 하나님은 "말씀하는 분이시고, 우리는 아니다. 우리는 단지 하나님이… 말씀하기 원하는 바를 선언하는 역할만 한다"고 말한다. Karl Barth, *Homiletics*, trans. Geoffrey W. Bromley and Donald E. Daniels (Louisville: Westminster John Knox, 1991), 46.

33. 나의 스승 한스 프라이는 기독교 해석자들이 세상 자체의 이야기를 성경 이야기 안에서 펼치기보다 성경의 이야기를 세속 철학이 지배하는 이야기 속에 집어넣었을 때, 그 싸움은 패배한 것이라고 말했다. Hans W. Frei, *The Eclipse of Biblical Narrative: A Study in 18th and 19th Century Hermeneutics* (New Haven, CT: Yale University Press, 1974), 130.

34. 마이클 버클리는 현대 무신론이 어떻게 기독교 변증가들이 시도한 하나님의 비인격화에서 유래했는지 보여준다. Michael J. Buckley, *At the Origins of Modern Atheism* (New Haven, CT: Yale University Press, 1987).

35. Barth, <u>GD</u>, 368-369, 저자의 번역. 알버트 슈바이처는 유명한 『역사적 예수 탐구』의 마지막 단락에서 이렇게 말한다. "그분은 옛날과 마찬가지로 호숫가의 이름 없는 미지의 존재로 우리에게 오셨고, 그분을 알지 못한 사람들에게 오셨다. 그분은 우리에게 똑같이 말씀하신다. '나를 따라오너라!'….또한 그분은 자기에게 순종하는 사람들에게, 그들이 지혜롭든 단순하든, 자신을 계시하실 것이다.…그들은 헤아릴 수 없는 신비로…그분이 누구신지 자신의 경험을 통해 알게 될 것이다." Albert Schweitzer, *The Quest of the Historical Jesus*, trans. W. Montgomery (London: A & C Black, 1911). 안타깝게도, 슈바이처가 말하는 실패한 예언자, 우리 "자신의 경험"을 통해 계시된 묵시적 예수는 진정한 "사건"을 제공할 수 없는 비인격적이고 "헤아릴 수 없는 신비"다.

36. Rick Warren, "Learn How to Recognize God's Voice," October 7, 2014, https://www.youtube.com/watch?v=kglsnPp-foU. Priscilla Shirer, *Discerning the Voice of God: How to Recognize When God Is Speaking* (Chicago: Moody, 2012)도 보라.

37. 바르트의 말, Gary Dorrien, *The Barthian Revolt in Modern Theology* (Louisville: Westminster John Knox, 2000), 51에서 인용됨. Karl

Barth, *The Epistle to the Romans*, trans. Edwyn C. Hoskyns, 6th ed. [London: Oxford University Press, 1975 (1933)].

38. Fleming Rutledge, *And God Spoke to Abraham: Preaching from the Old Testament* (Grand Rapids: Eerdmans, 2011), 144.

39. 그리스도는 "시간을 떠도는 육체 없는 유령이 되기 위해 부활하신 것이 아니라, 말씀하는 몸이 되기 위해 부활하셨다." Robert W. Jenson, *Visible Words: The Interpretation and Practice of Christian Sacraments* (Philadelphia: Fortress, 1978).

40. 브라이언 블라운트는 비쳐 강연에서 묵시론을 가미하여 부활의 "무모한 비개연성"을 찬양했다. Brian K. Blount, *Invasion of the Dead: Preaching Resurrection* (Louisville: Westminster John Knox, 2014), xv.

41. 로마 제국이 영지주의에 대해 신경 쓰지 않았던 이유는 "영지주의 복음"이 사건에 대한 기쁜 소식이 아니기 때문이다. 영지주의 복음은 구속되지 않은 고정된 세상에 따라 삶을 구성하는 방법에 대한 교훈이다. 영지주의 영성 때문에 불안해진 정부는 없다.

42. Richard Lischer, *End of Words: The Language of Reconciliation in a Culture of Violence* (Grand Rapids: Eerdmans, 2008), 66. Christoph Schwöbel은 현대 설교의 "가장 빈번하고 가장 심각한" 실패는 "하나님께서 우리를 위해 행하신 일에 대한 약속이 우리가 해야 할 일에 관한 계명으로 바뀌는 곳에서 발생한다"고 말한다. Colin E. Gunton, *Theology through Preaching: Sermons for Brentwood* (Edinburgh: T & T Clark, 2001)의 서론, 19에서 인용됨.

43. "하나님은 이미 자신을 계시하셨고 말씀은 육신이 되셨다. 하나님은 인간의 본성을 취하셨다. 인간은 그리스도 안에서 하나님의 것이 되었다. 그리스도 안에서 하나님은 타락한 인간을 자신의 것으로 만드셨다. 타락에 맞닥뜨렸을 때 하나님은 화를 내며 옆으로 물러나지 않으셨다. 그 대신 [하나님은] 인류와…인격적으로 연합하셨다. 잃어버린 인간을 집으로 부르셨다"(Barth, *CD*, IV/1, 51).

44. Martin Luther, *A Brief Instruction on What to Look for and Expect in the Gospels*, in *Luther's Works*, vol. 35, Word and Sacrament, ed. and trans. E. T. Bachman (Philadelphia: Muhlenberg, 1960), 120.

45. Luther, *Luther's Works*, vol. 35, 121.
46. 루터는 십자가에 초점을 맞출 때 하나님에 대한 전면적 지식이 우리에게 있다는 생각으로부터 보호받는다고 말했다. Lischer, *End of Words*, 102에서 인용됨.
47. 막달라 마리아는 자기에게 적합한 설교 임무를 받았다. 예수님의 죽음에 대한 남자 제자들의 반응은 어땠을까? 그들은 "집으로 돌아간다." 그들은 가장 유망한 청중이 아니다. 반면에 마리아는 대담하게 "내가 주님을 보았다"고 전한다.
48. William H. Willimon, *Leading with the Sermon: Preaching as Leadership* (Minneapolis: Fortress, 2020), 34-35.
49. "아들의 신성(실제적이고 간접적인 정체성 속에서, 그리스도의 인성과 혼동되지 않지만 또한 분리되지도 않는)과 연합된 그리스도의 인성(이와 관련하여, 특히 그분의 육체성 및 그로 인한 그분의 공간성)이 계시다." Barth, *CD*, II/1, 486.
50. 바르트의 '궁극주의'에 대한 더 상세한 설명은 George Hunsinger, *How to Read Karl Barth: The Shape of His Theology* (New York: Oxford University Press, 1991), 30를 보라.
51. Barth, *GD*, 369-370.
52. "하나님의 객관성에 대한 단언은 19세기 초반 이후 거의 모든 신학에 대한 직접적인 도전이다." Robert W. Jenson, *God after God: The God of the Past and Future as Seen in the Work of Karl Barth* (Indianapolis: Bobbs-Merrill, 1969), 80.
53. Barth, *CD*, IV/1를 보라. 여기서 Barth는 "속죄는 역사다"라고 단언한다.
54. Dietrich Bonhoeffer, *Worldly Preaching*, ed. Clyde E. Fant (Nashville: Thomas Nelson, 1975), 123.
55. Barth, *CD*, I/1, 113.
56. Richard Bauckham, Hayward Lectures, 2018, "Key Moments of Biblical Revelation," https://www.youtube.com/watch?v=t1VkOxsNGSI.

2장 성경, 하나님의 언명

1. Barth, *GD*, 320-121. 목적에 알맞게 나의 연구를 각색했다. 죠르그 로스터는 "하나님이 말씀하신다는" 바르트의 "끈질긴 주장이 하나님 개념에 대한 거의 폭력적

인 유아화"이고, 현대 사상가들이 보기에 "현대의 비판적 사고와 아무 관련이 없기 때문에 역효과를" 낳는다고 비판한다. Jörg Lauster, *Zwischen Entzauberung und Remythisierung. Zum Verhältnis von Bibel und Dogma* (Leipzig: Evangelische Verlagsanstalt, 2008), 22, 저자의 번역.

2. 바르트는 "성경 안의 새로운 세계"는 "하나님에 관한 인간의 올바른 생각이 아니라… 오히려 인간에 대한 하나님의 올바른 생각"이라고 선언했다. 성경은 "역사! 도덕! 종교! 경건!"에 관한 것이 아니다. 아니다. "'하나님'이 성경의 내용이다!" Katherine Sonderegger, "Barth on Holy Scripture," 71, in George Hunsinger and Keith L. Johnson, eds., *The Wiley Blackwell Companion to Karl Barth*, vol. 1 (Hoboken, NJ: John Wiley & Sons, 2020), 70를 보라.

3. Barth, *GD*, 58. "세 가지 모든 형태로 된 하나님의 말씀은 [인간]에게 주시는 하나님의 말씀이고, [인간]에 대한 하나님의 행동이다." Karl Barth, "The Need and Promise of Christian Preaching," in Douglas Horton, *The Word of God and the Word of Man* (New York: Harper & Row, 1957), 123 (1922년 강연에서).

4. Barth, *GD*, 298. 루터는 설교자들이 성경을 버리고 "모든 사람이 복음과 그 해설 대신 자신의 변덕을 설교할 때, 우리는 다시 파란색 오리(blue duck)에 관한 설교를 듣게 될 것"이라고 말했다. Martin Luther, "The German Mass and Order of Service 1526," trans. A. Steinle in *Works of Martin Luther* (Philadelphia: Muhlenberg, 1932), 6:151-189, 176.

5. Barth, *CD*, I/1, 137-138.

6. Barth, *CD*, I/1, 124.

7. Barth, *CD*, I/1, 137-138.

8. "계시란 본래 성경과 교회의 선포를 간접적으로 파생시킨 것, 즉 하나님의 말씀이다.…선포는…계속해서 하나님의 말씀이 되어야 한다. 우리는 성경에 대해서도 똑같이 말했다. 성경은 계속해서 하나님의 말씀이 되어야 한다." Barth, *CD*, I/1, 117.

9. Barth, *GD*, 59-60.

10. Barth, *GD*, 59.

11. Barth, *GD*, 37. 바르트는 성경을 "영과 종교의 일반 역사에서 시작하여 정상에 계신 예수님께 올라가는" "경사로"로 취급해서는 안 된다고 경고한다. 설교자는 "이 경사

로를 부숴야 한다." '데우스 딕시트'는 계시를 향한 길이 아니라 신성하게 "규정된 역사"이고 계시다(38).

12. "이스라엘의 하나님은 기꺼이 말로 표현되기를 원하셨지만 시각적으로 묘사되기를 거부하셨다." Robert W. Jenson, *Visible Words: The Interpretation and Practice of Christian Sacraments* (Philadelphia: Fortress, 1978).

13. 루터는 삼위일체 안에 "강단"이 있다고 주장했다. 하나님의 삼위일체적 존재는 영원한 대화다. 성령의 역사로 말미암아 우리는 삼위일체의 내적 대화로 이끌린다. Christoph Schwöbel, "Introduction," in Colin E. Gunton, *Theology through Preaching* (Edinburgh: T & T Clark, 2001), 2-3. 성경은 하나님과 인간 사이, 무엇보다 특히 하나님과 이스라엘 사이의 "만남의 역사"라고 바르트는 말했다 (CD III/1, 80-81).

14. N. T. 라이트는 "성경의 권위"는 "어쨌든 성경을 통해 행사되는 삼위일체 하나님의 권위"를 나타내는 약어로만 의미가 있다고 말한다. N. T. Wright, *The Last Word: Beyond the Bible Wars to a New Understanding of the Authority of Scripture* (San Francisco: Harper, 2005), 23.

15. "하나님의 말씀"은 "구약 성경 전체에서 신-인간 관계의 가장 결정적인 측면"이다. Terence Fretheim, "Word of God," in *The Anchor Bible Dictionary* (New York: Doubleday, 1992), 961-968.

16. 아리스토텔레스는 인간을 사회적이고, 정치적이고, 말을 사용하는 동물로 구별하는 데서 크게 벗어나지 않았다. 『아리스토텔레스 정치학』(그린비).

17. 장 칼뱅: "성경의 최고의 증거는 일반적으로 하나님이 성경에서 직접 말씀하신다는 사실에서 비롯된다." Calvin, Institutes, 1.7.4. 『기독교 강요』(복있는사람).

18. "Knowledge," Duke University Chapel, October 9, 1998, https:// repository. duke.edu/dc/dukechapel/dcrst003287.

19. 로완 윌리엄스는 2013년 기포드 강연을 시작하면서 "인간으로서 우리가 말하는 방식은 하나님에 대해 무엇인가를 말해 주는가?"라고 질문한다. Rowan Williams, *The Edge of Words: God and the Habits of Language* (London: Bloomsbury, 2014), ix. 나의 질문은 "하나님이 말씀하는 방식은 설교자로서 우리에 대해 무엇인가를 말해 주는가?"이다.

20. 나의 연구를 적절하게 간추렸다. 엘리자베스 액트마이어는 1875년과 1933년 사이에 "교회 전체가 구약 성경을 잃어버렸다"고 말한다. Elizabeth Achtemeier, "The Canon as the Voice of the Living God," in *Reclaiming the Bible for the Church*, ed. Carl Braaten and Robert Jenson (Grand Rapids: Eerdmans, 1995), 123. Brent Strawn은 좀 더 최근에 구약 성경의 침묵을 개탄했다. Brent A. Strawn, *The Old Testament Is Dying: A Diagnosis and Recommendations and Treatment* (Grand Rapids: Baker Academic, 2017).

21. 니콜라스 월터스토프는 우리의 설교를 "대행 연설"(deputized speech)이라고 부른다. Nicholas Wolterstorff, *Divine Discourse: Philosophical Reflections on the Claim That God Speaks* (Cambridge: Cambridge University Press, 2000), 38-51.

22. Stanley Hauerwas, "Explaining Why Willimon Never Explains," in *Disrupting Time: Sermons, Prayers, and Sundries* (Eugene, OR: Cascade, 2004), 224-233.

23. Kevin J. Vanhoozer, *The Drama of Doctrine: A Canonical-Linguistic Approach to Christian Theology* (Louisville: Westminster John Knox, 2005) 에서는 기독교 교리가 "실행되기" 위한 것임을 보여준다.

24. Walter Brueggemann, *The Church as Counterculture*, ed. Michael L. Budde and Robert W. Brimlow (Albany: The State University of New York, 2000), 53에서 인용됨.

25. Jon D. Levenson, *Resurrection and the Restoration of Israel: The Ultimate Victory of the God of Life* (New Haven, CT: Yale University Press, 2006)를 보라.

26. Barth, *GD*, 328.

27. Barth, *GD*, 328.

28. 야웨의 말씀의 눈사태에서 동력을 얻은 예언자는 침묵할 수 없다(사 1:1; 겔 1:1; 욥 1:1; 미 1:1; 나 1:1; 합 1:1).

29. Calvin, *Institutes*, 4.7.3.

30. 브루그만은 "길들여지지 않은 구약 성경의 증언"에 대해 언급한다. Walter

Brueggemann, *Theology of the Old Testament: Testimony, Dispute, Advocacy* (Minneapolis: Fortress, 1997), 107.

31. 브루그만은 1989년 비처 강연 곳곳에서 예언자를 대담한 시인으로 분류했다. Walter Brueggemann, *Finally Comes the Prophet: Daring Speech for Proclamation* (Minneapolis: Fortress, 1989). 『마침내 시인이 온다』(성서유니온선교회).

32. Will Willimon, *Accidental Preacher: A Memoir. Afterword by Kate Bowler* (Grand Rapids: Eerdmans, 2019), 138.

33. 월터 브루그만에 따르면, "예언서 본문을 대할 때, 우리는 어떤 역할이 아니라 본문을 대한다. 우리의 임무는" 가능한 모든 상상력을 동원하여 "본문을 해설하는 것이다." 우리는 "예언자 자신의 되풀이가 아니라 본문 해설자"다. *Preaching from the Old Testament*, 72.

34. 나는 자신을 "예언자"로 분류하는 것이 얼마나 위험한지 알고 있다. 학생들은 내 설교를 "특이한 예언자"의 설교로 분류했다. 착 달라붙는 표현이다. Michael A. Turner and William F. Malambri, III, eds., *Peculiar Prophet: William H. Willimon and the Craft of Preaching* (Nashville: Abingdon Press, 1984).

35. Michael Pasquarello, III, *We Speak Because We Have Been Spoken: A Grammar of the Preaching Life* (Grand Rapids: Eerdmans, 2009).

36. 니콜리스 라쉬에 의하면, 하나님은 말씀하지만 "소리치지 않으신다." Nicholas Lash, *Believing Three Ways in One God* (Chicago: University of Notre Dame Press, 1944), 10-11. 나는 Lash의 주장의 성경적 근거를 전혀 찾을 수 없다.

37. 랍비 헤셸은 이렇게 말한다. 하나님의 진노는 "탄식이다. 모든 예언은 '하나님이 악에게 무관심하지 않으시다!'는 위대한 외침이다. 하나님은 사람이 사람에게 하는 일에 항상 관심을 두시고…개인적으로 영향을 받으신다. 그분은 파토스(의 하나님이다. 하나님의 진노의 의미 중 하나가 바로 무관심의 종결이다!" Abraham J. Heschel, *The Prophets* (New York: Perennial Classics, 2001 [1962]), 121. 『예언자들』(삼인).

38. 나는 *The Intrusive Word* (Grand Rapids: Eerdmans, 1994)에서 브루그만의 인

용문에 기초하여 책을 썼다. "예언 사역의 임무는 우리 주변 지배 문화의 의식과 지각에 대해 대안적인 의식과 지각을 양성하고 키우고 촉발하는 것이다." 이 특이한 말하기 방식의 목적은 "대안적 공동체를 다독이는 것"이다. Brueggemann, *The Prophetic Imagination* (Minneapolis: Fortress, 1978), 13를 보라. 『예언자적 상상력』(복있는사람).

39. Barth, *GD*, 56. 저자의 번역.
40. Richard Schultz, "Hearing the Major Prophets," in *Hearing the Old Testament*, ed. Craig G. Bartholomew and David J. H. Beldman (Grand Rapids: Eerdmans, 2012), 334에서 인용됨.
41. 나는 필리스 트리블의 *Texts of Terror: Literary-Feminist Readings of Biblical Narratives* (Philadelphia: Fortress, 1984)를 처음 읽었을 때의 느낌을 되찾기를 결코 바라지 않는다. 『공포의 텍스트』(도서출판100).
42. Will Willimon, *Lectionary Sermon Resource: Preaching the Psalms* (Nashville: Abingdon Press, 2019)를 보라.
43. Dietrich Bonhoeffer, *Psalms: The Prayer Book of the Bible* (Minneapolis: Augsburg, 1970). 『성경의 기도서 : 시편 개론』(복있는사람).
44. Bonhoeffer, *Psalms*, 10. 원저자의 강조.
45. Bonhoeffer, *Psalms*, 27.
46. Bonhoeffer, *Psalms*, 15.
47. "욥의 큰 갈망은 계시에 대한 갈망이다…그는 모든 것에 '설명'이 있다고 믿어야 하는…친구들과 다르다." Fleming Rutledge, *And God Spoke to Abraham: Preaching from the Old Testament* (Grand Rapids: Eerdmans, 2011), 164.
48. 브루그만에 의하면, "야웨의 말씀은 욥이 추정한 세계를 강하게 압박하고, 결국에는 그를 불안하게 만든다." Brueggemann, *Finally Comes the Poet: Daring Speech for Proclamation* (Minneapolis: Fortress, 1989), 61.
49. Brueggemann, *Finally Comes the Poet*, 62. 바르트는 욥기를 기독론적으로 해석한다. 욥은 예수님과 같은 "참된 증인," "고난의 지옥을 활보하며 하나님을 자유롭게 찬양함으로써 해방에 이르는" "하나님의 자유로운 종"이다. Barth, *CD*, IV/3.1, 388.

50. Brent Strawn 설교, Duke Divinity School, Durham, NC, January 21, 2020.
51. Barth, *GD*, 68.
52. Alyce M. McKenzie, <u>Preaching Proverbs: Wisdom for the Pulpit</u> (Louisville: Westminster John Knox, 1996), vii.
53. Willimon, *Accidental Preacher*, 142-143.
54. David Schnasa Jacobsen, ed., *Toward a Homiletical Theology of Promise* (Eugene, OR: Wipf & Stock, 2018).
55. L. Susan Bond, "Apocalyptic Vocation and Liberation: The Foolish Church in the World," in *Preaching as a Theological Task: World, Gospel, Scripture: Essays in Honor of David Buttrick*, ed. Thomas G. Long and Edward Farley (Louisville: Westminster John Knox, 1996), 150-164.
56. Richard Dawkins, *The God Delusion* (Boston: Houghton Mifflin, 2006), 51. 『만들어진 신』(김영사).
57. 문학 이론가 테리 이글턴은 도킨스가 하나님의 말씀에서 최악의 예를 내세워 구약 성경을 놀라울 만큼 경직되고 옹졸하게 해석한다고 비판했다. 도킨스는 하나님의 말씀이 "허구"라고 일축한다. 이글턴은 도킨스가 모든 문학을 형편없이 읽고 있다고 지적한다. Terry Eagleton, *Reason, Faith, and Revolution: Reflections on the God Debate* (New Haven: Yale University Press, 2009). 『신을 옹호하다』(모멘토).
58. Brent Strawn, *The Old Testament Is Dying*, 84-99에서 사려 깊고 관대하다시피 한 도킨스 비판을 보라.
59. Dawkins, *God Delusion*, 287. 도킨스는 성경을 무신론적으로 읽는 사람들보다 덜 위험하다. 도킨스의 독설이 없기 때문에, 그들이 말씀하고 계시하는 주체이신 하나님을 무시한다는 점은 덜 분명하지만 말이다.
60. "언어학적으로 말해서 마르키온이 선호한 것은⋯전체 기독교 성경의 언어에서 인위적으로 구성된 *축약어*였다." Strawn, *The Old Testament Is Dying*, 108, 원저자의 강조.
61. Barth, *Homiletics*, 53.
62. Fleming Rutledge, *And God Spoke to Abraham*, xi.

63. Ellen F. Davis, *Wondrous Depth: Preaching the Old Testament* (Louisville: Westminster John Knox, 2005), xiv.
64. Kenneth L. Carder, "Finding Peace in Enemy Territory," Duke Chapel, Durham, NC (October 14, 2001), https://repository.duke.edu/dc/dukechapel.
65. Jerusha Matsen Neal, *The Overshadowed Preacher: Mary, the Spirit, and the Labor of Proclamation* (Grand Rapids: Eerdmans, 2020).
66. 하나님은 왜 계속 이렇게 하시지 않는가? 마리아 찬가의 약속은 언제 성취되고 미가의 주의 날은 언제 가까이 오는가?(눅 21:13) 예수님은 이 중간기가 설교할 충분한 시간을 우리에게 주는 증거의 시간이라고 말씀하신다(마 28:18-20).
67. Joel L. Marcus, *John the Baptist in History and Theology* (Columbia: University of South Carolina Press, 2018).
68. "교회가 복음을 말하고 들을 때, 또한 교회가 기도와 고백으로 응답할 때, 교회의 삶은…다름 아닌 성령 안에서 아버지와 아들의 대화에 기대하는 마음으로 참여하는 것이다. 교회가 이런 들음과 응답으로 활력과 힘을 얻을 때, 영감을 주는 분은 다름 아닌 아버지와 아들 사이의 생명이신 성령이다." Robert W. Jenson, *Systematic Theology: The Triune God*, vol. 1 (Oxford: Oxford University Press, 1997), 228.
69. William H. Willimon, *Why Jesus?* (Nashville: Abingdon Press, 2010)의 11장, "Delegator"를 보라.
70. Barth, *GD*, 24.
71. 사람들이 신적인 권위 없이 자신의 의견을 공유하는 경우도 있다. 하지만 구약 성경과 신약 성경은, 만약 여러분이 가진 전부가 개인적인 경험뿐이라면 혼자 간직하라고 암시한다(왕상 22:1-40; 막 13:21-22; 행 13:4-12; 고후 11:1-15; 계 2:19-29을 보라).
72. Lischer, *End of Words: The Language of Reconciliation in a Culture of Violence* (Grand Rapids: Eerdmans, 2008), 50.
73. Lischer, *End of Words*, 54.
74. "설교자가 제시하는 것은 새로운 의미가 아니라 본문의 새로운 실천, 청중으로 하여

금 일상 생활에서 직접 실천할 수 있게 하는 의미다….우리의 소명의 중심에는 읽은 내용의 공적인 실천에서 절정에 이르는 창의적인 낭독 행위가 있다." Lischer, *End of Words*, 92.

75. 비유에 관한 이 자료는 대부분 *Stories by Willimon* (Nashville: Abingdon Press, 2020), xi-xvi에 나온다.

76. William H. Willimon, *Who Will Be Saved?* (Nashville: Abingdon Press, 2008), 4-6를 보라.

77. Barth, *GD*, 93.

78. Barth, *GD*, 33.

79. Barth, *GD*, 337.

80. C. Kavin Rowe, *Christianity's Surprise: A Sure and Certain Hope* (Nashville: Abingdon Press, 2020).

81. Barth, *GD*, 333. 비트겐슈타인이 말했듯이, 복음서 전체에는 순종하기를 의도하면서 말하는 명령이 내재되어 있다. 메시아는 메시아 공동체를 소집하기 위해 설교하신다.

82. Barth, *GD*, 461.

83. Barth, *CD*, IV/2, 21-25.

84. NRSV에서는 고전 16:22을 "우리 주님, 오소서!"라고 번역하지만 "우리 주님이 오셨다"로 번역할 수도 있다고 설명한다. 예수님은 이미 오셨고, 지금도 오고 계시고, 앞으로 오실 것이다. "오소서, 주님"(Come, Lord, CEB).

85. 신학자 데이비드 포드는 성령의 주요 사역이 "담대함을 유도하는 것"이라고 주장한다. *Godpod*, June 12, 2019, https://sptc.htb.org/godpod.

86. Barth, *GD*, 342.

87. 이 문장("God is whoever raised crucified Jesus from the dead and sent out preachers to give the news")은 스탠리 하우어워스가 지금까지 최고의 신학 문장이라고 말한 로버트 젠슨의 명언을 풀어쓴 것이다. Robert Jenson, *Systematic Theology Vol 1: The Triune God* (New York: Oxford University Press, 1997), 63. Stanley M. Hauerwas, *The Work of Theology* (Grand Rapids: Eerdmans, 2015), 122-146.

88. Martin Luther, *Commentary on the Epistles of Peter and Jude*, ed. Paul W. Bennehoff, trans. John Nichols Lenker (Grand Rapids: Kregel, 1982), 168-169.
89. Barth, *GD*, 331.
90. Barth, *CD*, I/2, 680-681.
91. Barth, *Homiletics*, 80.
92. Right Rev. Mariann Edgar Budde sermon, the Washington National Cathedral, April 5, 2020, https://cathedral.org/event/holy-eucharist-with-liturgy-of-the-palms/.
93. Barth, *GD*, 15.
94. "신학은 신학자들만을 위한 개인적인 주제…교수들만을 위한 사적인 주제가 아니다. 다행히 신학에 대해 대부분의 교수들보다 더 많이 이해한 목회자들이 항상 있었다. 신학은 또한 목회자들을 위한 개인적인 연구 주제도 아니다.…신학은 교회의 문제다." Karl Barth, "Theology," *in God in Action* (Edinburgh: T & T Clark, 1936), 56-57.
95. Paul Scott Wilson, *The Practice of Preaching* (Nashville: Abingdon Press, 1995), 92-96에서 때때로 우리는 "본문에 분명한 신학 주제가 없을 때 혹은 하나님이나 그리스도에 대한 분명한 초점이 없을 때" 본문에 "신학적으로 개입해야" 한다고 말한다. 나는 본문의 신학적 중요성이 인간의 개입이나 본문에 신학적 의도가 있느냐에 대한 우리의 판단에 의해 의존하기를 바라지 않는다.
96. Barth, *Homiletics*, 19.
97. Barth, *GD*, 201.
98. C. Clifton Black, "Exegesis as Prayer," Princeton Seminary Bulletin, July 2008, vol. 29: 131-136를 보라.
99. Spears, "Preaching the Old Testament," 403에서 인용됨.
100. "복음은 우리의 생각이나 마음에 있지 않고 성경에 있다. 내가 가진 가장 소중한 습관과 최고의 통찰도 듣기 전에 전부 버려야 한다. 나는 성경에서 비롯된 지식의 돌파구에 맞서 자신을 보호하기 위해 소중한 습관과 최고의 통찰을 사용하지 않아야 한다. 나는 계속 반복해서 스스로 모순되어야 한다. 나 자신을 풀어놓아야 한다. 나는

모든 것을 내려놓을 수 있어야 한다." Barth, *Homiletics*, 78.
101. Barth, *GD*, 15. "주께서 이렇게 말씀하셨다"는 420개 구절 이상에 나온다. "주님의 말씀" 혹은 "주님의 말씀들"은 240개 구절 이상에 나온다. "하나님의 말씀" 혹은 "하나님의 말씀들"은 40개 구절에, "주님이 말씀하셨다"는 300개 구절에 나온다.
102. Barth, *GD*, 59.
103. Barth, *GD*, 59.
104. Barth, *GD*, 58.
105. Barth, *GD*, 58.
106. 말 2:7에 대한 루터의 주석. 리처드 리셔는 루터교도답게 "설교자는 책을 읽은 다음 그것을 말한다. 본문은 마음과 생각에서 나와 화자의 입술을 거쳐 사람들의 모임 속으로 나온다"고 말했다. Lischer, *End of Words*, 50.
107. Barth, *GD*, 216.
108. Fleming Rutledge, *And God Spoke to Abraham*, 260.
109. 언어학자들은 '발화수반행위'(illocutionary acts, 과거에 성경 본문 안에 고정된 하나님의 말씀)와 '발화효과행위'(perlocutionary acts, 현대 청중이 선포된 성경을 받아들여 하나님의 말씀이 되는 것)를 구분한다. 나는 이러한 구별이 설교자에게 주는 가치를 깨닫지 못했다. Kevin J. Vanhoozer, "Triune Discourse: Theological Reflections on the Claim that God Speaks," in *Trinitarian Theology for the Church: Scripture, Community, Worship*, ed. Daniel J. Treier and David Lauber (Downers Grove, IL: InterVarsity, 2009), 25-78를 보라.
110. 본회퍼는 성경을 읽으면서 이렇게 질문한다. "하나님은 여기서 우리에게 무엇을 말씀하고 계신가?…우리는 더 이상 일반적인 진리를 찾지 않는다.…성경 외에 모든 장소는 나에게 너무 불확실한 곳이 되었다. 나는 거기서 나의 명백한 이중성만 만나지 않을까 두렵다." Ralf K. Wüstenberg and Jens Zimmermann, eds., *God Speaks to Us: Dietrich Bonhoeffer's Biblical Hermeneutics* (Frankfurt am Main: Peter Lang, 2013), 30.
111. 가끔 치유, 축귀, 죽은 자를 살리시는 것 외에 예수님이 우리 문제를 해결하기 원하신다는 성경의 증거는 거의 없다. 나는 나 자신의 사역을 통해 예수님이 스트레스와 고통, 불안에 전혀 반대하지 않으신다는 것을 알고 있다. 예수님은 이전에 없던 문제

를 우리에게 선사하신다.
112. George A. Lindbeck, *The Nature of Doctrine: Religion and Theology in a Post Liberal Age* (Louisville: Westminster John Knox, 1984).
113. Charles Taylor, *Sources of the Self: The Making of Modern Identity* (Cambridge: Harvard University Press, 1989), 111-210.
114. Lindbeck, *Nature of Doctrine*, 34.
115. James Kay, *Slow of Speech and Unclean Lips: Contemporary Images of Preaching Identity*, ed. Robert Reid (Eugene, OR: Cascade, 2010), 115-118를 보라.
116. 데이비드 비트릭은 *Homiletic: Moves and Structures* (Philadelphia: Fortress, 1987)에서, 설교자가 언어를 올바르게 사용하면 "인간의 의식 속에 믿음의 세계"를 창조하여(20) 하나님을 "매개한다"(250)고 주장하고, 따라서 인간의 언어에 대해 과장된 주장을 제시한다. 바르트는 설교자의 임무는 결코 "하나님을 낳는 것이 아니라 그분에 대해 증언하는 것"이라고 받아쳤다. *The Word of God and the Word of Man*, 131.
117. James F. Kay, *Preaching and Theology* (St. Louis: Chalice, 2007), 119.
118. Kay, *Preaching and Theology*, 120.
119. 어브리 스피어는 나를 부드럽게 꾸짖으면서, 내가 학부생들의 아우구스티누스 읽기에 대해, 마치 학생들의 통찰이 성경과 비슷한 것처럼 말한다고 지적한다. Spears, "Preaching the Old Testament," 399, William H. Willimon, *Conversations with Barth on Preaching* (Nashville: Abingdon Press, 2006), 33를 인용함.
120. 바르트는 "성경이 우리에게 주어야 하는 메시지는, 심지어 겉보기에 가장 논쟁적이고 가장 소화하기 어려운 부분에서도, 모든 상황에서 우리 자신이 말했거나 말할 수 있는 최고의…것들보다 더 진실하고 더 중요하다"고 말한다.
121. 과시적이고 거만하고 인위적인 모든 담론에 대한 적대감을 표출했을 때, 절제해야 할 칼뱅의 필요가 그를 이겼다. John H. Leith, *Introduction to the Reformed Tradition* (Atlanta: John Knox, 1977), 87를 보라.
122. 로버트 알터의 지적에 의하면, 성경 문학은 "자신들이 작업하는 스토리텔링의 단어와 소재를 좋아하고 유쾌한 운율과 놀라운 구문의 변형을… 뻐하던 저자들의 존재를

드러낸다.…내러티브 매체의 자원을 끊임없이 배치하는 저자들의 살아 있는 창의성은 메시지의 필요를 반복적으로 넘어설 뿐만 아니라, 종종 메시지를 심화시키고 복잡하게 만든다. Robert Alter, *The World of Biblical Literature* (New York: Basic Books, 1992), 34, 40. Alter는 성경 문학이 인간적 현상이라고 말한다. 나는 더 신학적인 표현을 사용하고 싶다. 성경 저자들이 이렇게 글을 쓰는 이유는, 삼위일체 하나님이 요구하시기 때문이다.

123. Lischer, *End of Words*, 80.

124. Gardner C. Taylor, "A Holy Pursuit," in *Power in the Pulpit: How America's Most Effective Black Preachers Prepare Their Sermons*, ed. Cleophus J. LaRue (Louisville: Westminster John Knox, 2002), 151. 사무엘 콜러지는 성경의 진실성에 대한 검증과 관련하여, "나를 발견하는 것은 무엇이든 성령으로부터 유래한 것임을 스스로 증거한다"고 말했다. *Confessions of an Enquiring Spirit*, 1840 (Philadelphia: Fortress, 1988), 26.

125. 셀리 맥페이그는 과거의 하나님 은유에 집착하는 것은 "우상 숭배"라고 주장했다. Sallie McFague, *Metaphorical Theology, Models of God in Religious Language* (London: SCM, 1983), 8-9. 그녀는 시작하면서 신학의 언어는 인간적으로 투사된 것이고(포이어바흐는 살아 있다!), 언어가 반드시 언어 너머의 실재를 가리키는 것은 아니라고 가정한다. 바르트는 하나님에 관한 우리의 말, 곧 하나님이 주신 말의 "객관성"을 강조했다. 우리가 성경을 통해 가진 하나님의 이미지는 하나님이 주신 선물이다. Colin E. Gunton, *A Brief Theology of Revelation* (Edinburgh: T & T Clark, 1995), 2-7에서 McFague의 입장에 대한 정리를 보라.

126. Willimon, *Conversations with Barth*, 71 이하를 보라.

127. Barth, *GD*, 308.

128. Barth, *GD*, 310.

129. Barth, *CD*, I/1, 92-93. "하나님의 은혜가 없더라도 하나님을 향한 지향이 자기에게 달려 있다는 생각에서 벗어날 수 없고 벗어나지 못하는 사람은…하나님을 향한 지향에서 차단되고" (바르트가 내린 정의에 의하면, 하나님의 은혜와 무관하게 하나님에 대한 지식을 추구하는) 죄에 참여한다. *CD*, II/1, 135.

130. William H. Willimon, ed., *The Sunday After Tuesday: Campus Pulpits*

Respond to 9/11 (Nashville: Abingdon Press, 2002).

131. "교회는 자신이 둔해지거나 교회의 예배가 어둡고 우울하도록 허용하지 않아야 한다. 교회는 일반적으로 마귀나 자본주의나 공산주의, 혹은 인간의 어리석음과 사악함이 아니라 하나님의 사랑하는 아들의 나라에서 그분의 주권에 의해 소유되고, 그 주권을 선포해야 한다." Barth, *CD*, III/4, 69.

132. 브루그만은 설교자의 태도가 설교가 시작되는 자리가 아니라고 말한다. "*하나님의 보좌 앞에서의 솔직함*…하나님이 무엇을 주목하고 하나님이 어떻게 반응하시는지"에서 시작하라. Brueggemann, *Finally Comes the Poet*, 18 (원저자의 강조).

133. 진정성은 Harry G. Frankfurt, *On Bullshit* (Princeton, NJ: Princeton University Press, 2005), 64-67에서 어떤 것의 유효한 기준으로 영원히 기각되었다.

134. 크리스틴 스미스는 설교에서 가부장제와 위계질서의 문제는 회중과 친밀한 관계를 맺음으로써 가장 잘 해결된다고 믿으면서, 회중들과의 관계가 무너질지 모른다는 목회자의 두려움으로 인해 종종 설교가 제약을 받는다는 점을 주목하지 못했다. Christine M. Smith, *Weaving the Sermon: Preaching in a Feminist Perspective* (Louisville: Westminster John Knox, 1989). Reinhold Niebuhr가 상기시켜 주었듯이, 많은 설교는 두려움이 아니라 오히려 회중을 향한 목회자의 사랑에 길들여진다. 과도하게 공감하는 모성적/부성적 목회자와 회중의 관계는 진실한 담론의 숨통을 누른다. Reinhold Niebuhr, *Leaves from the Notebook of a Tamed Cynic* (New York: Living Age Books, 1957), 128.

135. "[성경을] 개인적으로 읽기 전에 먼저 공적으로 읽어야 한다….모든 시대를 통틀어, 또한 아마 현재에도 전 세계에 있는 그리스도인 대부분의 표준은 경청이다." Rowan Williams, "The Bible Today: Reading & Hearing," transcript of The Larkin-Stuart Lecture 녹취록, 2007년 4월 16일, http://aoc2013.brix.fatbeehive.com/articles.php/2112/the-bible-today-reading-hearing-the-larkin-stuart-lecture.

136. Carl Braaten and Robert Jenson, ed., *Reclaiming the Bible for the Church* (Grand Rapids: Eerdmans, 1995), 104. 모든 해석자는 모종의 해석 공동체에 기여한다. "예수 세미나"가 "세계의 모든 훌륭한 대학에 널리 퍼져 있는" 합의를

대표한다고 주장했을 때, 그들은 자신들이 설교자와 무관함을 보여주었다. Robert W. Funk, Roy W. Hoover, and the Jesus Seminar, *The Five Gospels: The Search for the Authentic Words of Jesus* (New York: Macmillan, 1993), 35.
137. 그런 이유로 제임스 포브스는 1986년 비처 강연에서, "복음을 전하는 사람은 단지 강단에 서는 것만으로도 성령에 관해 진술한다"고 말했다. James Forbes, *The Holy Spirit and Preaching* (Nashville: Abingdon Press, 1989), 19.
138. Brian McLaren, A Sermon for Every Sunday, "The Fifteenth Sunday after Pentecost, Year C (2019)," 2019년 5월 14일, https://vimeo.com/336184174.
139. "예수님의 동시대인은 예수님에 관한 계시를 받기에 우리보다 더 나은 위치에 있지 않다." Søren Kierkegaard, Philosophical Fragments, trans D. F. Swenson and H. V. Hong (Princeton, NJ: Princeton University Press, 1962), 4장.
140. Brevard Childs, *Isaiah* (Louisville: Westminster John Knox, 2001), 307.
141. Richard E. Burnett, *Karl Barth's Theological Exegesis: The Hermeneutical Principles of the Römerbrief* (Grand Rapids: Eerdmans, 2004), 101, 284. Barth, *CD*, I/1, 106도 보라.
142. Barth, GD, 259. "설교자는 회중을 위해…회중과 함께…성경 본문으로 나아간다…주해(exegesis)는 설교자를 통해 실현되는 교회의 사역이다.…본문에서 설교로 가는 움직임은 본문에 대한 설교자의 개인적 주해의 결과물을 회중에게 어떻게 알릴 것인가에 대한 결정이 아니라, 회중과 본문의 만남의 어떤 측면을 설교로 가져갈 것인가에 대한 결정에서 시작된다. 설교자가 이제 걸어야 하는 다리는 본문-회중적-상황(text-congregational-context)과 설교-회중적-상황(sermon-congregational-context) 사이의 다리다." Thomas G. Long, *The Witness of Preaching* (Louisville: Westminster John Knox, 1989), 79.
143. Brueggemann, *Finally Comes the Poet*, 7.
144. William H. Willimon, *Acts: Interpretation* (Louisville: Westminster John Knox, 1988), 113를 보라.
145. "일반적으로 설교는 구체적인 도덕적 훈계에 적합한 장소가 아니다. 그러한 훈계는 상상력을 키우기보다, 동의하든 동의하지 않든, 당파적 왜곡을 강화할 뿐이기 때문이다. 설교는 공공 정책에 관한 구체적인 지침에 적합한 장소도 아니다. 정책 질

문과 관련된 구체성은…다른 상황에서 훨씬 효과적으로 이루어진다. 설교는 교회가 선교에 대해 의도적이 되는 것이 어떤 모습인지 자유롭게 상상하는 공간이다." Brueggemann, *Finally Comes the Poet*, 88-89.

146. 리처드 헤이스와 엘렌 데이비스는 본문에서 설교로 기계적으로 이동하지 말고 본문에 창조적으로 주목하라고 촉구한다. Ellen Davis and Richard Hays, *The Art of Reading Scripture* (Grand Rapids: Eerdmans, 2003). Barth는 본문 뒤에 무엇이 있을지에 대한 추측을 포기하고 "더욱 세심한 주의와 정확성, 사랑을 갖고 본문 자체에 시선을 돌려야 한다"고 설교자에게 조언한다. Barth, *CD*, I/2, 494.

147. Stanley Hauerwas, *Working with Words: On Learning to Speak Christian* (Eugene, OR: Cascade, Wipf and Stock, 2011).

148. E. Stephen Fowl, *Engaging Scripture: A Model for Theological Interpretation* (Oxford: Blackwell, 1998), 211.

149. "하나님의 음성을 듣기 위해…성령 안에서 특정한 형태의 공동 생활을 보여주는 신자들의 몸이 필요하다.…우리는 하나님의 음성을 이미 신실하게 들은 이들과 더 친밀한 사귐으로 이끄느냐에 근거하여 우리가 듣는 하나님의 음성의…우수성을 분별할 수 있다.…그리스도 안에 있는 과거와 현재의 형제자매들도 동일한 여정에 참여하고 있다." Stephen Fowl, "In Many and Various Ways," in *The Voice of God in the Text of Scripture*, ed. Oliver D. Crisp and Fred Sanders (Grand Rapids: Zondervan, 2016), 55. Chuck Campbell은 "성경, 성례, 권징을 실천하는 훈련된 청중 공동체가 우리에게 필요하다"고 말한다. Charles L. Campbell, *Preaching Jesus: New Directions for Homiletics in Hans Frei's Postliberal Theology* (Grand Rapids: Eerdmans, 1997), 247.

150. 자신을 "공적 신학자"로 규정할 때 스스로 "공적"이라고 간주하는 집단의 한계에 맞추어 손질된 설교로 이어진다. Miroslav Volf는 "인간의 번영과 공동선의 비전은 기독교 신앙이 공적 토론에 제공하는 중요한 기여"라고 말한다. 나는 우리가 제공하는 최고의 선물이 예수님이라고 믿는다. Miroslav Volf, *A Public Faith: How Followers of Christ Should Serve the Common Good* (Grand Rapids: Brazos, 2011), xvi.

151. *The Collected Sermons of William H. Willimon* (Louisville: Westminster John Knox, 2010)를 보라.
152. Fleming Rutledge, *And God Spoke to Abraham*, 127.

3장. 설교, 하나님의 말씀

1. Will Willimon, *Accidental Preacher: A Memoir* (Grand Rapids: Eerdmans, 2019), 143-144에서 가져옴.
2. Barth, GD, 37-38.
3. "히브리서 저자는 수신자들이 자신들이 받은 메시지에 대한 확신을 잃을 위험에 처해 있다고 염려하고, 그들의 믿음을 지지하는 저자의 전략은 하나님의 말씀과 새로운 만남을 낳는 것이다." Jonathan I. Griffiths, *Hebrews and Divine Speech* (London: Bloomsbury, 2014).
4. 바르트는 히브리서에서 믿음이란 "보이지 않는 것들의 증거"(히 11:1)라고 말한다는 데 주목하면서, "것들"(things)을 "그 진리가 하나님 안에만 있는 것들"로 해석한다. "따라서 신자는…다른 어떤 것도 아닌 하나님만을…지지와 근거로 삼는다." CD, III/2, 156.
5. "교회의 탄생은 말씀에 빚지고, 말씀으로 양육되고, 말씀의 도움을 받고, 강화되기 때문에, 분명 교회는 말씀 없이 존재할 수 없다. 말씀이 없다면 교회는 더 이상 교회가 아니다." Martin Luther, *A Brief Instruction on What to Look for and Expect in the Gospels*, in *Luther's Works*, vol. 40, Word and Sacrament, ed. and trans. Conrad Bergendoff (Philadelphia: Muhlenberg, 1958), 37.
6. Griffiths, *Hebrews and Divine Speech*, 165.
7. Barth, GD, 36, 저자의 번역.
8. Vikas Shukla, "Top 10 Most Respected Professions in the World," ValueWalk, 2019년 3월 25일, https://www.valuewalk.com/2019/03/top-10-most-respected-professions.
9. Barth, GD, 52.
10. "죽어가는 기독교 세계의 그림자 속에서, 관건은 어떻게 강한 신학적 음성이 모든 말—특히 하나님에 관한 말—의 적절한 약점을 드러내지 않으면서 그 음성을 회복

하느냐는 것이다." Stanley Hauerwas, *The Work of Theology* (Grand Rapids: Eerdmans, 2015), 113.
11. Barth, *CD*, I/2, 152.
12. Karl Barth, *Barth in Conversation*, vol. 3, 1964-1968, ed. Eberhard Busch (Louisville: Westminster John Knox, 2019), ebook, 95. 신학을 설교하는 상황에 직면할 때 신학은 위험해진다.

신학을 일반적인 "종교" 또는 심지어 특정한 기독교의 문제로 축소한다면, 우리는 불타는 덤불 주위를 조심스럽게 걷는 방법을 알고 있다고 가정하더라도 전혀 위험하거나 의아하지 않다. 우리는 신학을 다른 학문과 비슷한 또 하나의 학문 분야로 만들었다. 우리는 이러한 학문의 목초지에서 좋은 사람들과 사귀면서 일생을 명예롭게 보낼 수 있다. 또는 신학을 실천으로 연구하면서, 신학을 인간의 욕구에 대한 평가와 일치시키거나 우리 자신의 경험의 샘물을 마시면서, 실제적으로 유용한 신앙의 측면에 초점을 맞출 수도 있다. 그것 역시 위험하지 않다. 하지만 *당신은 무엇을 말할 것인가?*라는 질문에 맞닥뜨릴 수밖에 없는 시점이 온다. 어떤 신학자도 피할 수 없다.(Barth, *GD*, 6, 저자의 번역)

Marilynne Robinson에 의하면, 아이오와(Iowa) 작가 워크숍에서 신학교에 진학하는 여러 학생들은 자신들이 수용한 길들여진 신학은 "자기에게 말을 걸거나 다른 사람에게 말할 수 있는 힘을 주지 않는다"는 것을 깨닫는다. 길들여진 신학은 설교하지 않는다. (Marilynne Robinson, interviewed by Jane Williams at https://sptc.htb.org/godpod/godpod-112.)

13. Barth, *CD*, I/2, 294.
14. Karl Barth, *The Epistle to the Romans*, trans. Edwyn C. Hoskyns, 6th ed. (London: Oxford University Press, 1975 [1933]), II, 332. 『로마서』(복있는사람).
15. "경험은 진정 스승이지만, 더 방대한 교수진의 일원으로서만 그렇다." Fred B. Craddock, <u>Preaching</u>, 25th Anniversary Edition (Nashville: Abingdon Press, 2010). 75. 바르트와 마찬가지로 루터에게도 하나님의 말씀은 회중에게 전달되기 위해 "경험"이나 "이성"을 필요로 하지 않는다. 루터는 "그리스도는 말씀을 통하지 않고 다른 방법으로 제시될 수 없고, 믿음을 통하지 않고 다른 방법으로 파악될 수 없다"고 말했다. George Hunsinger, "Barth and Luther," George Hunsinger and

Keith L. Johnson, eds., *The Wiley Blackwell Companion to Karl Barth*, vol. 1 (Hoboken, NJ: John Wiley & Sons, 2020), 460-471.

16. Gardner C. Taylor, *How Shall They Preach?* (Elgin, IL: Progressive Baptist Publishing, 1977), 24. James Kay는 불트만의 말을 인용한다. "그리스도는 그분에 *대해* 무언가 말하는 곳이 아니라 그분 자신이 선포자가 되는 곳에서만 올바르게 설교된다." James F. Kay, "Promissory Kerygmatics," in David Schnasa Jacobsen, ed., *Toward a Homiletical Theology of Promise* (Eugene, OR: Wipf & Stock, 2018), 90.

17. Barth, *GD*, 39.

18. Karl Barth, Word of God and Theology, trans. Amy Marga (London: T & T Clark, 2000), 196.

19. Barth, *GD*, 64-65.

20. Barth, *GD*, 38-48. 찰스 캠벨은 개인의 경험에서 비롯된 설교를 옹호하는 사람들은 "자유롭고 자율적인 '자아'라는 개념 자체가 의문시되고 있는 이 시점에, 개인의 경험과 선택에 대한 순진한 확신" 보여준다고 비판한다. Charles L. Campbell, Preaching Jesus: *New Directions for Homiletics in Hans Frei's Postliberal Theology* (Grand Rapids: Eerdmans, 1997), 144.

21. Barth, *GD*, 49-50.

22. Anna Carter Florence, *Preaching as Testimony* (Louisville: Westminster John Knox, 2007), 103.

23. Barth, *GD*, 50.

24. Barth, *GD*, 51.

25. Barth, *GD*, 62-63.

26. Barth, *GD*, 68-69. 결국 바르트는 유아 세례에 대해 유보적 입장을 취했다. 여기서 그는 펠라기우스의 가정에 대한 반박으로 유아 세례 관행을 칭찬한다. Madeleine L'Engle은 설교자가 성령의 도움 없이 "벌거벗은 지성"으로 하나님을 이해할 수 있게 만들려고 하면서, 하나님을 "길들여" "믿기 쉽게" 만든다고 꾸짖는다. *The Irrational Season* (New York: HarperSanFrancisco, 1977), 49.

27. 리사 톰슨은 우리의 경험이 "외부인"의 경험이라는 전제하에, 개인의 경험이 설교

의 원천이라고 극찬한다. 톰슨은 성경을 거의 언급하지 않는다. "외부인"이라는 그녀의 주장은 경험의 진실성에 대해 중재되지 않은 접근 권한을 제공한다. 하지만 단지 어떤 일이 일어났다는 이유만으로 우리가 무엇을 경험한 것은 아니다. 특히 자신의 경험이 "외부인"의 경험이라고 특권을 부여하는 경우에는 해석이 필요하다. Lisa L Thompson, *Ingenuity: Preaching as an Outsider* (Nashville: Abingdon Press, 2018).

28. Barth, *GD*, 68.
29. 메리 맥클린톡 펄커슨은 "여성의 경험"에 대한 호소가 어떻게 "경험"의 특수성과 한계를 무시하고 경험의 헤게모니로 이어질 수 있는지 보여준다. Mary McClintock Fulkerson, *Changing the Subject: Women's Discourses and Feminist Theology* (Minneapolis: Fortress, 1994), 384.
30. 셸리 램보는 트라우마 연구라는 렌즈를 통해 기독교 신학을 바라보는 것이 얼마나 유익한지 보여준다. *Resurrecting Wounds: Living in the Afterlife of Trauma* (Waco: Baylor University Press, 2017). 안타깝게도 Rambo는 트라우마의 희생자들을 부활절로 이동시키기보다는 성 금요일과 성 토요일에 남겨둔다. 트라우마를 다루는 훨씬 신학적으로 훈련된 접근 방식에 대해 Deborah Hunsinger, *Bearing the Unbearable: Trauma, Gospel, and Pastoral Care* (Grand Rapids: Eerdmans), 2015를 보라.

설교학 아카데미(Academy of Homiletics)에서는 2020년의 회의 주제를 "설교와 트라우마"(Preaching and Trauma)로 정했다. 설교자는 인간의 트라우마에 과도한 계시적 의미를 부여하지 않도록 유의해야 한다.

31. Fleming Rutledge, *And God Spoke to Abraham: Preaching from the Old Testament* (Grand Rapids: Eerdmans, 2011), 55.
32. Lauren Winner, *The Dangers of Christian Practice: On Wayward Gifts, Characteristic Damage and Sin* (New Haven, CT: Yale University Press, 2018).
33. 사려 깊은 무신론이 아니라 무의식적인 우상숭배가 설교자의 골칫거리다. 바르트는 "하나님이 없다"고 말하는 시편 14:1의 어리석은 자들이 "하나님의 계시와 말씀이 주는 깨달음의 필요성"을 느끼지 못하고, "그 결과 생겨난 공백에 근거하여, 따라서

금언과 동기의 규범에 따라" 인생을 살 수 있다고 불합리하게 가정하는 자들이라고 여긴다. 그들의 불신앙은 [시편 14:1에 대한 안셀무스(Anselm)의 말을 인용하자면] "김빠진"(insipid) 것이다. Barth, *CD*, IV/2, 411.

34. Barth, *GD*, 33-35.
35. Richard Lischer, *End of Words: The Language of Reconciliation in a Culture of Violence* (Grand Rapids: Eerdmans, 2008), 8.
36. Barth, *CD*, IV/2, 291.
37. Barth, *GD*, 444.
38. 바울은 고린도인들 가운데서 십자가에 못 박히신 그리스도 외에 아무것도 알지 못한다고 말했지만(고전 2:2), 내가 설교하는 억눌린 침울한 많은 교회에서 "여러분은 너무 낙담해 있기 때문에 나는 부활하신 그리스도 외에 아무것도 설교하지 않았다"고 말해야 하는 것은 아닌지 의구심이 든다.
39. William H. Willimon, "End of a Violent Week," Good Friday evening service, Northside United Methodist Church, Greenville, SC, 1981년 3월.
40. Barth, *CD*, II/2, 504.
41. Barth, *CD*, II/2, 140-142.
42. Hughes Oliphant Old, *The Reading and Preaching of the Scriptures*, vol. IV, 20 (Grand Rapids: Eerdmans, 2007), 98에서 인용됨.
43. Ewald M. Plass, *What Luther Says* (St. Louis: Concordia, 1959), 208에서 인용됨.
44. Barth, *GD*, 37.
45. Eberhard Busch, *Karl Barths Lebenslauf: nach seinen Briefen und autobiographishcen Texten* (München: Kaiser, 1976), 89-90.
46. Charles Fuller, *The Trouble with "Truth through Personality"* (Eugene, OR: Wipf & Stock, 2010)에서는 성경이 명제적 진리의 보관소라는 의심스러운 변론으로 Brooks를 논박한다.
47. Karoline Lewis, *She: Five Keys to Unlocking the Power of Women in Ministry* (Nashville: Abingdon Press, 2016).
48. "모든 [사람이] [하나님의 말씀을 전하는] 이 일을 할 수 있는 것은 아니다. 모든 [사

람이]] 하나님의 말씀을 전할 수는 없다. 모든 [사람이] 들은 것은 아니기 때문이다." Barth, *CD*, I/2, 490-491.

49. Barth, *GD*, 58.

50. Christian Wiman, Duke Divinity School, Durham, NC, 2019년 9월 6일. 종교개혁의 탄생에 대해 루터는 이렇게 말했다. "나는 단지 하나님의 말씀을 가르치고, 설교하고, 기록했을 뿐이다…. 그 외에 아무것도 하지 않았다. 그런 다음 잠을 자거나 필립(Philip) 및 암스도르프(Amsdor)와 비텐베르크 맥주를 마시는 동안, 말씀은 교황권을 크게 약화시켰다…. 나는 아무것도 하지 않았고, 말씀이 모든 것을 했다." Martin Luther, "The Eight Wittenberg Sermons 1522," trans. A. Steimle, in *Works of Martin Luther* (Philadelphia: Muhlenberg, 1943), 2:387-425.

51. Barth, *Homiletics*, 47.

52. 제임스 케이는 제2헬베틱 신앙고백의 "The Preaching of the Word of God Is the World of God"이 "그동안 설교에 관해 기록된 가장 영향력 있는 신학 문장"일 것이라고 말한다. James F. Kay, *Preaching and Theology* (St. Louis: Chalice, 2007), 8. *Praedicatio verbi Dei est Verbum Dei* ["The Second Helvetic Confession"], in *The Constitution of the Presbyterian Church* (U.S.A.), pt. 1, Book of Confessions (Louisville: Office of the General Assembly, 1994).

53. Philip W. Butin, "Preaching as a Trinitarian Event," in *Trinitarian Theology for the Church: Scripture, Community, Worship*, ed. Daniel J. Treier and David Lauber (Downers Grove, IL: InterVarsity, 2009), 205에서 인용됨.

54. George Hunsinger, *How to Read Karl Barth: The Shape of His Theology* (New York: Oxford University Press, 1991), 234-280.

55. Barth, *CD*, I/1, 198-227.

56. Barth, *CD*, IV/1/3, 63. 바르트는 GD에서 칼케돈을 명확히 언급하지 않지만, "칼케돈" 패턴은 GD를 포함하여 바르트의 문집에 스며들어 있고, *CD*, IV/3에서 명확한 결실을 맺는다.

57. https://simple.wikipedia.org/wiki/Chalcedonian_Creed.

58. Barth, *CD*, IV/3, 63.

59. 아우구스티누스와 키릴로스(Cyril)는, 인간이 되신 영원하고 신성한 하나님의 아들

이신 그리스도의 신성이 그분의 참된 정체성이라고 말했을 것이다(라고 나는 생각한다). 그리스도의 인성은 우리에게 계시하고 우리와 연결되는 도구다. 다시 말해, 그리스도의 두 본성은 대칭적이지 않다.

60. Hunsinger, *How to Read Karl Barth*, 86-87.
61. 니콜라스 월터스토프는 바르트가 너무 기독론 중심적이고 하나님의 계시를 예수 그리스도로 제한한다고 불평하면서, "하나님의 계시는 하나님의 아들 예수 그리스도시다"라는 말을 인용한다. *CD*, I/1, 137. Wolterstorff는 이 나사렛 출신 유대인으로부터 "계시"를 분리하는 위험성을 인식하지 못한다. Nicholas Wolterstorff, *Divine Discourse: Philosophical Reflections on the Claim That God Speaks* (Cambridge: Cambridge University Press, 2000), 68.
62. Barth, *CD*, IV/3, 520.
63. Edward T. Oakes, S. J., *Infinity Dwindled to Infancy: A Catholic and Evangelical Christology* (Grand Rapids: Eerdmans, 1999). 이 제목은 "유아로 줄어든 무한…이제 우리 인류에게 닿은 은혜"를 말하는 Gerhard Manley Hopkins의 "The Blessed Virgin Compared to the Air We Breathe"에서 가져온 것이다.
64. Barth, *CD*, IV/3, 160.
65. 니콜라스 라쉬는 17세기와 18세기에 영국과 독일 문화에서 "하나님"이라는 단어가 궁극적 설명 원리를 가리키게 되었다고 지적한다. 우리와 말하고 듣는 관계에 있는 분이라기보다는 변호사나 기계 또는 기술자이신 하나님 말이다. 이 "신"은 신/인간, 예수님과 대립되는 개념이고, 현대 철학으로 인해 더 쉽게 패배하는 "신"이다. Nicholas Lash, *Holiness, Speech and Silence: Reflections on the Question of God* (Aldershot, UK: Ashgate, 2004), 13.
66. Karl Barth, *Dogmatics in Outline*, trans. G. T. Thomson (New York: Harper & Row, 1959), 15.
67. Barth, *CD*, III/3, 247.
68. Barth, *CD*, IV/3, 1, 5.
69. Barth, *GD*, 176.
70. 에반스 크로포드는 아프리카계 미국 교회의 부름과 응답 전통의 "흥얼거림"(hum)이 목회자와 회중이 "함께 복음을 긍정하고 축하하는" "응답하는 화음"이라고 찬

양하면서, 설교자는 "신이 아니라 청중으로 들어야 하는 사람"임을 상기시킨다. Evans Crawford, *The Hum: Call and Response in African American Preaching* (Nashville: Abingdon Press, 1995), 60.

71. Barth, *GD*, 87.

72. Barth, *CD*, I/1, 223.

73. Brueggemann, *Preaching from the Old Testament*, 50.

74. Benjamin Warfield, *Inspiration, and Authority of the Bible*, 2nd ed. (Phillipsburg, NJ: P&R Publishing, 1980), 86. Kevin J. Vanhoozer, "Triune Discourse: Theological Reflections on the Claim That God Speaks," in *Trinitarian Theology for the Church: Scripture, Community, Worship*, ed. Daniel J. Treier and David Lauber (Downers Grove, IL: InterVarsity, 2009), 31-33을 보라. 바르트는 문자주의자와 언어적 영감론자가 성경을 "종이 교황"으로 만들어 성경을 "인간의 통제 아래" 두었다고 비판했다. Barth, *CD*, I/2, 522.

75. 칼케돈은 성경, 특히 설교가 아니라 그리스도의 존재를 명확히 규명했지만, 내 생각에 칼케돈의 상상력은 설교를 설명하는 데 도움이 된다. Kevin Vanhoozer의 생각은 다르다("Triune Discourse," 41).

76. Mark Galli, *Karl Barth: An Introductory Biography for Evangelicals* (Grand Rapids: Eerdmans, 2017)를 보라.

77. 게르하르드 포드에 의하면, 성경 본문을 자족적인 계시로 생각하는 설교자는 "청중과 함께 본문을 실천하는 대신…영리하고 감동적인 예화를 가능한 한 많이 모아 본문을 설명하려는 유혹을 받는다.…본문은 우리를 변화시키거나 그 이야기에 우리를 병합하기 위해 아무것도 하지 않는다. 오히려 본문은 우리의 이야기에 맞추어 변화된다. 말씀은 단순한 정보나 설명 또는 지침…우리의 힘을 행사할 수 있는 계기가 된다. 본문은 율법, 아마 불가피하게 사람들을 내리치는 곤봉이 된다." Gerhard O. Forde, "Preaching the Sacraments," in *The Preached God*, ed. Mark C. Mattes and Steven D. Paulson, 89-115 (Grand Rapids: Eerdmans, 2007), 93.

78. Bart D. Ehrman, *God's Problem: How the Bible Fails to Answer Our Most Important Question—Why We Suffer* (San Francisco: HarperCollins, 2008)과 *Misquoting Jesus: The Story Behind Who Changed the Bible and*

Why (San Francisco: HarperCollins, 2005).
79. Barth, *CD*, I/1, 295.
80. Barth, *CD*, I/1, 304.
81. 바르트는 자기 시대의 로마 가톨릭교회가 성만찬에서 그리스도의 실재적 임재를 이해했던 방식과 같이 우리가 설교를 이해해야 한다고 말했다. Amy Marga, "Barth and Roman Catholicism," in George Hunsinger and Keith L. Johnson, eds., *The Wiley Blackwell Companion to Karl Barth*, vol. 2 (Hoboken, NJ: John Wiley & Sons, 2020), 845를 보라.
82. Barth, *GD*, 161.
83. Hans Urs van Balthasar의 말, Vanhoozer, "Triune Discourse," 53에서 인용됨.
84. Barth, *GD*, 162.
85. 기적을 비신화화해야 하느냐는 질문을 받았을 때, 바르트는 "비신화화? 아니다. 기적은 우리의 신화에 반대하는 위로의 저항으로 간주되어야 한다!"고 대답했다. *Barth in Conversation*, vol. 3, 18.
86. Barth, *GD*, 162.
87. Dietrich Bonhoeffer, *Worldly Preaching*, ed. Clyde E. Fant (Nashville: Thomas Nelson, 1975), 126.
88. 신체 활동으로서의 설교에 대해 Teresa Fry Brown, *Delivering the Sermon: Voice, Body, and Animation in Proclamation* (Minneapolis: Fortress, 2008)을 보라.
89. 신학적으로 부적절하게 설교에 적용된 "육화"(embodiment) 언어에 대한 Jerusha Neal의 비판을 보라. Jerusha Matsen Neal, *The Overshadowed Preacher*, 100-101. Deborah Hunsinger는 칼케돈을 목회적 돌봄에 적합한 건전한 신학적 근거로 사용한다. Deborah van Deusen Hunsinger, *Theology and Pastoral Counseling: A New Interdisciplinary Approach* (Grand Rapids: Eerdmans, 1995).
90. Barth, *Homiletics*, 121. 바르트의 역작 *Homiletics*를 이해하는 최선의 길은 Angela Dienhart Hancock, *Karl Barth's Emergency Homiletic, 1932-1933: A Summons to Prophetic Witness at the Dawn of the Third Reich* (Grand

Rapids: Eerdmans, 2013)를 통하는 것이다.
91. Barth, *Homiletics*, 130.
92. Kate Bowler, *The Preacher's Wife: The Precarious Power of Evangelical Women Celebrities* (Princeton, NJ: Princeton University Press, 2019)에서 설교하는 역할이 여성의 권위에 미치는 차이를 보라.
93. 루시 애킨슨 로즈는 전통적인 설교가 "잠재적으로 위험하다"(133)고 말하지만, 뒤이어 강단의 지배를 독재적이고 공유하는 "원탁" 회중의 지배로 바꾼다. *Sharing the Word: Preaching in the Roundtable Church* (Louisville: Westminster John Knox, 1997).
94. Willimon, *Conversations with Barth*, 6를 보라.
95. 북미 그리스도인들에게는 우리가 알고 있던 교회가 사라지고 있다고 믿을 만한 이유가 있다. 나는 한 때 바르트가 우리와 달리 자신이 알고 있는 교회가 미래에도 계속될 것이라고 그냥 가정한다고 생각한 적이 있다. 나는 이제 바르트가 교회의 미래에 대해 불안하게 여기지 않은 것은 말씀의 승리에 대한 확고한 믿음이 있었기 때문이라고 믿는다.
96. Barth, *CD*, IV/3, 76.
97. 매튜 킴은 설교자가 청중들의 문화와 그들이 정보를 처리하는 방식을 분석해야 한다고 생각한다. Matthew D. Kim, *Preaching with Cultural Intelligence: Understanding the People Who Hear Our Sermons* (Grand Rapids: Baker Academic, 2017), 10. Kim은 청중의 맥락과 분석에 대한 우리의 기술을 크게 신뢰한다. 바르트는 우리에게 계시하는 하나님이 계시기 때문에 설교자는 항상 불가사의하고 비밀스러운 청중보다 하나님에 대해 더 많이 알고 있다고 주장했다.
98. Walter Brueggemann, *Interrupting Silence: God's Command to Speak Out* (Louisville: Westminster John Knox, 2018), 77. 또한 Stephen H. Webb, The Divine Voice: Christian Proclamation and the Theology of Sound (Eugene, OR: Wipf & Stock), 2004도 보라.
99. Rachel Muers, *Keeping God's Silence: Towards a Theological Ethics of Communication* (Oxford: Blackwell, 2004), 6에서 인용됨.
100. "Introduction," in *Apophatic Bodies: Negative Theology, Incarnation,*

and Relationality, ed. Chris Boesel and Catherine Keller (New York: Fordham University Press, 2010), 1를 보라.

101. Robert Cardinal Sarah, with Nicolas Diat, *The Power of Silence: Against the Dictatorship of Noise* (San Francisco: Ignatius Press, 2016), 27.

102. Robert Cardinal Sarah, *Power of Silence*, 30.

103. Eberhard Jüngel, *God as the Mystery of the World: On the Foundation of the Theology of the Crucified One in the Dispute between Theism and Atheism*, trans. Darrell L. Guder (Grand Rapids: Eerdmans, 1983), vii.

104. Dale C. Allison, Jr., *The Silence of Angels* (Valley Forge, PA: Trinity Press, 1995), 36, 37, 40.

105. Barbara Brown Taylor, *When God Is Silent* (Cambridge, MA: Cowley, 1998), xi.

106. Brown Taylor, *When God Is Silent*, 52.

107. "하나님은 그리스도인들이 소통을 중단할 수 없는 유일한 존재시다." Robert W. Jenson, *Visible Words: The Interpretation and Practice of Christian Sacraments* (Philadelphia: Fortress, 1978), 32.

108. 바르트는 하나님에 대해 영지주의적인 방식으로 논하려는 형이상학적 시도를 일축했다. "영지주의에서는…기쁜 소식에 귀 기울이는 대신… 기쁜 소식에 종속되어야 할 특정 형이상학적, 존재론적, 인간론적 전제들의 도움에 힘입어 복음을 이해하고 설명한다." *Barth in Conversation*, 2.

109. Jüngel, *God as the Mystery of the World*, 251.

110. Jüngel, *God as the Mystery of the World*, 298.

111. Lash, *Holiness, Speech and Silence*, 13.

112. Lash, *Holiness, Speech and Silence*, 17에서 인용됨.

113. Muers, *Keeping God's Silence*, 41.

114. "하나님의 타자성은 사귐의 하나다." Christopher Morse, *Not Every Spirit: A Dogmatics of Christian Disbelief*, 2nd ed. (New York: Continuum, 2009), 86.

115. 찰스 테일러는 세속적인 현대인이 신비로운 것을 갈망한다고 말한다. "사람들은

특히 상업이나 산업, 소비 사회와 동일시되는…일상 속에서 끔찍한 지루함을 느낀다. 현대인은 반복적으로 가속화되는 욕망의 순환에서…화려한 슈퍼마켓 혹은 깨끗한 교외에 늘어선 깔끔한 연립 주택의 판에 박힌 특성에서 공허함을 느낀다." 설교자는 복음이 신비로운 동경에 대한 치료책이라는 말에 대해 의구심을 가져야 한다. Charles Taylor, *A Secular Age* (Cambridge, MA: The Belknap Press of Harvard University Press, 2007), 309.

116. Barth, *GD*, 355.

117. Barth, *GD*, 359-360.

118. Barth, *GD*, 359-360.

119. 레이첼 뮤어스는 침묵에 대해 사려 깊고 격조 높은 찬사를 보내지만, 침묵이 "긍정적 의미를 지닌 현상으로 인정된다면 이는 정치적으로나 윤리적으로 무책임한 것이다…특히…역사 속에서 또한 현대에 일어난 폭력적 침묵 행위에 대한 20세기의 비판에 비추어 볼 때 더욱 그렇다"고 경고한다. Muers, *Keeping God's Silence*, 10.

120. 인종 정의를 위해 일하는 사람들은 "무언가 본다면 무언가 말하라"고 한다. William H. Willimon, *Who Lynched Willie Earle? Preaching to Confront Racism* (Nashville: Abingdon Press, 2018).

121. Muers, *Keeping God's Silence*, 46.

122. Muers, *Keeping God's Silence*, 47. Muers는 "침묵 행위를 더 이상 실천하지 않으면서 하나님의 소통 행위를 이해하고 말하는 것이 가능한가?"(72)라고 묻는다. 하나님의 소통은 설교라고도 알려진 인간의 말하기를 불러일으킨다고 나는 믿는다.

123. Muers, *Keeping God's Silence*, 112.

124. Bonhoeffer, *Life Together*, 83-84. 『신도의 공동생활』(대한기독교서회).

125. 브루그만은 이러한 움직임이 "세례 공동체의 첫 출발부터 확정되지 않은 형태로 존재하고, 따라서 그리스도의 새로운 통치 아래 있는 관계는 전통적 관행으로부터 급진적으로 변화된다"고 말한다. Brueggemann, *Interrupting Silence*, 99.

126. 로리 굿스타인, "Pope Says Ban on Female Priests Is Likely to Endure," The New York Times, 2016년 11월 2일, https://www.nytimes.com/2016/11/02/world/europe/pope-francis-women-priests.html.

127. Brueggemann, *Interrupting Silence*.

128. Brueggemann, *Finally Comes the Poet*, 49.
129. 본회퍼는 하나님에 관한 추상적 주장을 버리고 "인간의 모습으로" 성육하신 "하나님," 곧 "예수 그리스도와 만나는" 위험을 감수하라고 촉구했다. Dietrich Bonhoeffer, *Letters and Papers from Prison*, ed. Eberhard Bethge, trans. Reginald Fuller et al. (London: SCM, 1971), 558. 성육신은 침묵을 신학적 미덕으로 칭송하는 이들에게 이의를 제기한다. Chris Boesel and Catherine Keller, eds., *Apophatic Bodies: Negative Theology, Incarnation, and Relationality* (New York: Fordham University Press, 2010)를 보라.
130. 라민 사네는 침묵하는 관조자가 아니라 말 많은 창조주이신 하나님(창 1:1) 때문에 유대인과 기독교인은 아시아의 다른 종교와 구별된다고 지적해 주었다.
131. Jason Micheli, *Cancer Is Funny: Keeping in Stage-Serious* (Minneapolis: Fortress, 2016)를 보라.
132. 감상주의의 해악에 대해 Jeremy S. Begbie, *A Peculiar Orthodoxy: Reflections on Theology and the Arts* (Grand Rapids: Baker Academic, 2018), 2장을 보라. "감상주의자는… (1) 악을 회피하거나 사소하게 여김으로써 현실을 잘못 표현하고, (2) 감정적으로 자유분방하고, (3) 적절한 비용을 치르는 행동을 회피한다"(27).
133. 바르트는 우리 힘으로 "하나님"을 말할 수 있는 인간의 능력에 대한 감상주의적 믿음에 숨어 있는 오만함을 인식했다. "*당신의* 입술에 있는 *하나님*의 말씀으로…무엇을 하고 있는가? 당신은 무슨 근거로 하늘과 땅 사이의 중개자 역할을 맡고 있다고 가정하는가? 그곳에 자리를 잡고 종교적 감정을 만들어낼 권한을 누가 당신에게 허락했는가? 또한 마지막에 성공적인 결과를 낳을 권한을 누가 당신에게 허락했는가? 그런 지나친 추론, 그런 반항심… 그런 뻔뻔함에 대해 들어 본 적이 있는가! 우리는 유한성의 경계를 아무 탈 없이 넘을 수 없다! 우리는 하나님의 특권을 아무 탈 없이 빼앗을 수 없다!"(31). Barth, *The Word of God and the Word of Man*, 125-26 (원저자의 강조).
134. William H. Willimon, *How Odd of God: Chosen for the Curious Vocation of Preaching* (Louisville: Westminster John Knox, 2015), 94에서 인용됨.
135. 일부 성직자의 번지르르한 경건을 보면서 바르트는 "예언자와 사도들은… 전반적으로 가장 경건한 서클에서 모집된 것 같지 않다"고 비웃는다. *GD*, 282. Richard

Ward는 새로운 설교자의 중요한 질문은 "나 자신이 설교자와 말씀 선포자가 될 수 있는가?"라고 지적한다. Richard Ward, "Finding Your Voice in Theological School," in Preaching and Performance, ed. Clayton Schmit and Jana Childers (Grand Rapid: Baker Academic, 2008), 140. Ward는 설교 행위로 인해 침해당할 위험에 처한 어떤 "자아," 머리에 안수하는 것으로도 영향을 받지 않는 "자아"가 있다고 엉뚱하게 암시한다. Rowan Williams는 "나 자신"이 항상 상상 속의 이상적인 나 자신이고, "따라서 나의 자기 인식은 확고하게 내 자신의 통제 아래 있다"고 생각한다. Rowan Williams, *On Christian Theology* (Oxford: Blackwell, 2000), 241.

136. Lillian Daniel, *Tell It Like It Is: Reclaiming the Practice of Testimony* (Herndon, VA: The Alban Institute, 2006)를 보라.

137. Barth, *GD*, 280.

138. 트럼프는 부활절까지 서둘러 전국적 격리를 끝내려고 하면서 "교회가 꽉 찰 것"이라고 예측하여, "기독교 감상주의는 악에 대한 승리의 뒤집을 수 없는 순서에서…부활절 아침에 대한 섣부른 이해, 사흘 후의 부활절을 기다리지 않으려는 거부," 즉 성금요일과 성토요일이 없는 부활절에서 "기인한다"는 Begbie의 통찰을 예증했다. Begbie, *A Peculiar Orthodoxy*, 41.

139. 우리는 "본문과 사람 둘 다 앞에서 용기(Mut)를 발휘해야 하고, 또한 본문 앞에서 올바른 겸손(Demut)을 발휘해야 한다." Barth, *Homiletics*, 116.

140. Aubrey Spears, "Preaching the Old Testament," in *Hearing the Old Testament*, ed. Craig G. Bartholomew and David J. H. Beldman (Grand Rapids: Eerdmans, 2012), 391. 설교란 설교자와 회중 사이의 대화라고 묘사하는 다른 사람들은 다음과 같다. McClure, *Other-Wise Preaching: A Postmodern Ethic for Homiletics* (St. Louis: Chalice, 2001), 13–26; Lucy Rose, *Sharing the Word: Preaching in the Roundtable Church* (Louisville: Westminster John Knox, 1997), 98–113, 130–131; Joseph Webb, *Preaching and the Challenge of Pluralism* (St. Louis: Chalice, 1998); 그리고 Christine Smith, *Preaching as Weeping, Confession, and Resistance: Radical Responses to Radical Evil* (Louisville: Westminster John Knox, 1992). 대화로서의 설교에 대

한 이러한 요구는 인종 및 계급과 관련 있고, 자신이 이미 그리스도인이고 하나님과 대화하기에 적합한 파트너라서 계속 회심할 필요가 없다고 생각하는 특권적 교회의 전형이다.

141. 창시자는 슐라이어마허다. Daniel J. Price, *Karl Barth's Anthropology in Light of Modern Thought* (Grand Rapids: Eerdmans, 2002), 61-84를 보라.

142. 대니얼 프라이스는 바르트/슐라이어마허의 분리를 이렇게 서술한다. "우리는 종교적 신념이란 사랑하려는 인간의 욕구의 투사라고 설명할 수도 있고, 혹은 인간의 사랑이란 신적인 사랑의 반영이라고 설명할 수도 있다. 슐라이어마허의 신학에서 우리는 종교 의식을 분석함으로써 하나님에게 이른다. 바르트는…종교 의식에 근거해 내린 하나님에 관한 단언은 신학을 주관주의의 막다른 골목으로 인도할 뿐이라고 판단했다." *Karl Barth's Anthropology*, 291.

143. Barth, *CD*, I/2, 490-491.

144. Eberhard Busch, *The Great Passion: An Introduction to Karl Barth's Theology*, ed. Darrell L. Guder and Judith J. Guder, trans. W. H. Rader (Grand Rapids: Eerdmans, 2004), 242에서 인용됨.

145. Barth, *CD*, IV/3, 525.

146. 이것은 하우워어스와 내가 *Resident Aliens*에서 명명한 전략이다. Stanley M. Hauerwas and William H. Willimon, *Resident Aliens: Life in the Christian Colony* (Nashville: Abingdon Press, 1989). 『하나님의 나그네 된 백성』(복있는사람).

147. "기독교적인 서구, 즉 그리스도인과 비그리스도인이 함께 공존하던 사회는…더이상 존재하지 않는다.…[어떤 사람이] 그리스도인으로 존재하는 것은 소명에…근거해 있거나 혹은 이미 사라져 회고할 수 없는 시대의 잔상 속에서 아름다워 보이는 환상일 뿐이라는 충격적인 인식을 피할 수 없다." *CD*, IV/3.2, 524-525.

148. Fred B. Craddock, *Overhearing the Gospel: Preaching and Teaching the Faith for Persons Who Have Already Heard* (Nashville: Abingdon Press, 1978). Craddock이 키르케고르를 사용한 방식은 온건한 형태의 기독교를 접종한 후 현실에 대한 면역력이 형성되어 자신이 덴마크인의 선교사라고 여겼던 사람의 사상을 불공평하게 다루었다.

149. Charles Campbell은 Craddock이 하나님의 말씀을 "현재의 자유주의적 미국 문화의 전제"와 혼동하고 있다고 말한다. Campbell, *Preaching Jesus*, 130.
150. Philip Jenkins, *The Next Christendom: The Coming of Global Christianity* (New York: Oxford, 2002).
151. 복음화는 계속되는 기획이다. "그리스도인들은 자신들이 명목상의 그리스도인이고, 복음을 새롭게 받아들여야 할 긴급한 필요를 깨닫는다." Barth, *CD*, IV/3.2, 873. Darrell L. Guder, *The Continuing Conversion of the Church* (Grand Rapids: Eerdmans, 2000)를 보라.
152. David J. Bosch, *Transforming Mission: Paradigm Shifts in Theology of Mission* (Maryknoll, NY: Orbis, 1991), 16.『변화하는 선교』(기독교문서선교회).
153. 에밀리 스캇은 *For All Who Hunger*에서 세상으로 나가 하나님이 무엇을 하시는지 보고, 자신이 하나님의 백성임을 모르는 사람들을 성 리디아(St. Lydia)의 식탁으로 초대하는 모험을 보여준다. Scott는 전도(물론 그녀는 이 단어를 사용하기 싫어하겠지만)가 어떻게 그리스도께서 이미 말씀하고 계신 사람들에게, 심지어 그들이 그리스도를 알지 못할 때에도 그리스도에 대해 말하도록 하는지 보여준다. Emily M. D. Scott, *For All Who Hunger: Searching for Communion in a Shattered World* (New York: Random House, 2020).
154. Hanna Reichel, "Barth on the Church in Mission," in George Hunsinger and Keith L. Johnson, eds., *The Wiley Blackwell Companion to Karl Barth*, vol. 1 (Hoboken, NJ: John Wiley & Sons, 2020), 327를 보라.
155. Patrick W. T. Johnson의 논문 "Call to Conversion: Lesslie Newbigin on Preaching," Currents in *Theology and Mission*, 37.1 (Feb 2010): http://www.lstc.edu/resources/publications/currents/는 Newbigin에 대한 생각을 정리하는 데 도움을 주었다. William H. Willimon, "Preaching as Missionary Encounter with North American Paganism (in homage to Lesslie Newbigin, 1909-1998)," *Journal for Preachers*, 22, no. 3 (1999): 7도 보라.
156. George Hunsberger, "Renewing Faith during the Postmodern Transition," *Transmission Special Edition* (1998): 10-11.
157. Barth, *CD*, IV/2, 544.

158. Lamin Sanneh, *Whose Religion Is Christianity?: The Gospel beyond the West* (Grand Rapids: Eerdmans, 2003).
159. Jung Young Lee, *Korean Preaching: An Interpretation* (Nashville: Abingdon Press, 1997).
160. Lesslie Newbigin, *A Faith for This One World?* (London: SCM, 1961), 90.
161. Kenda Creasy Dean, *Almost Christian: What the Faith of Our Teenagers Is Telling the American Church* (Oxford: Oxford University Press, 2010), 12에 의하면, 미국 청소년들이 교회에 무심한 이유는 우리가 "예수 그리스도를 통한 하나님의 희생적인 사랑이 결여되어 있고, 성령의 파송하신 사랑에 면역되어, 기독교가 전혀 아닐 수도 있는 희석된 복음"을 소통하기 때문이다.
162. 백인 회중 안의 인종차별에 관한 대화를 인도하면서 나는 "예의"에 대한 백인의 요구가 솔직한 대화를 막는 주요한 장애물, 백인의 취약성의 한 측면이라고 지적했다. 듀크 대학의 역사학자 William Chafe에 따르면, 예의는 "백인 진보주의의 신비감의 초석이고…개인적 갈등에 대한 혐오와 새로운 개념에 대한 우대, 자기보다 불우한 사람에 대한 관용을 포괄"하는데, 이 모든 것은 백인 그리스도인이 흑인 그리스도인의 분노와 항의를 잠재우는 데 사용될 수 있다. William H. Chafe, *Civilities and Civil Rights: Greensboro, North Carolina, and the Black Struggle* (New York: Oxford University Press, 1980), 8. Elaine Heath, *The Healing Practice of Celebration* (Nashville: Abingdon Press, 2020) 4장에서는 그리스도인들이 중요한 논쟁에 적용할 때 대화에서 "예의"를 옹호하는 것이 얼마나 위험한지 피력한다.
163. 뉴비긴은 회심을 이렇게 설명한다. "구주요 주님이신 예수 그리스도를 위한 개인적 헌신으로, '예수 그리스도의 인격에 대한 자아의 최종 항복'을 의미한다. 둘째…그리스도께 온전히 헌신된 삶과 일치하는 행동 방식으로 전환하고, 사랑 가운데 이웃을 향하는 것이다. 셋째…예수 그리스도께서 중심에 계신 가시적인 교제에 참여하는 것이다.…[하지만] 회심은 회심한 사람들만을 위한 것이 아니라 모두를 위한 것이다… 회심한 사람들은 하나님의 통치가 예수 그리스도 안에서 임했음을 말과 행동으로 증언하도록 보내진다.…교회의 계속적인 회심은 세상을 향한 것이고 세상을 위한 것이다." Johnson, "Call to Conversion," 14.

164. Frank A. Thomas, *How to Preach a Dangerous Sermon* (Nashville: Abingdon Press, 2018).
165. Lesslie Newbigin, Foolishness to the Greeks: The Gospel and Western Culture (Grand Rapids: Eerdmans, 1986), 1. 『헬라인에게는 미련한 것이요』 (IVP).
166. Leah D. Schade는 *Preaching in the Purple Zone: Ministry in the RedBlue Divide* (London: Rowman & Littlefield, 2019)에서, 우리는 주일을 설교 대신 회중과의 대화에 할애하고 공통의 토대에 이르러야 한다고 생각함으로써, 공통의 토대를 성취하는 것이 진리를 말하고 듣는 것보다 더 중요하다고 여긴다.
167. 대화는 John S. McClure, *The Roundtable Pulpit: Where Leadership and Preaching Meet* (Nashville: Abingdon Press, 1995)의 중심 은유다.
168. James Davison Hunter는 "신실한 현존"(faithful presence)이 세상을 변화시키는 기독교의 독특한 방법이라고 옹호한다. James Davison Hunter, *To Change the World: The Irony, Tragedy, and Possibility of Christianity in the Late Modern World* (Oxford: Oxford University Press, 2010). 교회는 Hunter의 이른바 겸손한 현존 이상의 것을 위해 부름 받는다. 즉 우리는 증거하도록 부름 받는다.
169. Lesslie Newbigin, "Preaching Christ Today" (The Eighteenth Joseph Smith Memorial Lecture, Overdale College, Birmingham, UK, 1979), Newbigin.net Online Bibliography.
170. Newbigin, "Preaching Christ Today."
171. 로버트 윌켄은 "하나님의 말씀은 논쟁이 아니라 사람들이 일어난 일을 증언할 때 전달된다"고 말한다. Robert Wilken, *The Spirit of Early Christian Thought: Seeking the Face of God* (New Haven, CT: Yale University Press, 2003), 6. 설교는 "변증의 문제가 아니라 복음화의 문제이고…우리가 선택한 이야기가 아니라 우리를 선택한 이야기로 우리의 삶을 형성함으로써 삶을 바꾸는 전체 교회 사역의 일부"다. William H. Willimon and Stanley Hauerwas, *Preaching to Strangers: Evangelism and Today's World* (Louisville: Westminster John Knox, 1992), 10.
172. "교회는 역사를 통틀어 그리스도의 사역의 전달자이지 배타적 수혜자가 아니다. 하

나님의 목적은 모든 사람의 구원이다. 이 목적을 위해 [하나님은] 한 백성을 선택하셨다. 그 백성은 다른 사람들이 갖지 못한 하나님에 대한 소유권이 자신들에게 있다고 속단하는 죄에 계속 다시 빠졌기 때문에, 그들은 계속 다시 처벌과 굴욕을 당했고 다른 사람들이 그들에게 전하는 하나님의 말씀을 들어야만 했다…. 다른 사람들이 갖지 못한 하나님에 대한 소유권이 있다고 상상할 때마다 교회는 이미 은혜에서 멀어졌다. 교회는 종이지 주인이 아니다. 교회는 다른 사람들이 배제된 특권이 아니라 모두를 위한 청지기로 임명되었다." Lesslie Newbigin, *Christian Witness in a Plural Society* (London: British Council of Churches, 1977), 14.

173. Barth, *CD*, IV/2, 843.

174. Barth, *CD*, IV/3.2, 865 이하.

175. Lesslie Newbigin, *The Open Secret: Sketches for a Missionary Theology* (Grand Rapids: Eerdmans, 1995), 4, 원저자의 강조. 『오픈 시크릿』(복있는사람).

176. Lamin Sanneh, *Translating the Message: The Missionary Impact on Culture*, rev. exp. 2nd ed. (Maryknoll, NY: Orbis, 2009).

177. Priscilla Pope-Levison, *Models of Evangelism* (Grand Rapids: Baker Academic, 2020).

178. Barth, *CD*, IV/3.2, 844.

179. "교회의 임무는 그분의 행적과 사역을 자신의 경계 내에서(정기 예배 + 복음화) 또한 온 세상을 향해(선교) 증거하고 선포하는 것이다." *Barth in Conversation*, 1.

180. P. T. Forsyth, *Positive Preaching and the Modern Mind* (New York: A. C. Armstrong, 1907), 71.

181. Barth, *CD*, III/4, 515.

182. Barth, *CD*, IV/3.2, 845. 세례 받은 모든 사람의 선교적 선포에 적용되는 경우 외에는 "사도적 계승" 같은 것은 존재하지 않는다고 바르트는 말한다. *CD*, I/1, 106.

183. Barth, *CD*, III/2, 607.

윌리엄 윌리몬의 설교자와 설교

초판 1쇄 발행 2025년 8월 31일
지은이 윌리엄 윌리몬
옮긴이 이철민
펴낸이 김태희
펴낸곳 터치북스
출판등록 2017년 8월 21일(제 2020-000174호)
주소 경기도 고양시 덕양구 통일로 1214번길 6-31, 205동 402호
이메일 1262531@hanmail.net
ISBN 979-11-85098-77-7

책값은 표지에 있습니다.
파본은 구입한 곳에서 교환해 드립니다.